청소년을 위한
하이델베르크 교리문답 2

독일의 인문 고전으로
이해하는

청소년을 위한

하이델베르크 교리문답 2

박양규 지음

Holy
WavePlus

차례

머리말 ……… 8
서론: 하이델베르크 교리문답과 고백교회의 만남 ……… 19

제27과 　**죄 씻음과 유아 세례** ……… 31
제72-74문　밀러의 『독일인의 사랑』

제28과 　**성만찬에 참여하는 삶** ……… 47
제75-77문　홀바인의 그림과 삶

제29과 　**주님의 몸과 피에 관하여** ……… 65
제78-79문　브람스의 생애와 음악

제30과 　**개신교 성만찬과 가톨릭 미사의 차이점** ……… 79
제80-82문　나치 기독교 당시의 독일의 상황

제31과 　**천국 열쇠를 받은 교회** ……… 97
제83-85문　1934년의 바르멘 선언

제32과 　**감사에 관하여** ……… 113
제86-87문　본회퍼의 생애

제33과 　**회개와 회심에 관하여** ……… 129
제88-91문　콜비츠의 작품과 삶

제34과 　**하나님의 계명에 관하여** ……… 145
제92-94문　파헬벨의 음악과 신앙

제35과 　**제2계명의 요구** ……… 159
제95-98문　신성로마 제국과 나치 기독교

제36과 　**제3계명의 요구** ……… 175
제99-100문　독일농민전쟁

제37과 제101-102문	하나님의 이름으로 하는 맹세 ······ 191 중세 교회의 순례 문화
제38과 제103문	제4계명의 요구 ······ 207 하이네의 시와 삶
제39과 제104문	제5계명의 요구 ······ 225 실러의 『도적 떼』
제40과 제105-107문	제6계명의 요구 ······ 239 마녀사냥
제41과 제108-109문	제7계명의 요구 ······ 257 괴테의 『젊은 베르테르의 슬픔』
제42과 제110-111문	제8계명의 요구 ······ 273 바이마르 헌법
제43과 제112문	제9계명의 요구 ······ 293 실러의 『빌헬름 텔』
제44과 제113-115문	제10계명의 요구 ······ 309 페티의 그림
제45과 제116-119문	기도에 관하여 ······ 323 "환희의 송가"
제46과 제120-121문	하늘에 계신 우리 아버지 ······ 337 베토벤의 삶과 음악

제47과 제122문	**첫 번째 간구** .... 351 라이프치히 통일 기도회
제48과 제123문	**두 번째 간구** .... 367 포츠담 선언
제49과 제124문	**세 번째 간구** .... 379 그림 형제의 삶
제50과 제125문	**네 번째 간구** .... 391 괴테의 『파우스트』
제51과 제126문	**다섯 번째 간구** .... 405 멘델스존의 삶과 음악
제52과 제127-129문	**여섯 번째 간구** .... 419 헨델의 생애와 음악

에필로그 432

너는 진리의 말씀을 옳게 분별하며

부끄러울 것이 없는 일꾼으로 인정된 자로

자신을 하나님 앞에 드리기를 힘쓰라.

_ 디모데후서 2:15

머리말

이 책 제1권은 『하멜른의 피리 부는 사나이』 이야기로 시작했다. 그 이야기에서 피리 부는 사나이는 자신을 모욕한 하멜른에 앙심을 품고, 주일 예배로 어른들이 마을을 비운 사이 아이들을 모두 잡아간다. 이를 통해 우리는 종교 행위에 열성을 다하지만 다음 세대를 제대로 지켜내지 못하는 교회의 현실에 대해 생각해보았다. 그리고 이런 절박한 상황을 극복하기 위해서 처음부터 기초를 다시 쌓는 마음으로 기독교 교리를 올바로 공부하자고 마음을 모았다.

제1권에서 다룬 하이델베르크 교리문답의 전반부는 사도신경 해설을 중심으로 기독교 교리의 기본적인 내용을 소개한다. 반면 제2권에서 다룰 후반부는 십계명과 주기도문 해설이 주요 내용을 이룬다. 제1권에서 다룬 전반부가 "기본 원리"에 해당한다면 제2권에서 다룰 후반부는 "적용"에 해당한다. 이 책을 읽어가면서 하나님이 우리의 삶에 구체적으로 원하시는 것이 무엇인지 알아보도록 하자.

하나님이 그의 백성에게 무엇을 원하시는지 분명하게 알아야 하는 이유를 확인하기 위해 베를린으로 시선을 돌려보자. 베를린

브란덴부르크 개선문

1871년 프로이센 군대의 개선 행진

시내 한복판에는 브란덴부르크 개선문이 서 있다. 이 개선문은 독일 역사에서 빼놓을 수 없는 여러 사건의 배경으로 등장한다. 말 네 필이 끄는 전차를 탄 승리의 여신상이 개선문 위에 놓여 있는데, 이 여신상은 전통적인 군사 국가였던 프로이센 왕국의 상징이자 현대 독일의 상징이기도 하다.

1871년에 프랑스-프로이센 전쟁에서 승리한 프로이센의 군대는 이 문을 통해 개선 행진을 벌였다. 그리고 전쟁의 결과 탄생한 독일 제국은 명실공히 강대국으로 부상했다. 이때부터 독일은 하나의 근대 국가로서의 정체성을 가지게 되었다고 말할 수 있으며, 나치 독일은 스스로 "제3제국"이라는 호칭을 사용함으로써 독일 제국(제2제국)을 계승하는 면모를 보여주었다.

19세기에 프로이센 왕국을 중심으로 통일을 이룬 독일의 역사에서 소위 "독일 정신"을 만든 대표적인 두 인물이 있다. 바로 프로이센의 재상이었던 비스마르크(Otto von Bismarck, 1815-1898)와 결혼식 신부 입장곡으로 유명한 음악가 바그너(Wilhelm Richard Wagner, 1813-1883)다.

비스마르크는 독실한 개신교 가문에서 자랐다. 그의 아버지는 어렵고 가난한 교회를 돕는 일에 매우 열정을 가진 인물이었다. 아버지의 영향 속에서 비스마르크 역시 깊은 신앙심을 가지고 젊은 시절을 보냈다. 그러나 비스마르크는 하나님을 주로 율법적인 관점에서 이해

머리말 9

했다. 즉 비스마르크는 하나님이 법을 잘 지키면 복을 주시고, 그것을 어길 때는 벌을 내리시는 엄격한 분이라고 생각했다. 더 나아가 그는 시대의 영향을 받아 "이신론"(理神論)적인 관점도 가지고 있었다. 이신론이란 신의 존재와 진리의 근거를 인간 이성의 한계 안에서만 인정하고 이해하려는 사조였다. 이신론에 따르면 하나님은 "과거"에 천지를 창조하셨지만 "지금"은 우주 너머에 계신다. 따라서 인격적인 하나님은 우리의 현실과는 무관하다.

이런 왜곡된 신앙을 가진 정치가 비스마르크가 펼친 정책은 어땠을까? 그가 보기에 하나님은 교회당 안에만 계실 뿐 현실과는 무관한 존재였다. 그래서 그는 원하는 바를 쟁취하기 위해 수단과 방법을 가리지 않았다. 그는 독일의 시대적 과제였던 통일을 이루기 위해서는 토론과 동의가 아니라 철과 피가 필요하다고 주장했다. 여기서 철과 피란 군대와 전쟁을 의미하는 것이었다. 비스마르크는 프로이센의 실권을 장악한 수상으로서 독일을 통일하는 과정에서 설득과 대화가 아닌 권모술수와 무력을 사용했고 결국 "철혈재상"(鐵血宰相)이라는 별명을 얻었다.

> **프로이센 왕국**
> 독일 북부 지역에 자리한 왕국으로 1701년에 형성되어 세력을 확장해갔다. 1871년에 창건된 독일 제국은 프로이센 왕국을 중심으로 했지만 독일 제국이 세계 제1차 세계대전에서 패배함으로써 프로이센도 역사에서 사라지고 말았다.

한편 비스마르크가 권좌에 있을 때 그 주변을 맴돌았던 음악가가 바로 바그너였다. 어려서 힘든 시절을 보낸 바그너는 예닐곱 살 때부터 베첼(Wetzel)이라는 목사에게서 교육을 받았다. 그로 인해 바그너도 기독교에 관한 관심이 많았고 성경에서 음악적 영감을 얻곤 했다.

그러나 바그너의 하나님은 실재(實在)하는 분이 아니라 인간의 이성과 감성에 의해 만들어진 신에 불과했다. 예를 들어 그에게 하나님

비스마르크

바그너

이 천지를 창조하신 사건이 객관적인 사실인지는 중요하지 않았다. 단지 마음속에 하나님을 창조주로 받아들이는 사람에게 그것이 의미가 있으면 그만이었다. 결과적으로 바그너에게는 말씀으로 함께 계시는 하나님보다 자신에게 "행복"을 주는 하나님이 더 중요했다. 이런 왜곡된 신앙의 관점에서 볼 때 예수님이 "연약하게" 십자가에서 죽으셨다는 사실은 받아들이기 힘들었다. 바그너의 생각대로라면 예수님은 혁명 전사(戰士)로서 현실을 개선한 위인이어야 했다.

정치가 비스마르크와 예술가 바그너, 이 두 명의 왜곡된 그리스도인이 만들어낸 "독일 정신"은 불과 몇십 년 후 세계를 전화 속에 몰아넣은 히틀러(Adolf Hitler, 1889-1945)라는 괴물을 탄생시킨 배경이 되었다! 이런 역사적인 진실 앞에서 우리는 어떤 교훈을 얻어야 할까? 우리는 자신이 하나님을 믿는다는 사실 자체보다 우리가 믿는 하나님이 "어떤" 분이시며 그 하나님이 우리에게 "무엇"을 요구하시는지에 대해 더 큰 관심을 두어야 한다. 잘못 인식된 교리의 병폐가 얼마나 심각한지는 종교개혁의 나라에서 히틀러가 탄생했다는 사실에서 확연하게 드러난다. 우리 청소년들이 단순히 교회에 "열심히" 다니는 것에 머무르지 않고 "바른" 교리를 배워야 하는 이유가 여기 있다.

철혈재상이었던 비스마르크도, 불륜과 사치에 빠져 말년을 보낸 바그너도 교회에 소속된 소위 "기독교인"이었다. 비스마르크처럼 수단과 방법을 가리지 않고 성공을 이루기로 작정한 사람이나, 바그너처럼 자신의 감정과 판단을 중심으로 살아가고 싶은 사람에게 이 책은 큰 도움이 되지 않을 것이다. 그런 사람은 책을 당장 덮어도 좋다. 그러나 그리스도인으로서 바른 신앙을 가지고 이 세상을 살아가며 자신의 인격과 삶에 하나님의 형상이 새겨지기를 바라는 사람이라면 계속해서 책장을 넘기기 바란다.

교실 밖 수업을 위한 도움말

각 과의 "교실 밖 수업"은 독일의 신앙 유적과 유서 깊은 지역을 답사하며 진행된다. 여기서는 이 책을 들고 실제로 독일로 향하게 되었을 때 참고할 만한 내용을 소개하고자 한다.

먼저는 지역별로 방문지를 묶어서 여행 계획을 세우자. 16-17페이지에 있는 지도가 도움이 될 것이다. 독일만 방문할 계획이라면 우리나라에서 직항 노선으로 가장 빨리―11시간가량 소요―도착하는 프랑크푸르트에서 시작하는 것이 좋다. 프랑크푸르트 공항에 내리면 입국 절차를 밟고 미리 정해놓은 숙소로 이동해서 짐을 풀자. 몸은 피곤하겠지만 이때부터 진짜 여행이 시작된다.

예전 같으면 여행을 다니기 위해 지도나 안내 책자, 전문 가이드의 도움이 절대적으로 필요했을 것이다. 하지만 요즘은 조금만 준비하면 스마트폰만 들고 다녀도 큰 어려움이 없다. "교실 밖 수업"에 소개된 방문지 주소를 활용해 정확한 위치 정보를 미리 점검하자. 스마트폰에서 작동하는 지도 프로그램을 활용하면 가장 적당한 이동 경로를 어렵지 않게 찾을 수 있다.

예를 들면 스마트폰 애플리케이션인 "구글맵"(google map)은 독일에서 내비게이션 기능까지 제공한다. 다음과 같은 순서로 방문지를 찾아가 보자.

① 스마트폰에 구글맵을 설치한다.

② 구글 검색창에 방문지 주소를 입력하고 검색한다.

③ 방문지의 홈페이지나 지도 등 관련 결과가 보인다.

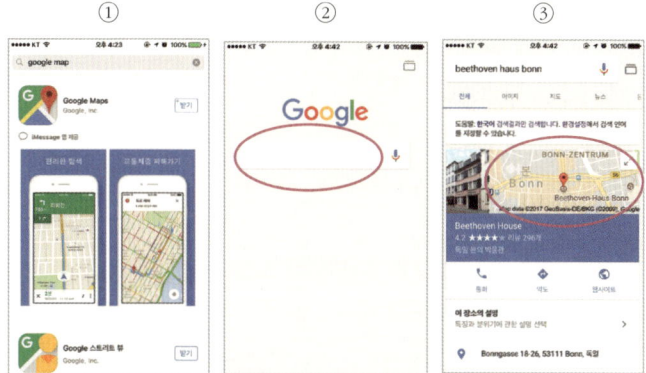

④ 지도를 누르고 위치가 표시되면 눈 모양의 "항해" 버튼을 누른다.

⑤ 길 찾기 화면이 생성된다.

⑥ 길 찾기 버튼을 누르면 위와 같이 자동차(A), 대중교통(B), 도보(C) 모드 중 선택할 수 있다.

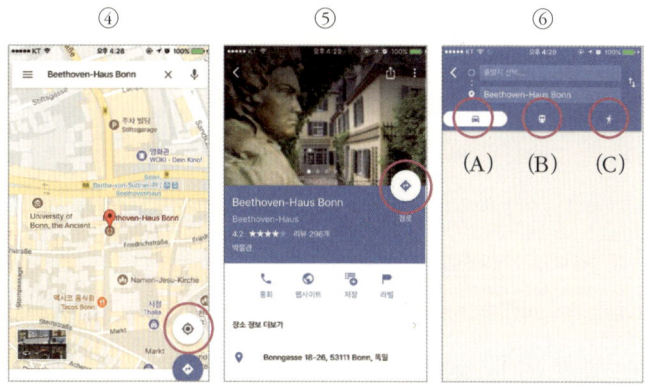

숙소에서 길을 나서기 전에 방문지와 관련한 내용을 미리 공부하고, 이동 경로까지 점검해놓으면 큰 착오 없이 "교실 밖 수업"을 진행할 수 있을 것이다.

또한 주요 미술관에서 꼭 확인해야 할 그림들을 다음과 같이 정리해놓았다. 미술관은 방문지 주소에 포함되어 있지 않으니 해당 도시를 여행할 때 그냥 지나치지 않도록 유의하자. 각 과의 "그림으로 이해하기"를 곱씹고 그림 앞에 서면 남다른 감동을 느낄 수 있을 것이다.

🏛 드레스덴 구거장미술관

크라나흐(1층 7관) "낙원"(제3과), "루터의 죽음"(제38과), "제단 앞의 엘리야"(제45과)

페티(2층 12관) "잃어버린 동전 비유"(제4과), "사모스의 아리스타르코스"(제9과), "잃은 양의 비유"(제21과), "악한 종의 비유"(제32과), "손님 없는 잔치"(제35과), "골리앗의 머리를 든 다윗"(제44과)

홀바인(1층 1관) "바돌로매의 순교"(제12과)

티치아노 "세금"(제30과)

🏛 드레스덴 국립미술관

콜비츠 "빈곤"(제33과)

🏛 뮌헨 알테 피나코테크

렘브란트 "이삭을 바치는 아브라함"(제6과), "그리스도의 승천"(제8과), "십자가에 올리심"(제15과), "그리스도의 장사됨"(제16과), "그리스도의 부활"(제17과),

파허 "라우렌티우스의 순교"(제22과), "아우구스티누스에게 죄 명부를 보여주는 악마"(제24과)

뒤러 "그리스도를 위한 애곡"(제26과), "네 사도"(제26과)

엘스하이머 "이집트로의 피신"(제27과)

피터르 브뤼헐 "게으름뱅이의 천국"(제29과)

루벤스 "베들레헴 영아 학살"(제39과)

알트도르퍼 "이수스 전투"(제40과)
얀 브뤼헐 "예수가 설교하는 갈릴리 해변"(제48과)
틴토레토 "마리아와 마르다"(제52과)

🏛 베를린 국립회화관

렘브란트 "돌판을 던지는 모세"(제2과), "요셉의 꿈"(제14과), "천사와의 씨름"(제18과), "메노나이트 안슬로"(제20과), "어리석은 부자"(제42과), "요셉을 고소하는 보디발의 아내"(제43과), "설교하는 세례 요한"(제50과)

오우바테르 "나사로의 부활"(제7과)

벨강브 "최후의 심판"(제19과)

홀바인 "게오르크 기체의 초상"(제28과)

루벤스 "천국의 열쇠"(제31과)

스톰 "아브라함에게 하갈을 인도하는 사라"(제36과), "장자권을 파는 에서"(제37과)

크라나흐 "젊음의 샘"(제41과)

루카스 단 "형들에 의해 팔려간 요셉"(제51과)

🏛 슈투트가르트 시립미술관

퓌게르 "아들들에게 사형을 선고하는 브루투스"(제5과)

베히터 "욥의 일생"(제10과)

헤치 "그라쿠스의 어머니 코르넬리아"(제13과)

렘브란트 "감옥 속의 바울"(제47과)

🏛 포츠담 궁전미술관

카라바조 "의심 많은 도마"(제11과)

루벤스 "사복음서의 기자들"(제49과)

"교실 밖 수업" 일정 세우기 참고용 독일 지도

- ❶ 프랑크푸르트 제19, 41, 42과
- ❷ 마인츠 제20과
- ❸ 뤼데스하임 제27과
- ❹ 가르벤하임 제41과
- ❺ 로렐라이 제38과
- ❻ 본 제46과
- ❼ 쾰른 제24, 37과
- ❽ 아헨 제35과
- ❾ 네안데르탈 제11과
- ❿ 부퍼탈 제2권 서론, 제31과
- ⓫ 뮌스터 제22과
- ⓬ 하멜른 제1권 머리말
- ⓭ 베르겐 벨젠 수용소 제19과
- ⓮ 베를린 제7, 8, 10, 13, 14, 18, 19, 20, 28, 30, 31, 32, 33, 36, 37, 41, 42, 43, 45, 49, 50, 51과
- ⓯ 포츠담 제11, 48, 49과
- ⓰ 비텐베르크 제1권 서론, 제23, 25, 34과
- ⓱ 데사우 제41과
- ⓲ 할레 제52과
- ⓳ 라이프치히 제16, 47, 50, 51과
- ⓴ 뢰켄 제5과
- ㉑ 드레스덴 제3, 4, 9, 12, 21, 30, 32, 33, 35, 38, 44, 45과
- ㉒ 헤른후트 제44과
- ㉓ 바이마르 제39, 42, 43과
- ㉔ 에르푸르트 제1, 23, 34, 46과
- ㉕ 뮐하우젠 제36과
- ㉖ 아이제나흐 제1권 서론, 제15과
- ㉗ 뷔르츠부르크 제44과
- ㉘ 로텐부르크 제40과
- ㉙ 뉘른베르크 제6, 17, 26, 34과
- ㉚ 플로센뷔르크수용소 제32과
- ㉛ 뮌헨 제1, 6, 8, 15, 16, 17, 18, 22, 24, 26, 27, 29, 39, 40, 48, 52과
- ㉜ 아우크스부르크 제21과
- ㉝ 울름 제8과
- ㉞ 튀빙겐 제4, 9과
- ㉟ 슈투트가르트 제5, 10, 13, 47과
- ㊱ 마울브론 제2과
- ㊲ 바일 데어 슈타트 제9과
- ㊳ 칼프 제2, 3과
- ㊴ 바덴바덴 제29과
- ㊵ 하이델베르크 제1권 서론
- ㊶ 슈파이어 제12과

서론

하이델베르크 교리문답과 고백교회의 만남

그림으로 이해하기 #바르멘 선언 기념물

독일의 그리스도인들

어떤 사람은 기독교 교리서가 지루한 교과서처럼 별로 쓸모없는 개념들만 늘어놓는다고 생각한다. 그러나 과연 그럴까? 우리는 이 책의 제1권에서 하이델베르크 교리문답을 통해 기독교의 기본 교리에 대해 살펴보았다. 이제 제2권에서는 주로 현실 속에서 그 교리가 어떻게 적용되는지 살펴볼 것이다. 기독교 교리는 단순한 이론 체계가 아니다. 그것은 우리 자신과 우리의 삶, 더 나아가 우리의 현재 및 미래와 밀접한 연관을 가진다. 이 책을 통해 실제 생활 속에서 삶의 지표 역할을 하는 기독교 교리의 실체를 확인하기 바란다.

앞의 사진은 독일 부퍼탈(Wuppertal) 시내에 자리한 고백교회 근처에 있는 "바르멘 선언 기념물"의 한쪽 측면이다. 조각상이 묘사하는 대로 1930년대에 수많은 독일인이 나치 권력에 큰 기대를 걸고 충성을 맹세했다. 하지만 모든 독일인이 나치에 동조한 것은 아니었다. 기념물의 뒷면에는 나치에 동조하는 군중을 뒤로하고 서로를 위로하며 성경을 통해 진리를 분별하고자 애쓴 그리스도인들의 모습이 묘사되어 있다. 이 그리스도인들의 모습이야말로 하이델베르크 교리문답의 핵심을 잘 드러내 주는 것 같다.

독일은 16세기에 종교개혁이 처음 일어난 나라였다. 이어서 17세기에는 경건주의 운동이 시작되었고, 18-19세기에는 수많은 선교사를 파송해 세계에 복음을 전한 나라였다. 이때 프로이센 왕국에서 태어

바르멘 선언 기념물의 뒷면

난 조지 뮬러(George Müller, 1805-1898)는 영국으로 건너가 수많은 고아를 돌보았다. 그 외에도 많은 젊은이가 아메리카, 아프리카, 아시아로 복음을 들고 갔으며 그중에는 우리나라에 최초로 방문한 선교사 귀츨라프(Karl Gützlaff, 1803-1851)도 포함되어 있다.

그러나 20세기 들어 독일은 전란과 정치적 혼란 속에서 전체주의로 기울었고 마침내 나치와 히틀러를 배출하기에 이르렀다. 16세기 종교개혁부터 19세기까지 기독교의 흐름을 선도하며 세계를 향해 복음을 전파하던 나라가 악의 축이 되어버린 것이다. 그렇다면 이 혼란한 시대 속에서 그리스도인들은 과연 어떤 태도를 보였을까? 종교개혁의 교리는 단순한 신앙의 이념 체계이고 현실과 동떨어진 것이어서 아무런 영향력도 미치지 못했을까? 아니면 그 "교리"가 나치의 위협에 직면해서도 제 기능을 발휘했을까?

만일 전자가 사실이라면 우리가 하이델베르크 교리문답을 공부하는 것은 전혀 의미가 없다. 현실에 아무런 영향력이나 구속력을 미치지 못하는 신앙의 이념 체계 따위를 배우는 것이 무슨 유익이 있을까? 그러나 나치에 대항해서도 살아 움직이는 힘을 보여주었다면 우리는 그 힘의 본질이 무엇인지 눈을 크게 뜨고 살펴보아야 한다. 우리는 나치 독일 시대만큼이나 침묵을 강요하는 전체주의적 현실 속에서 살고 있으며, 지금 이 시대는 그 어느 때보다도 행동하는 신앙인들이 절실하게 필요하기 때문이다.

국가교회에 맞선 고백교회

1934년에 나치 당의 히틀러는 독일 국민의 열렬한 지지를 등에 업고 모든 권력을 장악했다. 나치는 독일교회마저도 장악했으며 나치 정권에 동조하는 종교 지도자들을 통해 국민을 선동하고 맹목적인 충성을 강요했다. 나치에 동조하는 종교 지도자들은 독일인이 하나님이 선택하신 민족이며 유대인들은 예수님을 십자가에 못 박은 죗값을 치러야 하는 열등한 민족이라고 선전했다. 이때 대다수 신자가 나치 기독교의 깃발 아래로 몰려들어 그들이 제시하는 왜곡된 예수 그리스도, 십자가, 구원을 받아들였다.

그러나 불행 중 다행으로 그 당시 나치의 세력화에 대항한 그리스도인들이 있었다. 국가교회와는 달리 권력의 회유와 박해에 굴하지 않고 바른 신앙을 담대하게 고백하는 데서 의의를 찾은 그들은 "고백교회"를 형성했다. 그들은 나치 기독교의 주장이 성경과 어긋난다는 사실을 지적하고 성경적인 가르침을 지키고자 바르멘(지금의 부퍼탈) 교회회의를 조직했다. 그리고 나치의 이데올로기와 실천에 대한 반대 견해를 6개 항으로 정리해 채택했다. 그것이 바로 "바르멘 선언"(Die Barmer Theologische Erklärung)이다.

바르멘 교회회의가 열렸던 부퍼탈의 고백교회에 들어서면 16세기 종교개혁자들의 초상화를 마주하게 된다. 오른편의 사진에 보이는 인물들은 우측부터 루터(Martin Luther, 1483-1546), 츠빙글리(Huldrych Zwingli, 1484-1531), 멜란히톤(Philipp Melanchton, 1497-1560), 칼뱅(Jean Calvin, 1509-1564)이다. 우리는 이를 통해 고백교회의 그리스도인들이 종교개혁자들에게서 신앙의 뿌리를 찾았음을 알 수 있다.

종교개혁자들과 마찬가지로 고백교회의 성도들 역시 목숨을 걸고 올바른 교리를 지키며 부당한 권력에 맞섰던 믿음의 선배들이다. 제2차 세계대전이 발발하고 나치의 사회 통제가 극심해지자 고백교회는

종교개혁자들

지하로 숨어들 수밖에 없었다. 그리고 고백교회의 지도자들은 정치 사상범으로 몰려 수용소로 끌려가 극심한 고통을 당하거나 독일에서 추방당하는 신세가 되었다.

우리가 1930년대의 독일에서 살고 있다면 어떤 선택을 할까? 순순히 나치 기독교를 따르는 군중 속에 숨을까, 아니면 수용소로 끌려갈 각오를 하고 참된 신앙의 길을 선택할까? 하이델베르크 교리문답을 공부하면서 우리가 고민해보아야 하는 핵심 문제가 바로 이것이다. 올바른 교리는 올바른 신앙의 토대가 된다. 우리가 공부하는 교리가 현실과 괴리된 신앙 이념 체계가 아니라 현실에서 우리의 선택을 좌우하는 구체적인 기준점이 되기를 바란다.

서론 23

🏷️ **교실 밖 수업** #부퍼탈

> **바르멘 선언의 주역들**

바르멘 교회회의가 열린 부퍼탈의 고백교회에 찾아가 보자. 부퍼탈은 과거 바르멘, 엘버펠트, 보빙켈 등의 여러 마을이 통합되어 만들어진 독일 서부의 도시로서 라인강의 지류인 부퍼강 연안에 길게 자리 잡고 있다. 이 도시는 슈베베반, 즉 철길이 위쪽에 달린 놀이기구처럼 생긴 모노레일이 세계에서 가장 먼저 생긴 것으로도 유명하다.

> **방문지 주소**
> **부퍼탈 고백교회:** Zwinglistraße 5, 42275 Wuppertal
> **바르멘 선언 기념물:** 고백교회 앞에서 아돌프뢰더 골목(Adolf-Röder-Gasse)을 따라 걸어가면 교차로에서 볼 수 있다.

고백교회의 목사와 지도자들은 정권을 잡은 히틀러의 나치 정부가 독일교회에 간섭하기 시작하자 바르멘에 모여서 총회를 열었다. 1934년 5월 29-31일에 열린 총회 결과 고백교회는 나치 기독교의 국수주의적이고 왜곡된 가르침을 배격하고, 전통적으로 독일교회가 성경을 바탕으로 믿어온 내용을 진술하여 거짓 가르침과 구별하고자 하였다. 여기서 나온 결과물이 바로 "바르멘 선언"이다. 바르멘 선언의 정식 명칭은 "독일 복음주의 교회의 현상에 대한 신학적 선언"이며 이 선언을 받아들이고 따르는 교회를 "고백교회"라고 한다.

바르멘 선언의 내용은 고백교회가 붙들고자 했던 신앙의 핵심을 정리한 것으로서 우리가 이 책의 제1권에서 살펴본 하이델베르크 교리문답의 내용과 관계가 있다. 제1권을 복습하는 마음으로 "바르멘 선언"을 요약한 다음 내용을 살펴보자.

부퍼강 위를 지나는 슈베베반

바르멘 선언의 요약

서문

고백교회 총회는 우리의 신앙고백과 독일의 교회를 파괴하는 나치 기독교에 맞서 믿음으로 일치단결하여 그들에게 저항하고자 한다. 그들은 거짓된 신조, 폭력, 위선적인 이념을 통해 독일교회를 하나로 통합하려고 시도하지만 독일 복음주의 교회는 성령을 통한 믿음 안에서, 하나님의 말씀인 성경으로만 하나가 될 수 있다.

바르멘 선언이 성경과 교부들의 신앙고백과 일치하는지 일치하지 않는지 확인해보라. 만일 우리의 선언이 성경에 위배된다면 듣지 않아도 된다. 그러나 만일 우리가 성경에 근거한다면 [나치에게서 오는] 모든 두려움과 유혹을 극복하고 하나님의 말씀에 순종함으로써 믿음의 길에 함께 참여하라.

1. **성경에 대하여**(요 10:1, 9; 14:6)

성경이 우리를 위해 증언하는 대로 예수 그리스는 우리가 사나 죽으나 듣고 믿고 순종해야 할 유일한 하나님의 말씀이다. 그러므로 우리는 교회가 선포의 원천으로서의 이 유일한 하나님의 말씀 이외에, 그리고 그것과 나란히 다른 어떤 사건이나 권력, 인물이나 사실을 하나님의 계시로 인정해야 한다고 가르치는 잘못된 가르침을 거부한다.

2. **예수 그리스도에 대하여**(고전 1:30)

예수 그리스도는 우리의 모든 죄를 용서하신 하나님의 확증인 동시에 우리의 모든 생애를 주관하는 하나님의 능력이시기도 하다. 그분을 통하여 우리는 이 세상에 얽매인 불신앙적인 예속으로부터 기쁘게 해방되어 그분의 피조물들을 위해 자유롭게 감사의 마음으로 봉사하게 된다. 따라서 우리는 마치 우리의 삶에서 예수 그리스도가 아닌 다른 주(主)들에게 속하는 영역, 즉 그분을 통한 칭의와 성화가 필요 없는 영역이 있는 것처럼 가르치는 잘못된 가르침을 배격한다.

3. **교회에 대하여**(엡 4:15-16)

그리스도의 교회는 예수 그리스도가 성령을 통하여 말씀과 성례의 주님으로서 현존하며 행하시는 형제들의 모임이다. 교회는 죄 용서를 받은 사람들의 모임으로서 죄로 얼룩진 세상의 한복판에서 신앙과 순종으로써, 교훈과 질서로써 교회가 오직 그분의 소유이며 교회가 그분의 오심을 기다릴 뿐 아니라 오직 그분의 위로와 인도 속에 있으며 또 있기를 원한다는 사실을 드러내야 한다. 따라서 우리는 마치 교회가 자신의 기호나 시대의 이상적·정치적 확신의 변화에 따라 그 교훈과 질서의 틀을 포기해도 되는 것처럼 말하는 잘못된 가르침을 배격한다.

4. 교회의 직분에 대하여(마 20:25)

교회 안의 다양한 직분들은 군림을 위한 것이 아니라 온 교회가 맡아 수행해야 하는 사역을 위한 것이다. 따라서 우리는 교회가 사역과 관계없이 동원될 수 있다거나 통치권을 부여받은 특별한 지도자들을 둘 수 있다고 말하는 잘못된 가르침을 배격한다.

5. 교회와 국가의 관계에 대하여(벧전 2:17)

성경은 교회가 존재하는 이 세상은 아직 구속되지 않았으며, 그 속에서 정의와 평화를 유지하는 기능이 신적으로 국가에 부여되었다고 말씀한다. 이를 위해 국가는 힘과 공권력을 사용하기도 한다. 교회는 하나님께 감사하고 존경하는 마음으로 이런 신적 부여의 은혜를 인정한다. 그리고 하나님 나라와 하나님의 계명, 공의, 지배자와 피지배자의 책임 등을 상기한다.

따라서 우리는 국가가 그 특수한 사명을 넘어서거나 벗어나서 인간의 유일한 체제가 되어야 하고 될 수 있다거나 결국 교회의 역할까지 대체한다고 말하는 거짓 가르침을 배격한다. 마찬가지로 교회가 그 특수한 사명을 넘어서거나 벗어나서 국가적 특징과 권위를 갖추거나 국가의 수족이 될 수 있다는 거짓 교리를 배격한다.

> 6. **설교와 성례에 대하여**(마 28:20; 딤후 2:9)
> 교회가 갖는 자유의 근거이기도 한 교회의 사명은 그리스도를 대신하여 모든 사람에게 하나님의 값없는 은혜의 소식을 전하는 것이며, 곧 설교와 성례를 통해 말씀과 사역을 감당하는 것이다. 따라서 우리는 마치 교회가 인간을 높이면서 주님의 말씀과 사역을 인간들이 임의로 선택한 어떤 소원, 목적 및 계획에 이용할 수 있는 것처럼 말하는 잘못된 가르침을 배격한다.

바르멘 선언이 작성되고 공표되기까지 중요한 역할을 한 인물들로는 바르트(Karl Barth, 1886-1968), 니묄러(Martin Niemöller, 1892-1984), 본회퍼(Dietㅉich Bonhoeffer, 1906-1945) 등이 있다. 나치의 영향권 아래서 독일교회는 바르멘 선언이 배격한 거짓 교리들을 가르치며 성경을 교묘하게 왜곡하여 나치의 국가사회주의와 전쟁을 적극적으로 지지했다. 하지만 그때 바르트와 니묄러, 본회퍼를 주축으로 한 깨어 있는 그리스도인들은 그 거짓 교리를 반박하며 종교개혁의 정신으로 돌아갈 것을 주장했다. 그들의 올곧은 정신과 성경적 가르침은 전후에 이르기까지 온 유럽 교회에, 그리고 오늘날 우리에게까지 큰 영향을 끼쳤다. 하지만 그들은 나치의 박해 속에서 순탄치 못한 삶을 살아야 했다.

바르트

바르트는 나치 기독교에 끝까지 반대하면서 우리가 따를 대상은 오로지 예수 그리스도밖에 없다는 주장을 굽히지 않았다. 그는 결국 교수 직위를 박탈당하고 스위스로 추방되었다. 히틀러 암살 계획에

니묄러

본회퍼

까지 가담했다가 플로센뷔르크 수용소에 갇힌 본회퍼는 나치가 항복을 선언하기 한 달 전인 1945년 4월 9일에 사형당하고 말았다(본회퍼에 관해서는 제32과에서 좀 더 자세히 살펴볼 것이다). 니묄러 역시 나치 기독교에 맞서다가 다하우 수용소에 갇혔다. 어느 날 나치에 동조하는 목사가 수용소로 찾아와 니묄러에게 "목사님은 왜 이 수용소에 끌려 오셨습니까?"라고 물었다. 그때 니묄러는 "어째서 당신은 끌려 오지 않았습니까?"라고 되물어 나치 기독교를 추종하는 사람들을 부끄럽게 했다. 다행히 니묄러 목사는 연합군이 수용소를 점령하면서 극적으로 풀려날 수 있었다.

바르트와 본회퍼, 그리고 니묄러. 이들은 나치 기독교를 거부하고 예수 그리스도를 따른다는 이유로 고통을 당하고 심지어 수용소에서 최후를 맞이하기도 했다. 하지만 이들이 목숨을 걸고 고백했던 바르멘 선언은 독일 복음주의 교회의 귀중한 유산으로, 기독교 신앙의 고결함을 보여주는 증거로 지금까지 남아 있다.

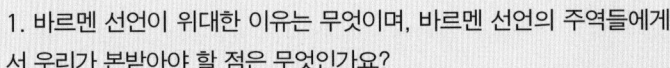 **믿음 노트**

1. 바르멘 선언이 위대한 이유는 무엇이며, 바르멘 선언의 주역들에게서 우리가 본받아야 할 점은 무엇인가요?

2. 만일 우리가 나치가 국가를 지배하는 시기에 살고 있었다면 어떻게 행동했을까요? 그런 상황에서도 올바른 믿음을 지키기 위해서는 무엇을 준비해야 할지 이야기해봅시다.

제27과 죄 씻음과 유아 세례
뮐러의 『독일인의 사랑』

제72-74문

🏷️ 그림으로 이해하기 #엘스하이머의 "이집트로의 피신" (뮌헨 알테 피나코테크 소장)

어두움이 깊을 때

독실한 신앙인으로서 경건미를 그림에 담아낸 엘스하이머(Adam Elsheimer, 1578-1610)의 예술적 태도는 렘브란트(Rembrandt van Rijn, 1606-1669)나 루벤스(Peter Paul Rubens, 1577-1640) 같은 화가에게 큰 영향을 주었다. 이번 과에서 살펴볼 "이집트로의 피신"은 엘스하이머의 대표작 중 하나다. 엘스하이머는 이 그림을 통해 삶을 되돌아보면서 자신의 믿음을 표현한 듯하다.

"이집트로의 피신"을 자세히 들여다보면 성례의 본질적인 의미를 가늠해볼 수 있다. 예수 그리스도를 주로 고백하는 사람에게 베풀어지는 세례는 그 사람이 하나님의 자녀가 되었다는 것을 공식적으로 확증하는 거룩한 예식이다. 또한 하나님 편에서 성례는 당신의 자녀들을 결코 포기하거나 외면하지 않고 가장 선한 길로 이끄시겠다는 의지의 표현이다. 이 사실을 염두에 두면서 이 그림을 살펴보자.

이 그림은 요셉이 헤롯의 박해를 피해 마리아와 아기 예수님을 데리고 이집트로 가는 장면을 묘사한다. 깜깜한 밤, 검은 그림자는 작은 불빛에 의지해 길을 가는 요셉의 가족을 집어삼키려는 듯하다. 그림의 왼쪽을 향해 이동하는 그들을 둘러싼 흑암은 역시 왼쪽으로 갈수록 크고 높다. 오른쪽으로는 흑암이 달빛 아래로 잦아들어 좌우 대조를 이룬다. 이 대조는 인생의 고통에 대한 우리의 심리 상태를 반영하는 것 같다. 우리를 에워싸는 삶의 고통은 늘 힘겹기 마련이다. 하지만 과거의 고통은 달빛 아래 자리한 그림자처럼 작게 느껴진다. 과거의 고통을 돌아볼 때 우리는 그 가운데서도 우리를 인도하신 하나님께 감사하게 된다. 하지만 미래의 고통은 우리의 믿음을 흔들 만큼 크고 두렵게 느껴진다. 요셉의 가족도 마찬가지다. 그들이 나아가는 앞쪽의 어둠은 점점 더 커지는 것처럼 보인다.

그러나 어둠이 가장 깊은 그곳에 불을 피우고 있는 목자들이 있다. 여기서 엘스하이머가 말하고자 하는 주제가 분명하게 드러난다. 목자들은 예수님이 탄생하실 때 천사들에게서 들은 하나님의 말씀을 전해준 자들이었다. 왕의 살해 위협을 피해 도망가는 지금, 즉 가장 어둠이 깊을 때도 목자들을 만나게 하시는 하나님은 인도와 보호를 거두지 않는 분이시다. 하나님의 백성에게는 하나님의 인도와 보호가 늘 함께 한다는 고백이 이 그림의 주제다!

그림에 묘사된 밤하늘을 보자. 은하수가 왼편 하늘 꼭대기에서부터 시작되어 요셉의 가족 머리 위로 떨어진다. 그림의 왼쪽 하늘에는 큰곰자리 별이 있고, 요셉의 가족 위쪽 하늘에는 사자자리 중 가장 밝은 별이 떠 있다. 이 별들은 동방박사들을 베들레헴으로 인도한 큰 별을 기억나게 한다. 어두운 밤에도 하나님은 당신의 자녀들을 인도하신다. 비록 우리는 내일 일을 알 수 없지만 하나님은 우리를 인도하시며 절대 포기하지 않으신다.

🏷️ 성경 수업

🚪 마음 열기

1. 큰 병에 걸려 6개월밖에 살 수 없는 사람과 사랑에 빠질 수 있을까요? 여러분이 사랑하는 사람이 6개월만 살 수 있다는 사실을 알게 된다면 어떻게 할 것인가요?

2. 내가 가장 사랑받는다고 느끼는 순간은 언제인가요?

죄 씻음과 유아 세례

서양의 중세나 근대 시대를 배경으로 한 영화나 드라마를 보면 성직자들에 의해 세례가 베풀어지는 장면을 자주 볼 수 있다. 세례는 그만큼 기독교의 대표적인 의식이다. 그런데 중세 가톨릭은 세례를 일종의 권력 수단으로 악용했다. 세례를 베푸는 성직자들은 하나의 특권층을 형성했고 성직자들을 통해 세례를 받아야 하는 일반 민중은 언제나 약자로 전락할 수밖에 없었다. 중세 교회는 세례를 받은 사람만이 천국에 들어갈 수 있다고 가르쳤는데 세례란 고행이나 금욕, 순례 등과 함께 구원을 위해 특별히 요구되는 행위 중 하나였다.

반면 종교개혁자들은 세례 자체가 구원의 조건이라는 가르침을 배격하고 성경으로 돌아갈 것을 주장했다. 성경은 이와 관련해 어떤 가르침을 주는가? 마가복음 16:16은 "믿는 것"과 "세례받는 것"을 분리해서 말한다. 베드로전서 3:21도 세례 자체가 육체의 더러운 것을 제거하는 것은 아니라고 말한다. 결국 세례란 눈에 보이지 않는 본질적인 사건, 즉 말씀을 통해 예수 그리스도를 믿고 죄 씻음 받는 것을 가

○ 관련 성구

믿고 세례를 받는 사람은 구원을 얻을 것이요, 믿지 않는 사람은 정죄를 받으리라 (막 16:16).

물은 예수 그리스도께서 부활하심으로 말미암아 이제 너희를 구원하는 표니 곧 세례라. 이는 육체의 더러운 것을 제하여버림이 아니요, 하나님을 향한 선한 양심의 간구니라 (벧전 3:21).

믿지 아니하는 남편이 아내로 말미암아 거룩하게 되고 믿지 아니하는 아내가 남편으로 말미암아 거룩하게 되나니 그렇지 아니하면 너희 자녀도 깨끗하지 못하니라. 그러나 이제 거룩하니라(고전 7:14).

시적인 형태로 표현하는 예식일 뿐이다.

세례에서 사용되는 "물"은 우리에게 임하시는 성령을 상징한다. 우리는 세례라는 행위를 통해 그리스도가 우리 죄를 용서해주신 것과 성령이 우리와 함께하신다는 "사실"을 눈으로 확인한다. 그러므로 세례의 핵심은 물에 들어가거나 물을 뿌리는 행위 자체가 아니라 참된 믿음과 고백이다. 침례교는 세례를 베풀 때 세례받는 사람이 완전히 물에 잠기게 하지만 장로교는 약식으로 물을 뿌린다. 어떤 사람은 이런 차이를 확대해석하지만 이런 "행위"가 본질적인 문제는 아니다.

그렇다면 자기 의사를 표현할 수 없는 어린아이에게 행하는 유아 세례는 어떻게 이해할 수 있을까? 이 책의 제1권 22과에서 살펴본 재세례파의 주장처럼 유아 세례는 개인의 신앙고백에 바탕을 두지 않기에 부당한 것일까? 죄와 구원의 개념을 인지하거나 기독교 교리를 이해할 수 없는 유아들의 상태를 고려하면 유아 세례가 무의미해 보일 수도 있다.

그러나 구약 시대에 행해진 할례에 대해 생각해보면 유아 세례에 대해 새롭게 이해할 수 있다. 할례는 그 사람이 하나님의 언약 공동체에 소속되었음을 확인하는 예식이었다. 그런데 하나님은 언약 공동체에서 태어난 남자아이들에게 할례를 행할 것을 명령하셨다. 즉 부모를 비롯한 공동체 전체가 아이들을 언약의 백성으로 키워내는 것을 전제로 유아를 하나님의 백성으로 인정하신 것이다.

물론 신약성경은 할례라는 의식 자체가 신앙을 결정하는 것처럼 여기는 태도가 잘못되었음을 가르친다. 그래서 바울은 할례나 무할례가 아무것도 아니고 오직 새로 지으심을 받는 것만이 중요하다고 말한다(갈 6:15). 그러나 하나님은 할례를 믿음의 증표로 허락하신 것처럼,

그리스도인들이 받은 구원의 표시로서 세례를 허락하셨다(벧전 3:21).

따라서 유아 세례란 부모와 교회의 구성원들이 그 아이를 신앙 안에서 키울 것이라는 전제하에 행해지는 의식이다. 유아 세례가 신앙 교육과 분리된다면 재세례파가 지적한 것처럼 그 세례는 전혀 의미가 없다. 고린도전서 7:14은 믿음을 가진 가족 한 사람으로 인해 다른 가족이 거룩하게 될 수 있다고 말한다. 즉 유아 세례를 받은 자녀를 구별된 하나님의 백성으로 양육하기 위해서는 부모의 역할이 매우 중요한 것이다.

결론적으로 유아 세례는 그 아이를 세상과 구별된 하나님의 자녀로 양육하겠다는 의지의 공적인 선언이다. 그리고 유아 세례를 받은 아이들이 성인이 되었을 때는 입교 예식을 행함으로써 자신의 신앙을 교회 앞에서 공적으로 고백하게 된다.

하이델베르크 교리문답 살펴보기

제72문 눈으로 보이는 물로 씻는 행위가 실제로 죄를 씻어냅니까?
답 아닙니다. 오직 예수 그리스도의 피와 성령만이 우리를 죄에서 깨끗하게 하십니다.

제73문 왜 성령은 세례를 가리켜 중생의 씻음과 죄의 씻음이라고 하십니까?
답 하나님이 그렇게 말씀하실 충분한 이유가 있습니다. 하나님은 물이 몸의 더러운 것을 씻어내듯이 그리스도의 피와 성령이 우리의 죄를 씻는다는 사실을 알려주기 원하십니다. 하지만 더 중요한 이유는 하나님이 이 거룩한 징표를 통해, 우리의 몸이 씻기는 것처럼 영적으로 영혼이 죄로부터 진정 깨끗하게 되었음을 확신시키기 원하신다는 것입니다.

제74문 유아들도 세례를 받아야 합니까?

답 그렇습니다. 어른들처럼 유아들도 하나님의 언약 안에 있는 하나님의 백성입니다. 그리스도의 피를 통한 속죄, 그리고 믿음으로 역사하시는 성령은 어른들만큼이나 유아들에게도 약속되어 있습니다. 그러므로 유아들도 언약의 상징인 세례를 받음으로써 그리스도의 교회에 속하게 되고, 믿지 않는 자들의 자녀들과 구별됩니다. 구약 시대에는 할례가 그런 기능을 했지만 신약 시대에는 세례로 대치되었습니다.

교실 밖 수업 #뤼데스하임

니더발트 기념비와 비스마르크

우리나라가 "한강의 기적"으로 세계에 이름을 알렸다면, 전후 독일은 "라인강의 기적"이라고 불리는 재건을 이룩한 것으로 유명하다. 프랑크푸르트 공항에서 자동차로 1시간 정도만 달리면 라인강에 닿을 수 있다. 유유히 흐르는 라인강의 양안으로는 푸른 포도밭과 고풍의 예쁜 마을이 환상적으로 펼쳐지곤 한다.

방문지 주소
니더발트 기념비: 65385 Rüdesheim am Rhein
바울 교회: Paulsplatz 9, Frankfurt am Main

이번 "교실 밖 수업"에서는 우선 라인강 변에 세워진 니더발트 기념비(Niederwalddenkmal)를 찾아가 보자. 니더발트 기념비는 뤼데스

라인강 변에 자리한 아름다운 마을

하임(Rüdesheim)이라는 예쁜 마을 뒤편 언덕에 세워져 있다. 그곳에서 바라보는 라인강과 주변 마을의 전경은 황홀하기까지 하다.

니더발트 기념비는 프로이센 왕국이 프랑스와의 전쟁에서 승리하고 독일을 통일한 것을 기리기 위한 것으로서 "니더발트 독일 통일 기념비"라고 불리기도 한다. 이때 통일을 이룩한 프로이센의 빌헬름 1세(Wilhelm Ⅰ, 1797-1888)는 곧 독일 제국의 황제로 등극했다(1871년). 그리고 이때 빌헬름 1세를 도와 실제 권력을 쥐고서 독일을 일류 국가의 반열에 올려놓은 인물이 바로 비스마르크였다.

비스마르크가 등장하기 전만 해도 독일은 지역적 특색을 유지한 수많은 공국으로 이루어진 느슨한 연합체였다. 그런 탓에 독일은 주변 열강들의 간섭을 회피할 만한 힘을 가질 수 없었다. 반면 1789년에 대혁명을 맞은 프랑스는 일반 시민들의 목소리가 커진 상태에서 왕정과 공화정을 오가며 사회적 혼란 속에서도 강력한 국가로 변모해가고 있었다. 프랑스에서 일어난 1830년의 7월 혁명, 1848년의 2월 혁명은 봉건체제를 극복하고 헌법을 근간으로 한 법치주의, 일반 시민의 권위를 보장하는 자유-평등주의를 발전시키는 계기가 되었다.

당시 독일 사람들도 2월 혁명에 영향을 받아 3월에 혁명을 일으켰다. 이는 국가 통일과 민주주의에 대한 민중들의 염원이 표출된 사건이었다. 이에 프로이센의 국왕 프리드리히 빌헬름 4세(Friedrich Wilhelm Ⅳ, 1795-1861)는 시민들의 요구를 일부 받아들여 국민의회가 프랑크푸르트에서 소집되었다. 이때 국민의회가 제정한 "독일국 헌법"(바울 교회 헌법)은 시민들의 혁명적 요청을 반영한 것으로서 훗날 역사상 가장 이상주의적인 헌법으로 평가되는 "바이마르 헌법"의 근간이 되었다.

그러나 독일의 시민 혁명은 별다른 결과를 직접 만들어내지는 못했다. 시민들은 민주적 대의제도, 헌

라인강을 내려다보는 언덕에 세워진 니더발트 기념비. 승리를 상징하는 여신의 형상이다.

법 제정, 독일 통일을 요구했지만 기득권을 점유하고 있던 귀족 중심의 반(反)혁명주의자들은 기존 체제가 유지되기를 바랐기 때문이었다. 결국 독일은 혁명 이후에도 여전히 군주 중심적 정치체제를 벗어나지 못했고 권력은 각 지역으로 분산될 수밖에 없었다. 이런 상황에서 일반 시민들의 권리와 위상이 높아지고 생활이 개선되기는 어려운 것이 사실이었다.

훗날 독일을 통일시켜 독일 제국이 수립되는 데 큰 역할을 한 비스마르크는 귀족 출신으로서 반혁명주의자였다. 그는 현실주의적인 정치가로, 시민들의 권익을 위해서가 아니라 국가의 발전을 위해서 하나의 독일, 하나의 의견을 지향했다. 물론 그는 사회 각계각층의 거센 요구를 무시할 수 없었기에 역사상 최초로 의료보험 및 노인복지 제도를 고안하기도 했다.

하지만 비스마르크는 우리가 "머리말"에서 살펴보았듯이 정치적인 뜻을 실현하기 위해서 무력 사용을 불사하던 인물이었다. 프로이센과 독일의 수많은 공국은 비스마르크의 지도에 따라 당시 강대국이었던 오스트리아나 프랑스와의 전쟁에 뛰어들 수밖에 없었다. 결국 독일이 전쟁에 승리하면서 통일을 이루고 일류 국가의 기틀을 다지게 된 것은 역사적 사실이다. 하지만 그가 일으킨 전쟁 때문에 얼마나 많은 사람이 피를 흘렸을지를 생각하면 "철혈재상"이라는 그의 별명이 공포스럽게 다가온다.

우리가 앞서 살펴보았듯이 비스마르크는 독실한 기독교 가문에서 태어나 자랐다. 그리고 30세쯤에는 경건주의의 영향을 받기도 했다. 경건주의는 종교개혁 이후에 제도화하고 교리 중심화된 독일교회의 무력감을 극복하고 영성을 회복해 경건함을 사회에서 실천하자는 의

1848년 바울 교회에 소집된 국민 회의를 묘사한 그림(Ludwig von Elliot, 1848)

도로 시작된 신앙 갱신 운동이었다. 그러나 혼란한 시대 상황 속에서 이미 기득권층에 속한 비스마르크는 하나님을 율법적으로 이해하거나 이신론적으로 바라볼 뿐이었다. 어떻게 보면 이런 신앙관을 가진 "정치인" 비스마르크가 독일 시민 혁명에 반대하고 전체주의적 제도를 입안한 것은 그리 이상하지 않다.

다시 프랑크푸르트로 돌아와 바울 교회를 방문해보자. 바울 교회는 경건주의를 열망하던 사람들이 모여서 17세기 말에 영적 부흥을 경험하던 교회였다. 독일 혁명이 한창이던 1849년에는 경건주의 운동의 정신을 계승하여 민주주의 이념을 표현한 "바울 교회 헌법"이 제정되었다. 이는 훗날 바이마르 헌법의 근간이 되었다. 바이마르 헌법에 대해서는 이후 제42과에서 자세히 살펴볼 것이다.

한 시대를 풍미했던 비스마르크의 삶과 한계를 돌아보면서 우리의 신앙을 돌아보자. 기독교의 모든 신앙 행위, 즉 예배, 기도, 찬양,

세례, 헌금 등은 복을 받기 위한 수단이 아니며 또 그것을 어겼을 경우 벌을 받는 것도 아니다. 우리의 신앙생활은 하나님에 대한 사랑과 감사가 뒷받침될 때만 비로소 의미가 생긴다. 하나님에 대한 사랑 없이 종교적 행위나 의식 자체를 중시하면 우리는 어느 순간 "철혈재상"이 되어버릴 수도 있다. 이어지는 "선생님의 칠판"에서 막스 뮐러(Friedrich Max Müller, 1823-1900)의 『독일인의 사랑』을 통해 이에 대해 좀 더 깊이 생각해보자.

프리드리히 막스 뮐러

선생님의 칠판 #이효선 선생님

사랑, 그 위대한 힘

막스 뮐러의 『독일인의 사랑』에는 병약한 여주인공 마리아가 나온다. 그리고 그런 마리아를 진심으로 사랑하는 남자 주인공이 있다. 마리아는 자신의 처지 때문에 사랑에 겁을 낸다. 하지만 남자 주인공은 마리아와 달리 솔직하게 자신의 마음을 표현하며 적극적으로 다가간다. 그리고 그녀가 죽은 후에도 사랑의 기억을 마음 깊이 간직한다.

이 내용은 황순원의 소설 『소나기』와 비슷한 면이 있다. 『소나기』의 여주인공도 몸이 약한 소녀다. 그 소녀는 요양하러 간 시골에서 순박한 소년을 만나 소나기처럼 짧고 풋풋한 사랑을 꽃피운다. 차이점이 있다면 『소나기』의 소녀는 『독일인의 사랑』에 나오는 여주인공과는 달리 소년을 좋아하는 마음을 적극적으로 표현한다는 것이다. 병이 악화되어 결국 죽음에 이르는 이 소녀는 소년과의 추억이 담긴 분홍색 스웨터를 함께 묻어달라는 유언을 남긴다.

두 소설은 공히 "죽음"을 거대한 장애물로 설정한다. 그러나 죽음도 아름다운 사랑을 막을 수 없다. 『독일인의 사랑』은 사랑에 관해 다음과 같이 말한다.

우리는 일어서기, 걷기, 말하기, 읽기를 배우지만 사랑은 배울 필요가 없다. 사랑은 생명처럼 태어날 때부터 우리 안에 있다. 그래서 사랑을 존재의 가장 깊은 바탕이라 하지 않던가.
…
"그런데 너는 왜 나를 사랑하지?"
"왜냐고? 마리아! 어린아이에게 왜 태어났느냐고 물어봐. 들에 핀 꽃에게 왜 피었냐고 물어봐. 태양에게 왜 햇빛을 비추냐고 물어봐. 내가 너를 사랑하는 건 그럴 수밖에 없기 때문이야"(『독일인의 사랑』[산호와 진주, 2012] 중에서).

사랑에 대한 막스 뮐러의 접근은 비스마르크처럼 기독교를 율법적으로 이해하는 사람들에게 신선한 도전을 주었다. 사실 비스마르크가 하나님에 대해 가졌던 인식은 우리에게 낯설지 않다. 어쩌면 대다수 그리스도인이 그와 비슷한 생각을 가지고 살아가는지도 모른다. 이에 대해 막스 뮐러는 진정한 기독교 신앙에 대해 다음과 같이 논평한다.

"많은 사람이 기독교의 참된 교리를 받아들이지 못하는 까닭은, 우리의 마음속에 계시가 나타나기도 전에 기독교가 먼저 계시를 가지고 다가오기 때문인 것 같아. 그 때문에 나도 꽤 불안했었어. 종교의 진실성과 신성함이 의심스러워 불안했던 게 아니라, 다른 사람이 전해준 신앙을 내 것이라고 하는 게 옳지 않은 것 같았기 때문이야. 아무런 깨달음 없이 그저 어릴 때부터 배워서 아는 건 사실 내 것이 아니라는 생각이 들었거든. 다른 사람이 나를 대신해서 살거나 죽을 수 없는 것처럼 어느 누구도 나를 대신해서 믿어줄 수는 없는 거잖아."

"물론이야. 대신 믿어줄 수는 없지. 그리스도의 가르침이 사도들과 초기 신자들의 마음을 사로잡은 것처럼 우리의 마음을 서서히, 그러면서도 거역할 수 없는 힘으로 사로잡아야 하는데, 요즘은 절대적이고 강력한 교회 율법으로 아주 어릴 때부터 소위 신앙이라는 것에 복종하라고 강요하기 때문에 여러 격렬한 갈등과 심각한 싸움들이 벌어지는 것 같아. 생각할 줄 알고 진리를 존경하며, 신념이 굳은 사람이라면 이내 의혹이 생기기 마련이니까…"(『독일인의 사랑』, 43).

기독교 신앙의 진정성에 대한 막스 뮐러의 질문은 오늘 우리에게도 의미가 있다. 예배는 물론이고 성만찬, 세례 등 교회의 모든 거룩한 예식들이 처음 제정될 때에는 하나님께 감사하는 마음으로 시작되었다. 교회의 예식에는 우리를 구원해주신 은혜에 대한 감격과 사랑이 마땅히 담겨야 한다. 반면 하나님께 대한 감사와 사랑이 사라지고 남는 "형식"에서는 아무런 의미나 효과도 생기지 않는다. 그런 상태에서는 성만찬이나 유아 세례가 효력이 있느냐 없느냐 하고 논쟁하는 것 역시 별 의미가 없다.

우리의 신앙생활을 점검해보자. 우리가 교회에서, 혹은 신앙의 이름으로 행하는 것 중에 별 마음 없이 참여하는 것들이 있다면 무엇인지 돌아보자. 우리가 시급하게 회복해야 할 것은 무엇보다 감사와 사랑의 마음이 아닐까? 뮐러는 『독일인의 사랑』 마지막 부분에서 이런 글을 남긴다.

자네가 할 수 있는 한 사람들을 돕고 사랑하며 살게. 이 세상에서 마리아와 같이 아름다운 영혼을 만나 사랑하다 잃어버렸음을 신께 감사하게(『독일인의 사랑』, 106).

하이델베르크 교리문답을 공부하면서 이것을 반드시 기억하기 바란다. 우리는 "믿음이 좋다"는 말을 자주 사용한다. 통상 믿음이 좋다는 것은 예배에 빠지지 않고 열심히 찬양하며 기도를 잘하는 겉모습에 대한 평가이기 쉽다. 그러나 유아 세례를 다루는 하이델베르크 교리문답은 겉으로 드러나는 행위가 아니라 내면적이고 본질적인 신앙이 더 중요하다고 말한다. 사랑으로 나타나야 믿음이 좋은 것이다. 사랑은 강요한다고 생겨나는 것도 아니며 인위적으로 흉내 낼 수 있는 것도 아니다. 사랑은 하나님의 사랑을 받고 경험할 때 비로소 나타나게 된다. 우리가 하나님의 사랑을 깊이 경험하는 그리스도인이 된다면 우리의 믿음은 사랑하는 삶을 통해 점점 더 성숙해질 것이다. 교회에 열심히 다닐수록 무엇보다 사랑이 더욱 깊어지는 그리스도인이 되기를 응원한다.

믿음 노트

1. 시간을 내서 『독일인의 사랑』을 읽어보고 거기서 가장 마음에 와 닿는 구절을 적어봅시다. 그 구절을 고른 이유는 무엇인가요?

2. 우리의 신앙생활에 하나님을 향한 감사와 사랑의 마음이 담겨 있는지 생각해봅시다. 혹시 예배나 교회 행사에 별다른 마음 없이 참여하지는 않나요? 그런 무심함을 극복하기 위해서 내가 할 수 있는 일은 무엇일까요?

제28과

성만찬에 참여하는 삶
홀바인의 그림과 삶

제75-77문

🏷️ **그림으로 이해하기**　#홀바인의 "게오르크 기체의 초상"(베를린 국립회화관 소장)

고통 없이 기쁨도 없다

15세기 말 독일에서 태어난 한스 홀바인(Hans Holbein, 1497-1543)의 몇몇 작품은 꽤 유명하지만 그의 이름이 널리 알려지지는 않았다. 아우크스부르크에서 화가의 아들로 태어난 그는 나중에 영국으로 넘어가 헨리 8세(Henry VIII, 1491-1547)의 궁정화가로 활동했다. 그는 16세기는 물론 지금까지 초상화 분야에서 가장 권위가 있는 화가다. 또한 그는 그림 속에 성경적 상징을 숨은 그림처럼 그려 넣기로 유명하다.

앞의 그림은 한스 홀바인이 그린 게오르크 기체(Georg Gisze)의 초상화다. 상인인 기체는 손에 작성중인 거래 명세서를 쥐고 있다. 그의 옆 벽면에도 상거래와 관련된 쪽지가 여러 개 보인다. 그런데 좀 더 자세히 들여다보면 그림이 좀 이상하다. 기체의 왼쪽 팔꿈치 부분의 벽 모서리는 직각이 아닌데 그 위의 선반은 마치 벽이 직각인 것처럼 설치되어 있다. 또 탁자의 모양이 그림의 오른쪽 아래 구석에서 일그러져 탁자의 모양을 정확히 가늠할 수 없다. 게다가 왼쪽 벽에 걸린 저울은 중심점이 맞지 않게 걸려 있어 수평이 맞지 않는다. 홀바인은 이런 암시들을 통해 이 세상이 모순으로 가득 차 있다는 사실을 지적한다.

왜 세상이 모순으로 가득 찼는가? 기체의 머리 뒤쪽 벽에 붙은 쪽지는 이 그림의 시점을 알려준다. 때는 1532년, 기체의 나이 34세 때다. 그리고 1532년은 헨리 8세가 앤 불린(Anne Boleyn)과의 결혼을 위해 스페인 아라곤 왕가 출신의 왕비 캐서린(Catherine of Aragon)과의 이혼을 준비하던 때였다. 스페인과 우호 관계에 있던 로마 교황청은 그의 이혼에 반대했기 때문에 영국 교회와 교황청의 관계도 단절될 위기에 있었다.

이로부터 2년 후인 1534년에 헨리 8세는 "수장령"(首長令, Acts of Supremacy)을 선포한다. 수장령은 로마 교황청과 관계없이 영국 왕이 영국 교회를 관리하는 모든 권한을 가진다는 내용의 법령이었다. 당대의 막강한 권력 기구였던 교황청과의 결별을 선언한 수장령으로 말미암아 온 나라는 혼란으로 빠져들었다. 이때 권력을 차지하기 위한 정쟁 속에서 많은 이들이 축출당하거나 처형될 수밖에 없었다. 홀바인이 존경했던 토마스 모어(Thomas More, 1477-1535)도 이때 목숨을 잃은 사람 중 하나였다.

홀바인은 역사의 격랑 속에서 나라의 지도자들과 종교인들이 권력과 사적 이익에 휘둘리는 시대의 모습을 평범한 상인의 초상화에 담았다. 탁자 위에 놓인 꽃병과 그 옆의 시계를 살펴보라. 꽃은 시간이 지나면 시들 수밖에 없다. 그리고 이 이미지는 "시간이 지나면 권력이나 명예, 부도 사라진다"는 사실을 암시한다. 테이블 끝에 떨어질 듯이 놓인 동전통도 같은 맥락에서 이해할 수 있다. 돈에 대한 탐심은 멸망으로 가는 지름길이다.

그러나 이 모든 소품은 그림의 중심을 차지한 상인 앞에 가지런히 정돈된 모습으로 그려졌다. 이는 시대의 모순 앞에서도 자신에게 맡겨진 일에 최선을 다해야 한다는 홀바인의 메시지다. 오늘 우리가 사는 세상도 온갖 모순과 부조리로 가득해 보일 때가 많다. 이때 우리는 어떤 태도로 살아가야 할까? 시들어 없어질 세상의 권력과 부가 아니라 우리에게 맡겨진 하나님의 소명을 붙잡아야 한다. 홀바인은 이 메시지를 강조하기 위해 그림 왼편 벽 중간에 다음과 같은 기체의 좌우명을 새겨 넣었다. "고통 없이 어떠한 기쁨도 없다!"

이 그림의 메시지는 이번 과에서 우리가 살펴보려는 "성만찬에 참여하는 삶"과도 연결된다. 예수님은 십자가의 고통을 감당함으로써 성만찬을 제정해주셨다. 진정한 성만찬은 떡과 잔을 받아 입으로 먹고 마시는 "행위"가 아니라 주님이 걸어가신 걸

기체의 좌우명

음을 따라가겠다는 "의지"와 "결단"으로 드러나야 한다. 그런 의지와 결단을 가지고 우리 자신의 십자가를 지고 주님의 길을 따를 때 우리도 비로소 참된 영적 기쁨을 맛볼 수 있을 것이다.

🏷️ 성경 수업

📖 마음 열기

1. 교회의 성만찬에 참여해본 적이 있나요? 어떤 마음으로 참여했나요?

2. 교회의 성만찬에서 함께 먹는 떡과 포도주에는 어떤 의미가 있다고 생각하나요?

성만찬에 대하여

교회에서 드리는 예배 중 가장 중요한 순서는 무엇일까? 많은 사람이 설교 시간에 무게를 둘 것이다. 그런데 기독교 예배에서 "설

교"가 중심으로 자리 잡은 것은 종교개혁 시대부터다. 종교개혁자들은 하나님의 말씀을 청각적으로 이해하는 것을 가장 중요한 은혜의 방편으로 인식했다. 반면 중세 교회에서는 성만찬이 예배의 가장 중요한 요소였다. 성만찬은 교회에서 선포되는 말씀을 제대로 알아들을 수 없는 이방인이나 글을 배우지 못한 계층도 "오감"을 통해 하나님이 주시는 은혜를 확인할 수 있다는 장점이 있었다.

우리는 이런 역사적인 배경과 함께, 오늘날 예배 시간에 시행하는 성만찬이 단순한 "종교의식"이 아니라는 사실을 이해해야 한다. 성만찬은 예수님이 직접 제정하신 소중한 신앙의 유산이다. 우리는 성만찬을 통해 오감으로 하나님의 은혜를 경험한다. 그리스도의 사랑이 직접 나에게까지 연결되었음을 성만찬 떡과 포도주를 보고, 만지고, 향기를 맡고, 먹고, 마시며 깨닫는 것이다.

예수님은 성만찬을 통해 예수님을 기념하라고 명령하셨다(막 14:22-24; 고전 11:24-25). 바울도 여러 곳에 교회를 세울 때 성만찬의 시행에 대해 특별히 강조했다(고전 10:16). 성만찬의 중요성은 교회의 정체성과 관련된다. 교회는 근본적으로 그리스도의 죽음을 통해 세워진 공동체다. 또한 교회는 그리스도를 머리로 하는 그리스도의 몸이다. 우리는 성만찬을 행함으로써 교회가 그리스도의 핏값으로 세워진 그리스도의 몸임을 기억하고 선언한다. 이때 함께 떡을 떼고 잔을 나누는 사람은 나와

○ 관련 성구

22그들이 먹을 때에 예수께서 떡을 가지사 축복하시고 떼어 제자들에게 주시며 이르시되 "받으라. 이것은 내 몸이니라" 하시고 23또 잔을 가지사 감사 기도하시고 그들에게 주시니 다 이를 마시매 24이르시되 "이것은 많은 사람을 위하여 흘리는 나의 피, 곧 언약의 피니라"(막 14:22-24).

우리가 축복하는 바 축복의 잔은 그리스도의 피에 참여함이 아니며, 우리가 떼는 떡은 그리스도의 몸에 참여함이 아니냐?(고전 10:16)

그런즉 너희가 먹든지 마시든지 무엇을 하든지 다 하나님의 영광을 위하여 하라(고전 10:31).

는 별 관계 없는 "남"이 아니라 그리스도에게 연결된 "지체"다. 이런 사실을 확인하고 고백하는 성만찬은 거룩한 의식일 수밖에 없다.

　교회에 성만찬이 없다면 어떻게 될까? 오늘날 많은 사람이 "설교 말씀"을 들으러 교회에 가서 1시간가량의 예배에 참석하고 각자 흩어진다. 그 교회의 교인들은 같은 시간에 영화관에서 영화를 관람하고 나온 관람객과 무슨 차이가 있을까? 물론 설교를 듣고 생각하는 내용의 차이가 있겠지만 관계적인 측면에서는 별다른 질적 차이가 없다. 영화나 연극, 콘서트를 즐기는 군중에게 옆 사람이 별로 중요하지 않은 것처럼 교회에 예배만 드리러 나온 사람은 주변 사람에게 별다른 의미를 두지 않는다. 영화 관람객이 주변 관람객에게 신경 쓰지 않고 자신과 영화의 내용만 중시하는 것처럼 예배를 드리는 사람도 자신과 설교 내용만 중요하게 생각하는 것이다.

　그러나 교회와 극장에 앉아 있는 사람들이 같을 수는 없다. 이 둘 사이의 결정적인 차이를 선명하게 드러내 주는 것이 바로 성만찬이다. 우리는 성만찬을 함께 함으로써 나와 내 옆의 사람이 그리스도의 몸 된 지체임을 확인한다. 내가 그리스도의 손이고 옆 사람이 그리스도의 발이라면 그가 어찌 나와 상관없는 남이겠는가?

　또한 우리는 성만찬을 통해 우리가 주님의 살과 피를 나누었다는 "의미"만 확인하는 데 머물러서는 안 된다. 앞서도 말했듯이 성만찬에는 자신도 주님처럼 순종의 삶을 살겠다는 결단이 포함되어야 하기 때문이다. 예수님은 우리에게 당신의 뒤를 따르라고 명령하셨다. 우리는 성만찬에 참여하면서 주님을 따르는 삶을 살기로 고백하고 결단해야 한다.

　오늘날 많은 교회가 이 부분을 쉽게 넘겨버리는 것 같다. 자신이 성만찬을 통해 은혜를 받았다는 사실에 만족하면 그만인가? 그렇지 않다! 참된 성만찬은 예수님의 몸과 피를 먹고 마시면서 그분이 십자가를 지셨다는 사실을 되새기는 것뿐 아니라 자기 자신도 삶 속에서 십자가를 지겠다고 다짐하고 거기에 맞게 살아가는 것까지 포함한다 (고전 11:23-34). 그것이 곧 하나님이 "영광"을 받으시는 삶이다. 결국 먹든지, 마시든지, 무엇을 하든지 하나님의 영광을 위해서 살아가고자 하는 결심과 의지, 그리고 거기에 걸맞은 일상의 모든 걸음이 성만찬의 마침이 되는 것이다.

○○ 하이델베르크 교리문답 살펴보기

제75문 그리스도께서 십자가에서 단번에 드리신 희생과 그의 모든 복에 당신이 참여하고 있다는 사실을, 성만찬은 어떻게 상기시키고 확신시켜줍니까?

답 그리스도께서 우리와 모든 믿는 자들에게 떡을 먹고 잔을 마시라고 명령하시고 다음과 같은 약속을 주심으로써 그렇게 합니다. 첫째, 내가 성만찬의 떡과 잔을 눈으로 분명하게 보고 받을 때 주님의 몸과 피가 우리를 위한 것임을 확신할 수 있습니다. 둘째, 내가 주님의 몸과 피의 확실한 표인 떡과 잔을 먹고 마실 때 주님께서 십자가에 달리신 몸과 흘리신 피로 내 영혼을 새롭게 하시며 영원한 생명을 공급해주심을 확신할 수 있습니다.

제76문 그리스도의 몸과 피를 먹고 마신다는 것은 무슨 의미입니까?

답 그것은 먼저 믿는 마음으로 그리스도의 고난과 죽음을 받아들이고 그로 말미암아 죄 용서와 영생을 얻는다는 의미입니다. 또한 그것은 우리가 그리스도와 우리 안에 동시에 거하시는 성령을 통하여 그분의 몸으로 더욱더 연합된다는 의미입니다. 그분은 하나님 우편에 계시고 우리는 이 땅에서 살아가지만 우리 신체의 모든 지체가 한 영혼의 지배를 받듯이 우리도 한 성령의 다스리심을 받아 영원히 삽니다.

제77문 믿는 자들이 떡과 잔을 분명하게 받는 것처럼 그리스도께서 그의 몸과 피로 모든 믿는 자를 먹이고 새롭게 하신다는 것을 어디에서 약속하셨습니까?

답 성만찬의 제정을 통해 약속하셨습니다. "주 예수께서 잡히시던 밤에 떡을 가지사 축사하시고 떼어 이르시되 '이것은 너희를 위하는 내 몸이니 이것을 행하여 나를 기념하라' 하시고, 식후에 또한 그와 같이 잔을 가지시고 이르시되 '이 잔은 내 피로 세운 새 언약이니 이것을 행하여 마실 때마다 나를 기념하라' 하셨으니 너희가 이 떡을 먹으며, 이 잔을 마실 때마다 주의 죽으심을 그가 오실 때까지 전하는 것이니라"(고전 11:23-26).

교실 밖 수업 #베를린

초상화 전문가 홀바인

독일이 낳은 최고의 초상화 화가를 꼽으라고 하면 단연 홀바인의 이름이 거론된다. 그의 주요 활동 무대는 스위스 바젤과 영국 런던이었다. 하지만 홀바인이 태어난 독일의 아우크스부르크도 우리에게는 매우 중요한 도시다. 아우크스부르크를 빼놓으면 종교개혁의 역사를 말할 수 없기 때문이다. 1518년에 루터는 아우크스부르크 제국회의에 소환되어 심각한 위협을 당했지만 사람이 아니라 하나님을 두려워하는 마음으로 끝까지 믿음을 지켰다. 루터의 동역자 멜란히톤은 1530년에 아우크스부르크에서 종교개혁 사상을 구체화하여 "아우크

> **방문지 주소**
> **베를린 국립회화관(Gemäldegalerie):**
> Matthäikirchplatz, 10785 Berlin

스부르크 신앙고백"을 발표했다(제21과를 보라). 그리고 1555년에 맺어진 아우크스부르크 화의의 의미를 기억한다면 아우크스부르크가 개신교 역사에서 차지하는 비중을 무시할 수 없을 것이다. 제1권에서도 밝혔지만 아우크스부르크에 방문할 때는 반드시 종교개혁의 진행 과정을 미리 알아보기 바란다.

그런데 아우크스부르크에서는 홀바인의 흔적을 찾기가 쉽지 않다. 아무래도 그의 작품을 보려면 그가 왕성한 활동을 펼쳤던 런던과 바젤을 방문하는 것이 더 나을 것이다. 하지만 베를린 국립회화관에도 그의 그림이 여러 점 있다. 앞서 살펴보았던 "게오르크 기체의 초상"도 베를린 국립회화관에 소장되어 있다. 베를린 국립회화관에 들르게 되면 독일을 대표하는 화가로서 지금까지도 우리에게 많은 영감을 주는 홀바인의 그림들을 유심히 감상하기 바란다.

초상화 화가로서 명성을 쌓아가던 홀바인은 스위스 바젤에 머물 때 당시 유럽 최고의 인문학자로서 종교개혁의 길을 닦았던 에라스무스(Desiderius Erasmus, 1469-1536)를 만나 영향을 받았다. 따라서 에라스무스가 어떤 사람인지를 이해하면 홀바인이 어떤 꿈과 희망을 가지고 살아갔는지도 알 수 있다.

에라스무스는 중세 유럽의 잘못된 관행들이 잘못 번역된 성경에서 비롯되었다고 보았다. 우리가 아는 대로 원래 성경은 히브리어(일부 아람어)와 그리스어로 기록되었다. 하지만 가톨릭교회는 "번역된" 라틴어 성경을 사용하면서 거기에 절대적 권위를 부여했다. 그런데 당시 라틴어 성경은 번역된 지 1천 년이 지난 데다가 원문의 의미를 오역한 부분이 많아서 여러 가지 문제가 있었다.

라틴어와 그리스어에 능통했던 에라스무스는 철저한 연구를 통해 당시에 사용되는 라틴어 신약성경이 어떻게 잘못되었는지 조목조목 지적했다. 또한 그런 오류로 말미암아 횡행하던 잘못된 해석이나 종교적 관행을 바로잡아야 한다고 주장했다. 이런 에라스무스의 연구 및 교육 활동은 영국 케임브리지 대학교의 학생들에게도 영향을 주었다. 그의 강의를 들은 학생 중에서 후일 청교도 운동을 이끈 지도자들이 배출될 정도였다. 그뿐 아니라 독일에서 종교개혁을 일으킨 루터도 에라스무스의 영향을 받은 사람 중 하나다.

에라스무스는 종교개혁 사상을 그림으로 표현한 홀바인에게도 매우 큰 영향을 끼쳤다. 홀바인이 그린 에라스무스의 초상화를 살펴보자. 에라스무스의 두 손은 책머리에 "헤라클레스의 과업"이라고 적힌 책 위에 놓여 있다. 그리스 신화에 따르면 헤라클레스는 헤라 여신이 내린 광기에 사로잡혀 자신의 아이들을 죽이는데, 이 죗값을 치르기 위해 열두 가지 과업을 수행해야 했다. 그 과업들은 하나같이 감당하기 어려운 것들이었는데 그중 히드라를 죽이거나 네메아의 사자를 퇴치한 이야기는 널리 알려졌다.

그렇다면 홀바인은 이 그림을 통해서 무엇을 말하고 싶었을까? 홀바인은 에라스무스가 하는 일이 마치 헤라클레스가 해결해야 했던 일들과 같다고 말하고 있다. 에라스무스는 가톨릭 수도사 출신이면서도 기존 교회의 잘못된 관행에 대해

런던 내셔널갤러리에 소장된 에라스무스의 초상화

홀바인의 대표작인 "대사들"은 런던 내셔널갤러리에 소장되어 있다.

반기를 들었다. 그리고 성경에 시선을 고정하고 당시 유럽 사회에 만연했던 종교적 광기, 무지, 맹신을 타파하기 위해 애쓰는 삶을 살았다. 즉 이 그림이 우리에게 주는 교훈은 분명하다. 우리도 우리가 교회에서 하는 일들이 성경적 근거 없이 인간의 관행이 되어버린 것은 아닌지, 또는 분명한 성경의 가르침에 근거를 둔 것인지 살펴보아야 한다.

이어서 홀바인의 또 다른 대표작인 "대사들"을 감상해보자. 이 그림도 이번 과의 전체적인 의미를 파악하는 데 큰 도움을 준다. 그런데 이 그림은 보면서 감상하기보다 "읽어야" 한다. 홀바인이 그림 이곳저

곳에 시대 상황과 관련한 여러 상징을 숨겨놓았기 때문이다.

우선 인물들을 살펴보자. 그림의 왼편 인물은 프랑스의 외교 특사인 장 드 댕트빌(Jean de Dinteville, 1504-1555)이고, 오른편은 프랑스 주교였던 조르주 드 셀브(Georges de Selves, 1508-1541)다. 댕트빌은 프랑스 왕 프랑수아 1세(François Ⅰ, 1494-1547)가 영국에 파견한 외교관으로서, 헨리 8세가 로마 교황청의 지배에서 벗어나려는 시도를 하는 과정에서 일어나는 외교적 갈등에 대응하는 임무를 맡았다. 셀브 주교는 이 어려운 과제를 떠안은 댕트빌을 위로하기 위해 찾아온 것으로 보인다. 당시 교황청은 유럽 사회를 지배하는 실제적 수장으로서 대다수 나라가 이에 복종했다. 그러나 헨리 8세는 이혼과 재혼의 과정에서 교황청의 판결을 거부했고 당시 교황청의 든든한 지지자였던 스페인과 외교 마찰을 일으킬 수밖에 없었다. 이런 상황에서 프랑스는 자국의 이익을 극대화하려고 했다.

그런데 댕트빌과 셀브는 모두 프랑스의 인문학자인 자크 르페브르(Jacques Lefèvre d'Étaples, 1455?-1536)의 영향을 받은 사람들이었다. 르페브르는 에라스무스와 같은 인문학자이며 성경을 프랑스어로 완역한 인물로서 프랑스 종교개혁의 효시로 평가된다. 스위스 제네바의 종교개혁을 이끌었던 칼뱅도 르페브르에게서 영향을 받았다. 우리는 여기서 에라스무스나 르페브르처럼 성경을 깊이 연구하고 그 원래 의미를 사람들에게 알리기 위해 힘쓴 사람들이 교회의 역사에 매우 긍정적인 발자국을 남겼다는 사실을 알 수 있다.

이제 이 그림을 "읽어"보자. 먼저 탁자에 놓인 여러 가지 도구들이 눈에 들어온다. 탁자 상단에 놓인 천구의에는 닭(프랑스)이 독수리(로마 제국, 유럽)를 공격하는 그림이 숨겨져 있다. 이는 당시 프랑스가 국제사회에 대해 어떤 태도를 가졌는지를 말해주는 듯하다. 그 옆에는 우리가 쉽게 볼 수 없는 휴대용 해시계, 사분의, 다면 해시계, 토르퀘툼 등이 놓여 있다. 이 도구들이 가리키는 때는 1533년 4월 11일로서, 이날은 이미 앤 불린과 비밀 결혼을 올린 헨리 8세가 왕비 캐서린과의 이혼 서류에 서명한 날이었다. 이 그림을 의뢰한 댕트빌에게 이날은 매우 중요할 수밖에 없었다.

탁자 하단에는 지구본, 류트, 피리, 찬송가집이 놓여 있다. 지구본에는 신대륙이 표시되어 있다. 지동설을 받아들인 콜럼버스(Christopher Columbus, 1451-1506)는 1492년에 대서양을 건너 신대륙을 발견했다. 그런데도 교회는 중세의 우주관에 고착되어 여전히 천동설을 고집하면서 지동설을 주장하던 사람들을 핍박하고 있었다. 이에 홀바인은 지구본을 그림에 배치함으로써 당시 교회의 무지와 폐쇄성을 지적한 듯하다. 또 이런 물건들은 댕트빌과 셀브 주교가 인문주의적인 최신 교육을 받은 사람들이라는 사실을 알려준다. 실제로 셀브 주교는 프랑스 가톨릭교회를 개혁하려고 애쓴 인물이기도 했다.

류트는 기타(guitar)의 조상쯤 되는 악기로서 조화를 상징하는데, 줄이 몇 가닥 끊겨 있다. 이는 구교와 신교의 갈등, 스페인과 영국의 갈등이 불거지던 당시의 시대 상황과 연관이 있는 듯하다. 그 옆에 펴져 있는 찬송가집 왼쪽 면에는 루터가 작사한 찬송가인 "성령이여 임하소서"가 수록되어 있다. "성령이여 임하소서"의 가사는 다음과 같다.

주 하나님이신 성령이여, 임하소서!
당신을 믿는 자들의 영혼과 마음을
주의 은혜로 채우사

주의 사랑으로 우리 마음을 밝히소서.

오른쪽 면에는 십계명과 관련된 문구가 적혀 있다.

축복된 삶을 살고, 하나님 안에 영원히 거하고자 한다면
하나님이 우리에게 명령하신 십계명을 지킬지니라.

이는 댕트빌이 가톨릭을 옹호하는 프랑스 국왕 밑에 있었으면서도 신교의 신앙에 우호적이었음을 말해주는 듯하다. 그래서 그는 신교도였던 홀바인에게 그림을 맡겼던 것이 아닐까?

이 외에도 이 그림에는 전형적인 상징들이 숨겨져 있다. 먼저 마룻바닥에는 극단적인 초점에서 투사한 해골이 그려져 있다. 이 해골은 그림을 측면에서 보거나 굽은 유리를 통해서 보아야 온전한 모양이 드러난다. 댕트빌의 모자에도 해골이 그려져 있는데, 이는 중세 말 미술계에 등장한 "바니타스"(vanitas)로서 인생의 허망함을 기억하라고 말해준다. "메멘토 모리"(Memento mori), 즉 "당신이 죽는다는 것을 기억하라"는 격언은 댕트빌의 좌우명이기도 했다.

우리는 자신이 반드시 죽을 수밖에 없는 유한한 존재임을 잊어서는 안 된다. 역사는 늘 요동치는 바다처럼 우리를 위협

> **바니타스**
>
> 바니타스(vanitas)는 원래 "허무", "헛수고"를 뜻하는 라틴어에서 유래한 말로 "헛되고 헛되며 헛되고 헛되니 모든 것이 헛되도다"(전도서 1:2)라는 성경 말씀과 관련한 상징물을 일컫는다. 중세 말 유럽은 흑사병과 연이은 전쟁으로 유례없는 인구 감소를 겪었다. 화가들은 이런 비극적인 경험과 칼뱅주의의 감화를 바탕으로 세상의 부귀와 명예가 허무하고 무의미하다는 사실을 이미지화하여 표현하기 시작했다. 여기에는 시든 꽃, 낡은 책, 촛불, 시계, 해골 등이 메타포로 사용되었다. 바니타스는 16, 17세기 바로크 시대에 크게 유행했으며 오늘날의 작품에도 심심치 않게 등장한다.

한다. 세상의 평화는 깨지기 쉽고 사람들의 편견은 쉽게 바로잡히지 않는다. 하지만 우리는 이 세상을 예수 그리스도가 항상 통치하고 계심을 믿어야 한다. 이 그림의 왼쪽 위 구석을 보라. 커튼 뒤에는 십자가에 달리신 예수님의 형상이 자리하고 있다. 홀바인이 이를 통해 말하는 것처럼, 비록 우리 눈에 잘 보이지 않더라도 예수님은 역사의 주인이시며 우리의 영원한 구원자이시다.

커튼 뒤의 예수님

홀바인의 삶과 작품이 우리에게 전해주는 메시지를 정리해보자. 홀바인은 종교개혁이 한창 진행 중이던 역사의 격랑을 헤치며 살아갔다. 그는 수많은 사람의 초상화를 그리며 그들의 생김새뿐 아니라 삶과 개성, 역사적 맥락까지 화폭에 담기 위해 노력했다.

우리의 신앙 역시 우리의 실제 삶과 분리될 수 없다. 교회에서 시행하는 성만찬도 마찬가지다. 단순히 떡과 포도주를 나눈다고 해서 신앙이 자라지는 않는다. 성만찬에 참여하는 사람은 삶의 전 영역에서 하나님의 영광을 드러내기 위해 마음을 새롭게 하고 분투해야 한다. 더 나아가 예수님의 고난에까지 동참하겠다는 의지를 가져야 한다. 그런 거룩한 삶은 셀브 같은 성직자뿐 아니라 외교관으로서 세상을 바꾸고자 노력했던 댕트빌에게도 요구되는 것이었다. 우리도 일상생활의 전 영역에서 우리가 감당해야 할 주님의 뜻을 분별하고 그에 걸맞은 삶을 살아가자.

🏷️ 선생님의 칠판 #백병환 선생님

홀바인의 자화상

▌홀바인이 만난 사람들

홀바인은 1497년 독일 아우크스부르크에서 태어났고, 1515년에 스위스 바젤로 넘어가 예술가로서 활동하기 시작했다. 홀바인은 거기서 에라스무스를 만났고 에라스무스의 초상화뿐 아니라 『우신예찬』의 삽화를 그려주게 되었다. 그러면서 종교개혁 사상을 자연스레 접하고 나중에는 개신교를 받아들였다. 홀바인이 영국으로 건너가 토마스 모어를 만난 것도 에라스무스의 소개를 통해서였다.

영국에서 헨리 8세의 궁정화가가 된 홀바인은 역사적 사건들을 담은 그림과 초상화를 많이 남겼고 1543년, 47세 때 흑사병에 걸려 세상을 떠났다. 유능한 초상화 화가로서 수많은 인물의 인상을 화폭에 담으면서 종교개혁을 옹호하고 교회의 잘못된 관행을 비판한 홀바인! 그의 작품들은 오랜 시간이 지난 지금까지도 소중한 신앙의 유산으로 남아 있다.

홀바인의 인생을 살펴보면 "만남"의 중요성을 새삼 느끼게 된다. 홀바인은 타고난 재능이 있었기에 화가로 성공할 수 있었다. 하지만 그가 만일 에라스무스나 모어처럼 진리를 사랑하고 시대의 흐름을 읽을 수 있는 사람들을 만나지 못했다면 어땠을까? 사회문제에 대한 비판 의식과 신앙적인 순수함을 갖추지 못한 채 세상 사람들처럼 살아가지 않았을까? 아마도 그의 작품들 역시 재치가 번뜩이는 상징과는 거리가 먼 보통 그림이 되고 말았을 것이다.

　세상의 많은 사람은 재산이나 좋은 부모, 집안 환경이나 외모 등이 인생에서 가장 중요하다고 생각하는 듯하다. 특히 오늘날 우리나라처럼 양극화가 심한 사회에서는 그런 외적인 조건을 의식하면서 새로운 삶을 꿈꾸지 못하는 사람들이 많다. 하지만 가정환경이나 사회적 조건이 인생의 전부를 결정하는 것은 아니다. 오히려 참된 인생을 살아가려는 사람에게 그런 것은 아주 작은 영향을 미칠 뿐이다. 사실 더 중요한 것은 어떤 사람을 만나는가다. 오늘, 삶의 길목에서 만나는 사람들을 소중히 여기며 하나님의 인도하심에 귀를 기울여보자.

📝 믿음 노트

1. 홀바인의 그림에서 가장 인상에 남는 것이 무엇인지 이야기해봅시다. 홀바인의 삶이나 그림은 당신에게 어떤 교훈을 주나요?

2. 성만찬에 대해 새롭게 깨달은 것이 있다면 무엇입니까? 또한 이번 과를 공부하면서 어떤 다짐을 새롭게 하게 되었나요?

제29과

주님의 몸과 피에 관하여
브람스의 생애와 음악

제78-79문

🏷 그림으로 이해하기 #브뤼헐의 "게으름뱅이의 천국" (뮌헨 알테 피나코테크 소장)

천국은 어떤 곳인가?

"음식의 천국"이라고도 불리는 이 그림은 "농민의 화가"로 알려진 대(大) 피터르 브뤼헐(Pieter Bruegel de Oudere, 1525-1569)의 그림이다. 평범한 민중들의 삶 속에서 소재를 찾아내 종교개혁의 사상을 표현한 브뤼헐은 당시 신앙인들의 잘못된 행태를 꼬집은 것으로도 유명하다.

앞의 그림을 살펴보자. 그림의 중심에 있는 원형 식탁 주위에 누워 있는 사람들은 오른쪽부터 시계 방향으로 성직자, 농부, 군인이다. 이들은 배가 터지도록 먹고 바닥에 누웠다. 성직자는 성경책은 옆에 덮어둔 채 상에서 떨어지는 포도주에 시선을 고정한 모습이다. 그림의 왼쪽 위 모서리에 있는 집의 지붕은 파이로 뒤덮였고 그 아래에서 파이가 떨어지기를 기다리는 병사도 하나 보인다. 여기저기 흩어져 있는 음식, 다리가 달린 달걀이나 칼이 꽂힌 채 돌아다니는 돼지가 우습기도 하고 어수선하기도 하다. 오른편 상단에는 이 "천국"으로 들어오려고 아슬아슬하게 곡예를 펼치는 사람도 보인다.

여기서 생각해보자. 과연 하나님이 그의 자녀들에게 허락하신 "축복"이 설마 이런 유의 천국에 들어가는 것일까? 하나님이 주시는 복을 받으면 먹을 것, 입을 것, 잠잘 것에 대한 걱정 없이 만사형통한 삶을 살아가게 될까? 어쩌면 많은 그리스도인이 예수님을 믿고 열심히 신앙생활을 하면 이런 보상을 받을 수 있다고 생각할지도 모른다. 하나님이 소원을 성취시켜주는 "도깨비방망이"와 같은 수단으로 전락해버리는 것이다.

브뤼헐은 종교개혁의 열기가 뜨거운 상황 속에서 종교의 힘을 빌려 자신의 욕심을 채우고자 하는 당시 많은 사람의 모습을 이렇게 꼬

집었다. 이 그림은 우리에게도 예수님을 믿는 동기가 무엇인지 묻는다. 예수님의 "살을 먹고 피를 마시는" 삶은 어떤 것일까? 이번 과를 통해 예수님을 믿는다는 것의 의미에 대해 진지하게 고민해보자.

성경 수업

마음 열기

1. 자신이 생각하는 천국의 모습은 어떤지 나누어보세요.

2. 예수님을 믿게 된 계기, 혹은 교회에 다니게 된 계기는 무엇인가요?

그리스도의 몸과 피

우리는 성만찬에 참여해 그리스도의 몸과 피를 받는다. 물론 진짜 인육과 혈액을 섭취한다는 이야기가 아니다. 이는 마치 세례의 물이 실제로 죄를 씻거나 구원을 가져오는 수단이 아니라 구원의 "표"인 것과 같다(벧전 3:21). 베드로는 세례가 육체의 더러운 것을 제하는 것이 아니라고 분명히 말한다. 오히려 세례를 받는 사람은 하나님을 향한 선한 양심의 간구를 잃지 말아야 한다. 성만찬도 마찬가지다. 그리스도의 떡과 잔을 받을 때마다 우리는 그리스도처럼 살아가겠다는 간구와 의지를 다져야 한다. 우리에게 "선한 양심의 간구"가 없다면 성만찬의 떡과 잔을 나누는 것은 "형식"에 치우친 종교 행위에 불과하다.

성경은 예수님이 우리를 죽음과 흑암에서 건져내서 하나님 나라로 옮기셨다고 말한다(골 1:13-14). 이를 달리 말하면 우리가 죄의 용서와 더불어 구원을 받았다는 것인데, 이는 예수님이 십자가에서 죽으심으로써 우리에게 주어진 축복이다. 결국 그리스도의 몸과 피란 종의 형체를 가지심으로 사람들과 같이 되신 예수 그리스도의 생애와 죽음, 부활과 승천에 연결된다. 예수님은 우리와 똑같은 육체를 입으셨지만 온전히 하나님께 순종하심으로써 부활의 첫 열매가 되셨다. 지금까지 성만찬 때 아무런 생각 없이 떡과 잔을 받았다면 이제부터는 이 사실을 반드시 기억하기 바란다.

우리는 성만찬에서 우리의 "소속"이 하나님 나라로 옮겨졌음을 눈과 손과 입을 통해 확인한다. 우리는 예수님의 몸과 피를 상징하는 떡과 포도주를 통해 하나님의 사랑이 우리에게까지 미쳤으며, 우리가 바로 이 순간 하나님의 통치 안에 있다는 사실을 마음에 새겨야 한다. 떡과 잔을 통해 이런 영적인 진실을 오감으로 확인하는 순간은 영광스럽지 않은가? 그분의 몸과 피를 받을 때 우리는 우리가 그분의 지체로서 그분께 붙어 있기에 결코 소외되거나 무시되지 않으리라 확신할 수 있다. 예수님은 결코 우리를 포기하지 않으신다.

> **관련성구**
>
> 13그가 우리를 흑암의 권세에서 건져내서 그의 사랑의 아들의 나라로 옮기셨으니 14그 아들 안에서 우리가 속량 곧 죄 사함을 얻었도다(골 1:13-14).
>
> 물은 예수 그리스도께서 부활하심으로 말미암아 이제 너희를 구원하는 표니 곧 세례라. 이는 육체의 더러운 것을 제하여 버림이 아니요 하나님을 향한 선한 양심의 간구니라(벧전 3:21).

◯◯ 하이델베르크 교리문답 살펴보기

제78문 떡과 포도주가 실제의 그리스도의 몸으로 변화됩니까?

답 아닙니다. 세례의 물이 그리스도의 피로 변하거나 죄 자체를 씻는 것이 아니라 오히려 하나님이 명하신 표시이며 보증인 것처럼, 성만찬의 떡도 그리스도의 몸이라고 불리지만 그것은 성례의 본질과 용례를 설명하는 것일 뿐 실제로 그리스도의 몸으로 변하는 것은 아닙니다.

제79문 그렇다면 그리스도는 왜 떡이 그의 몸이고 잔이 그의 피, 혹은 새 언약의 피라고 말씀하셨습니까? 그리고 바울은 왜 떡과 잔을 받는 것이 그리스도의 몸과 피에 참여하는 것이라고 말했습니까?

답 그리스도가 그렇게 말씀하신 데는 이유가 있습니다. 그는 떡과 포도주가 우리의 일시적인 생명을 유지하는 데 필요하듯이 십자가에 달리신 그의 몸과 흘리신 피가 영원한 생명을 위한 참된 양식과 음료라는 것을 성만찬을 통해 가르치기 원하십니다.

더 나아가 그리스도는 눈에 보이는 표시와 보증을 통해 우리에게 다음과 같은 확신을 심어주고 싶어 하십니다. 첫째, 우리가 그리스도를 기억하기 위한 거룩한 표시를 입으로 분명히 받아먹듯이 성령의 역사를 통해 우리가 그의 참된 몸과 피에 동참한다는 사실입니다. 둘째, 마치 우리가 직접 우리 죄 때문에 고난을 받아 대가를 치른 것처럼 확실하게 그분의 고난과 순종이 우리의 것이 되었다는 사실입니다.

🏷️ **교실 밖 수업** #바덴바덴

> **브람스의 음악과 신앙**

"자장가"의 작곡자로 유명한 브람스(Johannes Brahms, 1833-1897)는 독일 북부의 함부르크에서 태어났다. 그가 슈만(Robert Schumann, 1810-1856)과 클라라(Clara Schumann, 1819-1896) 부부를 만났던 곳은 뒤셀도르프로 알려졌으며, 마지막으로 묻힌 곳은 오스트리아의 빈이다. 이처럼 브람스와 관련된 장소는 여럿이지만 이번에 "교실 밖 수업"에서 찾아갈 곳은 독일 중부에 있는 온천 도시 바덴바덴(Baden-Baden)이다.

바덴바덴은 하이델베르크의 남쪽에 자리 잡고 있다. 바덴바덴은 헤세(Hermann Hesse, 1877-1962)의 고향인 칼프와 슈투트가르트, 튀빙겐 등 유명 도시와도 가깝다. 바덴바덴은 고대 로마 시대부터 온천으로 널리 알려졌으며 특히 카라칼라 온천욕장, 프리드리히 온천욕장 등이 유명하다. 이번에 방문할 브람스하우스(Brahmshaus)는 도시 외곽에 있는데 개장 요일과 시간이 제한되어 있으므로 방문할 때 주의해야 한다.

> **방문지 주소**
> **브람스하우스:** Maximilianstraße 85, 76534 Baden-Baden

이번 과에서 살펴볼 브람스의 신앙을 제대로 평가하기 위해서는 우리가 "머리말"에서 살펴본 비스마르크와 바그너를 염두에 두어야 한다. 그들의 삶과 브람스의 삶은 여러 가지 면에서 서로 비교가 되기 때문이다.

앞서 살펴보았듯이 비스마르크와 바그너는 모두 독일을 대표하는 역사적 인물들이다. 그들도 어린 시절부터 교회에 다녔고 일상의 대

브람스하우스 현관에서 바라보는 바덴바덴 교외의 풍경과 알림판. 브람스는 이곳에서 약 10년간 거주하면서 위대한 작곡가의 반열에 올랐다.

화나 작품을 통해 예수님에 대해 자주 이야기했다. 하지만 엄밀히 말해서 신앙은 그들의 실제 삶에 별다른 영향을 주지 못했다. 종교는 그들의 강한 정치적 이데올로기에 가려져 오용될 뿐이었다. 그리스-로마 신화를 공부하는 것과 윤리적 생활이 별개이듯이 비스마르크와 바그너에게 기독교는 종교일 뿐, 그리스도를 닮아가는 삶은 중요하지 않았다. 그 결과 비스마르크는 철혈재상이라는 별명을 얻었고, 바그너는 히틀러가 등장하는 길을 열어준 인물로 역사에 남았다.

 브람스가 이들과 결정적으로 다른 점은 무엇이었을까? 아마 참된 신앙이 아니었을까? 브람스는 예수 그리스도에 대한 믿음을 음악으로뿐만 아니라 삶으로도 표출했다. 이는 브람스의 대표작인 "헝가리 무곡"에서도 드러난다. "헝가리 무곡"은 누구나 머릿속에 멜로디가 각인되어 있을 만큼 아주 유명한 곡이지만 그 배경에 대해서는 잘 알려지지 않았다.

 현재 중동은 시리아 내전으로 극심한 내홍을 겪고 있으며 수많은 시리아 난민이 전쟁을 피해 위험을 무릅쓰고 바다를 건너 유럽으로 향하고 있다. 우리나라 언론에도 여러 차례 언급되었듯이 독일은 유럽의 난민 문제를 인도적으로 해결하기 위해 적극적으로 나서왔다.

정도의 차이는 있겠지만 브람스 당시에도 비슷한 일이 있었다. 당시 강대국이었던 오스트리아와 러시아가 헝가리를 침공했고 수많은 헝가리 난민이 독일로 몰려든 것이다. 이때 대다수 독일인은 이들에 대해 반감을 품었지만 청년 시절부터 헝가리 민속 음악의 매력을 높이 평가했던 브람스는 거기서 영감을 얻어 "헝가리 무곡"을 만들었다.

이런 브람스의 겸손하고 개방적인 성품은 어머니의 신앙 교육에서 나왔다. 비록 가난한 살림이었지만 브람스의 어머니는 자녀들에게 매일 성경을 읽어주었다. 또한 자녀들이 믿음으로 살아갈 수 있도록 늘 격려했다. 이런 신앙 교육을 받은 브람스는 어려서부터 검소하고 친절한 삶을 살면서 주변의 어려운 사람을 결코 그냥 지나치는 법이 없었다고 한다. 실제로 그의 삶을 추적해보면 사회적 약자들에게 자비와 사랑을 베푼 흔적을 어렵지 않게 발견할 수 있다. 게다가 그는 어디를 가든지 성경을 지참하고 다니며 읽고 묵상하는 일에 힘썼다. 경건의 능력은 이처럼 매일같이 묵상하는 성경 말씀에서 나오기 마련이다.

우리가 "교실 밖 수업"에서 방문할 바덴바덴의 브람스하우스는 피아니스트 브

브람스

브람스는 1833년 독일 함부르크에서 태어나 1897년에 오스트리아 빈에서 세상을 떠났다. 브람스가 활동하던 시기는 음악적으로 고전주의를 지나 낭만주의에 접어든 시기였다. 하지만 베토벤과 바흐를 존경해 그들로부터 영향을 받은 브람스는 신고전주의 음악가로 분류된다.

슈만의 제자였던 브람스는 스승의 아내인 클라라를 연모했다. 그는 슈만이 죽은 후에도 14세 연상인 클라라에 대한 마음을 간직한 채 평생 독신으로 산 것으로 유명하다.

모친의 독실한 신앙을 물려받은 브람스는 신앙을 바탕으로 "독일 레퀴엠", "코랄 전주곡", "4개의 엄숙한 노래" 같은 작품을 썼다. 그의 음악에 대해 클라라는 "세상의 모든 음악이 소멸한다 해도 브람스 음악의 아름다움은 길이 남을 것이다"라고 평가했다.

슈만과 클라라

람스가 대작곡가 브람스로 도약했던 곳이다. 그는 이곳에서 "독일 레퀴엠"을 작곡하면서 작곡가로 주목받게 되었다. "헝가리 무곡"에 드러나는 브람스의 따뜻함과 겸손함은 "독일 레퀴엠"에서도 유감없이 드러난다.

전쟁과 자유주의 혁명 사상이 폭풍처럼 유럽을 휩쓴 19세기, 수많은 사람이 역사의 소용돌이 속에서 목숨을 잃을 수밖에 없었다. 게다가 브람스의 스승 슈만은 정신 이상 증상을 보이다가 비참하게 세상을 떠났다(1856). 죽음의 문제를 지나칠 수 없었던 브람스는 신앙으로 죽음을 해석하는 곡을 구상했다. 이후 1865년에 어머니가 돌아가시자 본격적으로 작곡에 돌입하여 "독일 레퀴엠"을 완성했다.

원래 레퀴엠(requiem)이란 가톨릭교회에서 죽은 이를 위한 위령 미사에 사용하는 무겁고 침울한 예식 음악이다. 일반적인 레퀴엠은 가사가 라틴어로 되어 있었는데, 브람스는 독일어 성경에서 가사를 선택했다. 독실한 개신교 신자였던 브람스는 레퀴엠을 통해 이미 죽은 이들의 영혼을 달랜다기보다는 죽음에 대한 성경의 가르침을 통해 유가족을 위로하기를 원했던 것이다. 그가 작곡한 "독일 레퀴엠"은 남편을 잃고 미망인이 된 클라라에게, 어머니를 여읜 브람스 자신에게, 혁명과 전쟁으로 사랑하는 이들을 잃은 당대의 수많은 사람에게 큰 힘이 되었을 것이다.

🏷️ 선생님의 칠판 #김성민 선생님

성만찬에 참여하는 삶

독실한 신앙인이었던 브람스에게 예수 그리스도는 자신의 욕심을 채워줄 "수단"이 아니었다. 브람스는 예수 그리스도를 삶의 "목적"으로 삼아 그분을 본받고자 했다. 그는 항상 예수님처럼 청렴하고 겸손한 삶을 살려고 노력했다. 자신이 가진 것을 나누어 주변의 가난한 사람들을 돕기를 기뻐한 브람스는 미망인이 된 클라라의 생계를 보살폈고, 친누나가 세상을 떠나자 조카의 학비를 책임지기도 했다. 여러 음악인과 우정을 쌓는 가운데 드보르자크

젊은 시절의 브람스(1853)

(Antonín Dvořák, 1841-1904)가 자리를 잡을 수 있도록 길을 열어주었으며, 화재로 고통을 당한 이웃들을 위해 위로금을 보내기도 했다. 브람스의 친절한 행위들은 일일이 열거할 수 없을 정도다. 우리는 이런 그의 모습에서 예수님을 따르는 실천적인 삶을 엿볼 수 있다.

주님의 살과 피를 먹고 마시는 성만찬에 참여하는 사람은 어떤 삶을 살아야 할까? 성만찬은 교회에서 떡과 포도주를 먹는 행위로 끝나

브람스하우스의 명판은 브람스가 1865년부터 1874년까지 이곳에 거주했다고 알려준다.

서는 안 된다. 그리스도의 몸과 피를 받았다면 우리는 이제 그리스도에게 연결된 그리스도의 몸으로서 살아가야 한다. 예수님은 "내 살을 먹고 내 피를 마시는 자는 내 안에 거하고 나도 그의 안에 거하나니"(요 6:56)라고 말씀하셨다. 우리는 예수 그리스도와 함께 살아가는 거듭난 자로서 "선한 양심"을 가지고 믿음과 사랑의 열매를 맺어야 한다.

우리는 주님의 몸과 피를 받음으로써 하나님의 사랑이 우리에게 연결되었음을 확인할 수 있다. 또한 우리에게 영의 양식을 제공해주시는 예수님이 우리의 주인이 되신다는 사실도 새롭게 깨닫게 된다. 그렇다면 우리를 위해 생명의 떡이 되신 예수님을 위해, 아들을 주시기까지 우리를 사랑하신 하나님의 사랑에 응답하기 위해 우리가 해야 할 일은 무엇일까?

이번 과에서 살펴본 브람스의 모습은 우리에게 귀중한 영감을 준다. 즉 우리도 브람스처럼 사람들을 위한 "레퀴엠"을 만들어야 한다. 죽음으로 인해 슬픔을 당하는 사람들을 위로하고 고통을 당하는 사람들에게 손을 내밀며, 가난과 굶주림으로 허덕이는 사람들에게 온기를 채워주는 것, 그것이 우리의 사명이다. 주님의 성만찬은 거기까지 연결되어야 한다.

그런데 사람들의 결정적인 "성향"은 청소년기를 전후해서 형성된다. 이 시기에 누구에게서 어떤 영향을 받느냐에 따라 살면서 무엇을 중시하는지가 결정된다고 해도 과언이 아니다. 브람스의 성향을 결정

지은 사람들은 어머니와 그의 스승들이었다. 브람스의 어머니는 가난한 데다가 몸까지 불편했다. 하지만 그녀는 늘 브람스에게 성경을 읽어주면서 검소하고 겸손하게 살 것을 가르쳤다. 그것은 평생 브람스가 독실한 신앙인으로 살아갈 수 있는 밑거름이 되었다. 또 브람스는 스승들의 영향을 받아 베토벤(Ludwig van Beethoven, 1770-1827)이나 바흐(Johann Sebastian Bach, 1685-1750)의 음악에 깊이 심취했는데, 이로 인해 한창 유행하던 낭만주의에 거슬러 고전주의를 표방하는 신고전주의 음악가가 될 수 있었다. 이렇듯이 청소년기는 우리의 성향을 결정하고 인생의 향방을 판가름하는 매우 중요한 시기다.

우리는 주로 누구에게 영향을 받으며 어떤 스승을 만나는지 생각해보자. 자신이 지금 바라보는 사람은 누구인가? 내 생각이나 삶의 습관에 중요한 영향을 주는 사람은 누구인가? 마음으로 존경하고 본받고 싶은 사람은 누구인가? 바로 그 인물, 그 대상이 내 인생을 좌우하는 지표가 될 것이다.

브람스는 자신에게 위대한 신앙의 유산을 물려준 어머니에게 "독일 레퀴엠"을 헌정했다. "독일 레퀴엠"의 구성은 다음과 같다.

> 제1곡(합창) "애통하는 자는 복이 있나니"
> 제2곡(합창) "모든 육신은 풀과 같고"
> 제3곡(바리톤 독창과 합창) "주여, 나의 종말과 연약함을 알게 하사"
> 제4곡(합창) "주의 장막이 어찌 그리 사랑스러운지요"
> 제5곡(소프라노 독창과 합창) "지금은 너희가 근심하나"
> 제6곡(바리톤 독창과 합창) "우리가 기다리는 영원한 도성은 없고"
> 제7곡(합창) "주 안에서 죽는 자들은 복이 있도다"

이 중 제5곡 "지금은 너희가 근심하나"(Ihr habt nun Traurigkeit)의 가사 일부를 음미해보자.

지금 너희가 근심하나,
내가 다시 너희를 보리니
너희 마음이 기쁠 것이요,
너희 기쁨을 빼앗을 자가 없으리라(요 16:22).
어머니가 자식을 위로함 같이
내가 너희를 위로할 것이라(사 66:13).
(Ihr habt nun Traurigkeit;
aber ich will euch wiedersehen,
und euer Herz soll sich freuen,
und eure Freude soll niemand von euch nehmen.
Ich will euch trösten,
wie einen seine Mutter tröstet).

믿음 노트

1. 브람스의 생애에 대해 새롭게 알게 된 것이 있다면 무엇입니까?

2. 우리가 세상을 향해 내놓을 수 있는 우리만의 "레퀴엠"은 무엇일까요?

제30과 개신교 성만찬과 가톨릭 미사의 차이점
나치 기독교 당시의 독일의 상황

제80-82문

🏷️ **그림으로 이해하기** #티치아노의 "세금"(드레스덴 구거장미술관 소장)

황제와 하나님

앞의 그림은 이탈리아 르네상스의 대표적 화가인 티치아노 베첼리오(Tiziano Vecellio, 1488-1576)가 그린 "세금"이다. 이 그림은 드레스덴 구거장미술관에서 가장 유명한 그림 중 하나로서 안내문에도 잘 소개되어 있다. 그림에서 오른편에 보이는 사람은 예수님에게 바짝 붙어 있다. 하지만 그를 바라보는 예수님의 표정은 차갑다. 예수님은 손가락으로 오른편 사내가 내민 동전을 가리키신다.

이 그림은 마태복음 22장의 사건을 묘사한다. 예수님을 눈엣가시처럼 여기던 바리새인들은 예수님을 올무에 빠뜨리려고 자기 제자들을 헤롯 당원들과 함께 보냈다. 그들은 "로마 황제에게 세금을 바치는 것이 옳습니까?" 하고 물었다. 이 질문은 예수님을 진퇴양난에 빠뜨리기 위해 준비된 것이었다. 세금을 바치지 말라고 하면 예수님은 로마 황제에 대한 반역죄로 체포될 수밖에 없다. 반대로 세금을 바쳐야 한다고 하면 이방 황제의 이스라엘 통치를 인정하는 것으로 여겨져 사람들의 종교적인 반발을 불러일으키게 된다. 이스라엘의 주인은 하나님 한 분뿐이신데 세금을 바치는 것이 옳다면 로마 황제를 주인으로 인정한다는 말이 아닌가?

그때 예수님은 그들에게 세금으로 낼 돈을 보이라고 명하셨다. 그들이 데나리온 하나를 가져오자 예수님은 동전에 새겨진 형상과 글이 누구의 것인지 물으셨다. 당시 로마가 사용하는 동전에는 로마 황제의 얼굴과 황제의 공식 명칭이 새겨져 있었다. 예수님이 보신 그 동전에는 "카이사르 아우구스투스 티베리우스", 즉 "황제이며 존엄자인 티베리우스"라는 말이 새겨져 있었을 것이다. 여기서 존엄자를 가리키는 "아우구스투스"는 "신의 아들" 혹은 "신성한 자"라는 의미까지 포함하는 말이었다. 이는 로마인들이 황제를 신적 존재로 숭배했다는 사실을 분명하게 보여준다.

예수님이 어떻게 대답하실지 모든 사람이 궁금해하던 그때, 예수님은 "카이사르의 것은 카이사르에게, 하나님의 것은 하나님께 바치라"고 말씀하신다. 허를 찌르는 이 말씀에 대해 바리새인의 수하들은 한마디도 대꾸하지 못한다. 바리새인은 당시 가장 엄격한 종교인들로서 유일신 신앙을 지키기 위해 목숨을 바친 조상들의 계보를 잇고 있었다. 이런 그들에게 예수님이 던지신 말씀의 의미는 무엇이었을까? 입으로는 하나님을 주인이라고 말하지만 실제로는 로마 황제를 주인으로 섬기고 있지 않은지 생각해보라고 하신 것이 아닐까? 성경은 예수님을 함정에 빠뜨리려 했던 그들이 이 말씀을 듣고 놀랍게 여겨 떠나갔다고 말한다.

예수님은 자신의 몸과 피를 내어주면서 우리가 하나님의 통치 아래로 들어갈 수 있게 해주셨다. 하나님은 그 정도로 우리의 주인이 되고 싶어 하신다. 하나님은 우주 만물의 유일하고 참된 주인이시다. 그러나 우리의 삶은 어떤가? 입으로는 하나님이 우리의 왕이라고 말하면서 현실 속에서는 로마 황제를 섬기던 바리새인과 같지 않은가? 하나님과 우리 사이에는 오직 예수님만 계셔야 한다. 그 외에 다른 어떤 것이 있다면 우리는 힘을 다해 그것을 제거해야 한다. 그것이 황제든, 권력이든, 돈이든, 명예이든….

🏷️ 성경 수업

> 🚪 **마음 열기**
>
> 1. 만일 자신이 죄를 회개하기 위해 목사님이나 전도사님에게 죄를 고백해야 한다면 어떤 마음이 들까요?
>
> 2. 왜 그리스도인들은 기도할 때 "예수님의 이름으로 기도합니다"라고 마무리할까요?

성만찬과 미사

앞서 제28과에서 살펴보았듯이 설교가 예배에서 가장 중요한 요소로 자리를 잡기 시작한 것은 16세기 종교개혁자들에 의해서였다. 당시 로마 가톨릭교회는 1215년에 있었던 제4차 라테란 공의회(Lateran Council)에서 내려진 결정을 전통으로 간주하여 "화체설"(化體說)을 공식화하고 있었다. 화체설이란 가톨릭의 미사(*missa*)에서 나누어 먹는 떡과 포도주가 실제로 예수님의 몸과 피로 변한다는 주장이다.

화체설에 따르면 사제가 직접 떼어 주는 떡을 받아먹고 포도주를 마시는 사람에게만 예수 그리스도의 은혜가 임한다. 그런데 이런 믿음은 교회의 타락을 가져오는 원인이 되었다. 미사에 참여할 자격

> **미사**
>
> 미사는 로마 가톨릭에서 예수 그리스도의 죽음과 부활을 재현하는 기념식으로서 성경 봉독과 강론, 성만찬 등으로 이루어진다. 로마 가톨릭은 제2차 바티칸 공의회(1962-1965)의 결정이 있기 전까지 미사에서 라틴어를 사용했다. 그 결과 보통 신자들은 미사의 중심을 강론이 아닌 성만찬으로 인식할 수밖에 없었다.

을 박탈하는 "파문"을 통해서 교회의 말을 듣지 않는 사람을 위협하는 수단이 되었기 때문이다. 종교가 사회의 모든 영역에서 우선시되던 중세에 이런 위협은 "구원"의 문제와 얽혀 막강한 힘을 발휘했다. 그 결과 교황으로 대표되는 가톨릭교회의 사제 집단이 하나님과 인간 사이에 자리를 잡고 절대적인 권력을 휘두르게 되었다.

이런 잘못된 관행을 깨뜨리려고 시도했던 사람들이 바로 종교개혁자들이었다. 그들은 "오직 믿음, 오직 성경"이라는 구호를 외치며 하나님과 인간 사이에 예수 그리스도가 아닌 어떤 중재자도 있을 수 없다고 단언했다. 그들은 예수님이 이미 십자가에서 "단번에" 죄의 문제를 해결하셨다는 성경의 가르침에 주목했다(히 7:27). 누구든지 예수의 피를 힘입어 하나님께 당당히 나아가면 되기에 성직자를 중재자로 둘 필요가 없다(히 10:19-20).

> ○ 관련 성구
>
> 그는 저 대제사장들이 먼저 자기 죄를 위하고 다음에 백성의 죄를 위하여 날마다 제사 드리는 것과 같이 할 필요가 없으니 이는 그가 단번에 자기를 드려 이루셨음이라(히 7:27).
>
> 19그러므로 형제들아, 우리가 예수의 피를 힘입어 성소에 들어갈 담력을 얻었나니 20그 길은 우리를 위하여 휘장 가운데로 열어놓으신 새로운 살길이요, 휘장은 곧 그의 육체니라(히 10:19-20).

성만찬은 성령을 통해 예수님의 은혜가 우리 한 사람 한 사람에게 "직접" 임하시는 숭고한 예식이다. 그러나 미사에서는 하나님과 신도 사이에 성직자라는 "중재자"가 끼어 있다. 그렇다면 우리는 어떻게 해야 할까? 종교개혁의 정신을 이어받은 우리는 하나님과 인간 사이에 자리한 "장애물"을 찾아 없애려는 노력을 지속해야 한다. 교역자인 목사나 전도사도 제사장이 되려고 하면 안 된다. 교역자들은 성도들이 말씀을 바로 깨닫고 누구든지 하나님께 직접 나아갈 수 있도록 도와주는 "말씀 선생"이다. 교역자의 말 한마디에 성도들이 천국에 가거나 지옥으로 떨어지는 것이 아니라는 사실을 기억해야 한다.

1534년에 영국 왕 헨리 8세가 수장령을 선언했을 때, 이에 반대한 것은 가톨릭 신자들만이 아니었다. 청교도들이 볼 때 영국 교회의 머리가 왕이라는 선언은 가톨릭의 논리와 다르지 않았기 때문이다. 결국 수장령에 반기를 들었던 수많은 청교도가 처형을 당해야 했다.

　이런 일은 역사 속에서 수없이 반복되었다. 1933년에 독일에서 권력을 차지한 나치가 교회를 장악했을 때, 하나님과 인간 사이에는 나치 기독교가 자리 잡았고 그들의 구미에 맞는 "나치 예수"가 형상화되었다. 앞서 살펴보았듯이 온전한 신앙 양심을 가진 독일의 그리스도인들은 이런 흐름에 반대하며 "바르멘 선언"을 공표했다. 이때 서명에 참여했던 여러 사람이 정치범이나 사상범으로 몰려 수용소에 끌려갔다. 만일 우리 시대에 수장령이 선포되거나 또는 나치 기독교가 득세한다면 우리는 어떤 선택을 할 것인가? 올바른 교리를 굳게 붙잡지 않는다면 우리도 잘못된 선택을 할 위험이 있다는 사실을 잊지 말아야 한다.

○○ 하이델베르크 교리문답 살펴보기

제80문 성만찬과 로마 가톨릭의 미사는 어떤 차이가 있습니까?

답 성만찬이 우리에게 확증하는 것은 두 가지입니다. 첫째, 예수 그리스도께서 십자가에 단번에 죽으심으로써 우리의 죄가 완전히 용서되었다는 것입니다. 둘째, 우리가 성령을 통해 예수님과 연합되었다는 것입니다. 예수님의 참된 몸은 하나님의 우편에 계시며 거기서 경배받기를 원하십니다.
　반면 로마 가톨릭의 미사가 가르치는 것은 두 가지입니다. 첫째, 사제들이 매일매일의 미사를 행하지 않으면 산 자와 죽은 자들이 그리스도의 고난을 통해 죄 용서를 받지 못한다는 것입니다. 둘째, 그리스도의 몸이 떡과 포도주에 존재하므로 그 자체를 경배해야 한다는 것입니다. 결국 미사는 근본적으로 예수 그리스도의 고난과 죽음에 대한 부인이며, 저주받을 우상숭배입니다.

제81문 누가 성만찬에 참여할 수 있습니까?

답 자신의 죄 때문에 자신을 미워하지만 그 죄가 용서되었음을 믿으며 남아 있는 연약함도 그리스도의 고난과 죽음으로 말미암아 가리어진다고 믿는 사람, 그리고 믿음이 점점 더 자라기를 바라면서 거룩한 삶을 살기 원하는 사람이 참여할 수 있습니다. 그러나 회개하지 않는 사람이나 위선적인 사람은 자신의 심판을 먹고 마실 뿐입니다.

제82문 불신앙과 불경건이 고백과 삶을 통해 드러나는 사람도 주님의 성만찬에 참여할 수 있습니까?

답 없습니다. 그것은 하나님의 언약을 더럽히고 하나님의 진노를 온 회중에 임하게 하는 일이기 때문입니다. 그리스도와 사도들의 명령에 따라 천국의 열쇠를 지닌 교회는 그들의 삶이 변화할 때까지 그들을 배제해야 합니다.

교실 밖 수업   #루터 기념교회

루터와 나치 기독교

앞서 말했듯이 하나님과 우리 사이를 이어주는 분은 오직 예수 그리스도뿐이시다. 즉 예수님만이 우리의 중보자와 중재자가 되신다. 우리가 기도할 때 "예수님의 이름"으로 마무리하는 것도 그런 이유에서다. 이번 "교실 밖 수업"에서는 중보자이신 예수님의 자리에 다른 것이 자리를 잡고 있을 때 그것을 어떻게 찾아내서 바로잡아야 하는지 살펴보자.

라테란 공의회에서 결정된 로마 가톨릭의 잘못된 교리는 화체설 뿐이 아니었다. "교황 무오설"도 문제가 있다. 교황 무오설이란 교황에게 오류가 전혀 없다는 주장으로서 교황의 권위를 성경과 동등한 자리에 올려놓는 근거가 된다. 또 예수님의 어머니 마리아를 신성화하며 "성모"의 자리에 앉힌 것도 문제다. 이는 여신을 숭배하는 이교의 영향력이 그대로 드러나는 결정이었다. 종교개혁자들은 이런 로마 가톨릭의 잘못된 교리에 문제를 제기하여 오류를 바로잡고 교회에서 예수님의 원래 위상을 회복시키고자 노력했다.

그런데 종교개혁자들의 후예인 독일의 루터교인들은 20세기에 어떤 일들을 했을까? 오른편 그림을 보자. 이는 분명히 교회에서 세례를 줄 때 사용하는 "세례반"인데 전면에 독일군 장교가 새겨져 있다. 나치 기독교는 십자가에서 죽으신 예수님을 그대로 믿은 것이 아니라 그들이 원하는 "예수 이미지"를 만들어냈다. 이번 과의 "교실 밖 수업"에서는 베를린의 루터 기념교회와 화해의교회를 방문해 이 문제를 좀 더 깊이 생각해보자.

베를린 남부에 자리한 루터 기념교회는 나치 기독교의 선전을 담당하던 본

루터 기념교회 내부의 세례반. 독일군 장교가 새겨져 있다.

부 교회였다. 나치는 왜 하필 루터 기념교회를 선택했을까? 우리가 이 책 1권의 제21과 "교회에 대한 고백"에서 살펴보았듯이 루터는 평민이나 농민이 아니라 사회의 상류층이었던 귀족들과 깊은 유대 관계를 맺었다. 이는 제36과에서 독일농민운동에 관해 공부할 때도 분명하게 드러날 것이다.

또한 루터는 예수님을 메시아로 인정하지 않는 유대인들을 "사탄의 모임"(계 2:9)이라고 지목함으로써 독일인들이 유대인들을 핍박할 수 있는 빌미를 제공해주기도 했다. 나치는 이런 역사를 배경으로 국민을 통합시키기 위해 유대인에 대한 증오를 이용했으며 그 과정에서 루터의 이름이 오르내리게 되었다. 나치가 루터의 그늘진 면에 파고들어 교회를 권력의 도구로 만들어버린 것이다.

> **방문지 주소**
> **루터 기념교회:** Riegerzeile 1, 12105 Berlin
> **화해의교회:** Bernauer Str. 4, 10115 Berlin

루터 기념교회에 들어서면 온통 나치와 관련한 상징들이 가득하다. 앞서 보았듯이 세례반에는 독일군 장교가 새겨져 있다. 설교자의 단상에는 예수님이 산상수훈을 말씀하시는 모습이 새겨져 있는데 예수님 등 뒤에 배치된 여러 사람 중 가장 가까이 있는 사람은 다름 아닌 독일군 병사다. 이런 상징들은 나치를 위해 군인이 되어 목숨을 바치는 것이 전사(戰士)이신 예수를 따르는 최고의 가치임을 반영한다. 나치 기독교는 심지어 "하나님이 인간을 구원하기 위해 예수를 보냈듯이, 독일을 구원하기 위해 히틀러를 보냈다"고 주장하기도 했다. 즉 그들에게 히틀러는 독일을 구원하기 위한 하나님의 대리인, 중재자였던 셈이다.

독일은 제1차 세계대전에서 패한 이후 극심한 경제적 어려움을 겪었다. 거기에 세계 대공황이 겹치면서 더 극심한 혼란에 빠진 독일인들은 강력한 국가사회주의를 주창하며 독일의 재건을 공표한 히틀러에게 큰 기대를 걸었다. 히틀러는 독일 민족의 우수성을 선전하며 모든 가정마다 폭스바겐 자동차를 한 대씩 선사하겠다는 등의 공약으로 독일인들의 마음을 사로잡았다. 그 결과 당시 수많은 독일인이 히틀러가 자신들의 모든 문제를 해결해줄 "구원자"라고 기대하게 되었다.

루터 기념교회의 중앙에 자리한 십자가에 달린 예수님의 모습도 보통 우리가 아는 예수님의 모습과는 다르다. 보통 십자가에 달리신 예수님은 통증과 탈수로 축 처진 모습이다. 하지만 루터 기념교회의 예수님은 다부진 체격에 당당한 모습이다. 이는 당시 독일인들이 바라던 구원자의 모습이 예수님께 투영된 결과다. 그들에게 예수님은 닮아야 할 모범이 아니라 그들의 필요를 채워줄 영웅이었을 뿐이다.

루터 기념교회의 예수님 상

어떻게 보면 나치 시대의 독일교회는 중세의 로마 가톨릭과 다르지 않다. 중세 사람들은 교황과 사제들을 하나님의 대리인으로 여기며 미사를 거행했고 후세의 독일인들은 히틀러를 메시아로 여겼던 것에 차이가 있을 뿐, 예수님을 유일한 구원자와 중보자의 자리에서 몰아낸 것은 똑같기 때문이다.

오늘날 우리도 이런 문제를 조심해야 한다. 예수님을 우리의 행복을 위한 수단으로 삼으면 안 된다. 기도를 드릴 때도 우리가 원하는 것을 얻기 위한 목적을 내려놓아야 한다. 신앙을 "도깨비방망이" 정도로 여기는 사람은 로마 가톨릭의 오류에 사로잡힌 중세인, 혹은 나치 기독교에 환호한 독일인과 다를 바가 없다.

화해의교회

베를린 남부의 루터 기념교회를 뒤로하고 이번에는 베를린 중심지에 있는 화해의교회로 발길을 옮겨보자. 독일이 통일되기 전에는 화해의교회 바로 앞으로 베를린 장벽이 설치되어 있었다. 지금도 교회 근처에는 100여 미터 정도의 장벽이 기념물로 남아 있고 그 풍경을 내려다볼 수 있는 전망대가 설치되어 있다. 교회 사무실에는 베를린 장벽에 관한 역사 자료들도 전시되어 있다.

화해의교회와 그 주변을 돌아다니며, 장벽을 넘다가 실패해서 목숨을 잃은 사람들을 추모하는 동판, 분단 당시의 상황을 보여주는 사진들과 기념물들을 살펴보자. 베를린 장벽의 흔적을 지금도 간직한 이곳에 서면 민족 분단의 상황에서 자유를 향해 울부짖던 사람들의 아픔과 절규를 느낄 수 있다.

화해의교회는 1884년에 설립될 때부터 "화해의교회"라고 불렸다. 이 이름은 당시 독일의 황후가 빈부와 귀천에 상관없이 모든 사람이 서로를 배려하

화해의교회

며 살기를 바라는 마음으로 지었다고 한다. 원래 있던 교회는 1985년에 동독 정부에 의해 철거되었지만 얼마 지나지 않아 독일이 통일을 맞으면서 같은 자리에 복원되었다. 그리고 지금도 이 교회는 사회의

동서 베를린을 나눴던 아파트. 당시의 상황들을 알려주는 사진과 자료들을 간직하고 있다.

다양한 계층과 동서독을 하나로 이어주는 화해의 상징으로 자리매김하고 있다.

화해의교회 주변에 있는 아파트들 역시 분단의 아픔을 간직하고 있다. 동독 정부는 동베를린 시민들이 계속해서 서독으로 이주하자 이를 통제하기 위해 국경에 철조망을 설치하기 시작했다. 그런데 이 아파트들은 동독과 서독의 경계에 자리하고 있어서 아파트 뒤쪽 창문을 통해 서독 땅을 밟을 수 있었다. 아직 베를린 장벽이 건설되기 전 많은 사람이 목숨을 걸고 아파트에서 뛰어내렸다. 자유를 향한 갈망은 철조망으로도 막기 힘들었던 것이다.

하나님은 예수 그리스도를 통해 우리와 화목을 이루셨다. 예수님은 하나님과 우리 사이에서 유일한 중재자가 되신다. 만일 하나님과 우리 사이에 돈이 중재자의 자리를 차지한다면 부자와 가난한 사람 사이에 벽이 생길 것이다. 또 권력이 중재자가 된다면 높은 자와 낮은 자 사이에 투쟁이 생길 수밖에 없다. 따라서 하나님과 우리 사이에는 교황도, 사제도, 왕도, 돈이나 권력도, 그 무엇도 있을 수 없고 있어서도 안 된다.

> 그러나 너희는 택하신 족속이요, 왕 같은 제사장들이요, 거룩한 나라요, 그의 소유가 된 백성이니…(벧전 2:9).

실제로 성경은 예수 그리스도를 믿는 우리가 하나님 앞에서 제사장이라고 말한다. 칼뱅도 "만인 제사장설"을 주장하며 누구나 사제의 개입 없이 하나님 앞에 나아갈 수 있다고 말했다. 하나님과 우리 사이에 인간이 개입되는 순간 성직자와 일반인의 구분이 생긴다. 그러나 그런 구분은 결코 하나님이 원하시는 것이 아니다. 예수님을 믿는 자들은 누구든지 그리스도 안에서 한 몸이며 똑같은 형제들일 뿐이다. 이 사실을 기억하는 우리야말로 그 누구보다 "화해"를 실천할 수 있는 존재다.

🏷️ 선생님의 칠판 #정승민 선생님

콘라트 슈만

독일을 세계대전의 늪으로 밀어 넣은 히틀러는 일찍이 "독일노동자당"에 가입해서 활동했다. 독일노동자당은 민족주의 이념을 강력하게 내세우는 동시에 반(反)민주, 반자본, 반공, 반유대(anti-Semitic) 노선을 표방했다. 그 후 얼마 안 되어 "민족사회주의 독일노동자당"이라고 이름을 바꾼 이 정당은 앞부분의 "민족사회주의"(Nationalsozialist)의 첫머리를 따 나치(Nazi)라 불렸다.

히틀러가 1924년에 출간한 『나의 투쟁』은 자서전이면서 동시에 나치의 목표를 선전한 책이었다. 그 책에서 히틀러는 위대한 인종인 아리아인에 의해 역사가 형성된다고 주장했다. 또 아리아인 중에서도 가장 우수한 게르만인은 세계를 지배할 운명을 타고났다고 강조했다. 여기서 유대인은 가장 증오해야 할 적으로 지목되었고, 개인이나 계급을 민족 전체보다 우선시하는 민주주의와 공산주의도 배격되었다.

나치는 정치적 목적을 위해 폭력, 테러, 암살도 서슴지 않아서 일반 시민들에게 공포의 대상이 되었지만 선전을 통해 선거에서 승리하며 권력을 차지해갔다. 1928년 제국의회에서 단 12석을 차지했던 나치는 1932년에는 230석을 획득해 히틀러를 총리 자리에 올려놓았다.

나치는 대중매체를 활용해 사상을 통제하고 시민들의 의식에 영향을 주었다. 나치의 선전과 통제 및 교육에 의해 세뇌된 독일 국민은 점차 획일화된 성향으로 기울었으며 대학을 비롯한 교육 기관들도 나치를 선전하는 도구로 전락하고 말았다. 앞서 살펴보았듯이 교회도 예외는 아니어서 나치에 반대하는 교수, 성직자, 학자들은 국외로 추방을 당하거나 강제 수용소로 보내졌고 나치 기독교를 옹호하는 자들만 교회 강단을 차지할 수 있었다. 나치의 전체주의 통치 아래서 그리스도인들은 나치 기독교에 동조하든지 죽음을 각오하든지 선택해야 했다.

냉전 시대의 동독에서도 마찬가지였다. 공산주의 정부에 의해 통제되는 사회 속에서 자유롭게 자기 의견을 이야기하는 사람은 아무도 없었다. 그리스도인들도 신앙 양심에 따라 의견을 내놓거나 행동하기가 어려웠다. 하지만 독일의 통일은 그런 가운데서도 자유를 갈망한 많은 사람들에 의해 폭력 없이 이루어질 수 있었다.

독일 통일은 어디서부터 시작되었을까? 물론 정치권의 노력이나 경제적인 이유도 무시할 수 없다. 하지만 우리는 세계대전이 끝나기 전부터, 동독에 자유의 바람이 불기 전까지 끊임없이 기도하며 새날을 준비한 독일의 그리스도인들을 기억해야 한다. 평화 기도회를 위해 모인 동독의 그리스도인들은 비밀경찰과 공산당원들의 박해와 위협에도 물리적으로 저항하거나 폭력을 행사하지 않았다. 그들은 손에 촛불을 들었는데, 촛불을 잡은 손으로는 몽둥이나 돌을 들 수 없었다. 그들의 기도회를 방해하기 위해 참여했던 경찰들과 공산당원들은 조용하게 선포된 하나님의 말씀에 감화를 받았고, 결국에는 평화 시위에 함께 참여하는 경우도 있었다.

철조망을 넘는 콘라트 슈만

옆의 사진은 목숨을 걸고 국경선을 넘은 동독 병사의 모습을 담고 있다. 평화 기도회가 시작된 1982년, 동독의 국경 초소에서 보초를 서던 이 병사는 경계가 느슨한 틈을 타 철조망을 넘어 자유의 땅으로 탈출을 감행했다. 전 세계의 이목을 집중시킨 이 병사의 이야기는 나중에 영화로 제작될 정도로 많은 사람의 관심을 끌었다. 그리고 그로부터 10년도 지나지 않은 1989년에 베를린 장벽은 평화로운 분위기 속에서 시민들의 힘으로 해체되었다.

이 사진의 주인공인 콘라트 슈만(Hans Conrad Schumann, 1942-

1998)은 동독을 탈출할 당시 19세의 어린 나이였다. 세상의 체제는 끊임없이 사람들을 속박하려고 하지만 젊은이들의 새로운 기운만은 그 무엇으로도 쉽게 막을 수 없다. 세상을 바꾸는 힘은 정치나 경제 논리가 아니라 청소년들의 꿈과 작은 움직임에서 나온다. 실제로 우리 역사에서도 4·19혁명, 광주민주화운동, 6월항쟁 등 중요한 순간마다 젊은이들이 정의를 부르짖은 것을 볼 수 있다. 광화문 촛불 혁명에서도 마찬가지였다. 언론이 통제되고 종교가 거짓으로 얼룩진 시대 속에서도 올바른 뜻을 세우고 진리를 위해 삶을 바치는 사람들이 있다. 이 책의 독자들도 그런 사람들이 되기를 바란다.

믿음 노트

1. 우리가 신앙생활을 할 때, 예수님 대신 하나님과 우리 사이에 끼어든 것이 있다면 무엇일까요? 그것을 바로잡기 위해서는 어떻게 해야 할까요?

2. 화해의교회가 우리에게 주는 교훈이 무엇인지 적어봅시다.

제31과

천국 열쇠를 받은 교회
1934년의 바르멘 선언

제83-85문

🏷️ **그림으로 이해하기**   #루벤스의 "천국의 열쇠" (베를린 국립회화관 소장)

제31과 천국 열쇠를 받은 교회 | 제83-85문   97

천국의 문을 여닫는 열쇠

앞의 그림은 벨기에 화가 루벤스가 그린 "천국의 열쇠"라는 작품이다. 예수님은 베드로에게 "내가 천국 열쇠를 네게 주리니 네가 땅에서 무엇이든지 매면 하늘에서도 매일 것이요, 네가 땅에서 무엇이든지 풀면 하늘에서도 풀리리라"(마 16:19)라고 말씀하셨다. 물론 예수님이 베드로에게 실제로 눈에 보이는 열쇠를 건네주신 것은 아니었다. 하지만 루벤스는 예수님이 열쇠를 전해주시는 그림을 통해 예수님의 말씀에 담긴 의미를 드러내고자 했다.

앞의 그림에서 예수님은 이미 창에 찔리신 모습이다. 이는 루벤스가 예수님이 부활하신 이후에 천국 열쇠를 전해주신 것으로 보았다는 의미다. 베드로는 상당히 나이가 많은 것으로 묘사되어 있는데, 이 상황을 살펴보는 주변 제자들의 표정이 예사롭지 않다. 놀라서 눈을 부릅뜬 제자도 있고 심각한 표정으로 이 장면을 응시하는 사람도 있다. 또 열쇠에 시선을 둔 사람이 있는가 하면 예수님을 바라보는 사람도 있다.

루벤스가 이 그림을 그린 것은 16세기 로마에 성 베드로 대성당이 건립된 이후였다. 성 베드로 대성당은 매우 웅장하고 화려한 건축물로서 교황청의 위상을 드높이기 위해 세워진 것이었다. 로마 가톨릭은 전통적으로 예수님이 베드로 "개인"에게 열쇠를 맡겼으며 그로 인해 베드로가 초대 교황이 되었다고 보았다. 그리고 그 뒤를 잇는 교황들은 베드로에게서 그 열쇠를 물려받은 교회의 수장이 된다고 주장했다. 그렇기에 이 열쇠를 받지 못한 다른 제자들은 충격에 휩싸여 베드로를 부러워하는 모습으로 그려진 것이다.

그러나 예수님이 열쇠를 주신 대상은 베드로 "개인"이 아니다. 예수님은 베드로가 "주는 그리스도시며 살아계신 하나님의 아들입니다"라고 고백했을 때 베드로의 이름 뜻이 "반석"임에 착안하셔서 그 반석 위에 교회를 세우겠다고 말씀하셨다. 즉 예수님이 베드로(반석)에게 천국 열쇠를 주겠다고 말씀하신 의미는 그와 같은 견고한 신앙고백 위에 세워진 교회가 하나님 나라의 실체가 되리라는 것이었다.

예수님은 천국 열쇠를 교회에 주셨다. 흥미롭게도 루벤스는 그 열쇠를 두 개로 표현했다. 예수님이 주신 두 개의 천국 열쇠는 무엇을 의미할까? 교회는 이 열쇠를 어떻게 사용해야 할까? 열쇠는 무언가를 열 때도 쓰이고 닫을 때도 쓰인다. 이번 과를 통해 천국을 여닫는 교회의 역할에 대해 자세히 살펴보자.

🏷️ 성경 수업

📖 마음 열기

1. 베드로는 어떤 제자였는지, 그와 관련된 사건에는 어떤 것이 있는지 기억나는 대로 한 가지씩 이야기해봅시다.

2. 혹시 오늘날 교회나 그리스도인의 모습 중에서 염려스러운 것이 있다면 무엇인지 이야기해봅시다.

천국의 열쇠에 대하여

천국의 열쇠는 예수님을 구주로 고백하는 베드로에게, 그리고 그와 같은 고백을 하며 예수 그리스도를 머리로 인정하는 교회에 주신 권위다. 교회는 눈에 보이지 않는 하나님 나라를 보여주는 모델로서 예수님은 심지어 "너희가 땅에서 매면 하늘에서도 매일 것이요, 무엇이든지 땅에서 풀면 하늘에서도 풀리리라"라고까지 말씀하셨다. 그런데 천국을 여닫는 직무를 교회에 주신 것은 면죄부를 판매하거나 혹은 축복과 저주를 남발하라는 의미가 아니다.

먼저 천국의 열쇠는 교회가 복음을 올바로 전하고 성경 말씀을 온전히 가르침으로써 사람들을 천국으로 인도하는 통로가 되라는 의미다. 앞서 제30과에서 "화해의교회"를 통해 살펴본 "화해"의 관점에서 이 문제를 다시 생각해보자. 교회는 사람과 하나님 사이에 "화해"를 이룸으로써 천국 문을 열어야 하는 사명이 있다. 그렇다면 사람과 하나님 사이에 어떻게 화해가 이루어질까? 답은 분명하다. 십자가에서 죄를 대속하신 예수 그리스도를 믿어야만 한다. 그런데 사람들이 예수님을 믿으려면 예수님에 대해 알아야 한다. 결국 교회는 사람들이 회개하고 예수 그리스도를 믿도록 말씀을 올바로 전파함으로써 사람과 하나님의 화해가 이루어지게 해야 한다.

한편 그리스도의 몸인 교회 공동체도 하나님과 화해를 이루어야 한다. 다양한 사람들이 모인 공동체 안에서는 다양한 사건이 일어난다. 연약한 인간은 계속해서 죄를 이겨내기 위한 씨름을 해나가는 존재다. 교인들은 서로가 죄악에 물들지 않도록 성경을 기준으로 그 씨름에 필요한 권면을 함으로써 서로를 격려해야 한다. 여기서 권징이란 교회의 지체가 죄악으로 얼룩지지 않도록 돕기 위해 가르치거나

○ 관련 성구

"내가 천국 열쇠를 네게 주리니 네가 땅에서 무엇이든지 매면 하늘에서도 매일 것이요, 네가 땅에서 무엇이든지 풀면 하늘에서도 풀리리라" 하시고(마 16:19).

15네 형제가 죄를 범하거든 가서 너와 그 사람과만 상대하여 권고하라. 만일 들으면 네가 네 형제를 얻은 것이요, 16만일 듣지 않거든 한두 사람을 데리고 가서 두세 증인의 입으로 말마다 확증하게 하라. 17만일 그들의 말도 듣지 않거든 교회에 말하고 교회의 말도 듣지 않거든 이방인과 세리와 같이 여기라. 18진실로 너희에게 이르노니 무엇이든지 너희가 땅에서 매면 하늘에서도 매일 것이요, 무엇이든지 땅에서 풀면 하늘에서도 풀리리라. 19진실로 다시 너희에게 이르노니 너희 중의 두 사람이 땅에서 합심하여 무엇이든지 구하면 하늘에 계신 내 아버지께서 그들을 위하여 이루게 하시리라. 20두세 사람이 내 이름으로 모인 곳에는 나도 그들 중에 있느니라(마 18:15-20).

필요한 조치를 하는 것이다. 교회에서 권징이 제대로 시행되지 않으면 그 교회 공동체는 하나님과의 진정한 화해를 이룰 수 없고 그 교회가 외치는 복음도 세상의 웃음거리로 전락할 수밖에 없다.

교회 지체 중 한 사람이 죄를 범하면 먼저는 일대일로 만나서 그 죄에 대해 밝히 말하고 돌이키라고 권해야 한다. 그래도 그 사람이 돌이키지 않으면 두세 사람이 함께 권면하고, 그래도 돌이키지 않으면 교회의 지도자들에게 이야기하여 교회 차원에서 권함으로써 그 공동체가 하나님과의 화해를 유지하도록 해야 한다.

만일 교회의 공적인 지적과 권면에도 자신의 죄를 인정하지 않는 사람이 있다면 교회는 그 사람을 이방인처럼 여겨 교회의 성례에서 배제시켜야 한다. 그렇게 하면서까지 교회의 순결함을 유지하고 공동체가 죄에 오염되는 것을 막아야 한다. 성경의 가르침대로 교회가 "권징"을 온전히 감당하면 하나님도 교회의 결정과 권위를 인정하시겠다는 약속이 바로 "너희가 땅에서 매면 하늘에서도 매일 것이요, 땅에서 풀면 하늘에서도 풀리리라"는 말씀의 의미다(마 18:18-20).

교회가 합심해서 죄의 확산을 막고 신앙 공동체의 거룩함을 유지할 때 하나님이 그 공동체 속에 거하시며 하나님과의 온전한 화해가 이루어진다. 그러나 오늘날 많은 교회가 권징을 부담스럽게 느끼고 회피하는 것 같다. 하지만 회개하지 않고 잘못을 바로잡지 않는 기독교는 "개독교"라고 욕을 먹을 수밖에 없지 않을까? 이에 대해 본회퍼는 다음과 같이 말했다.

교회는 이 세상에 그들의 근원을 두지 않는다. 그러나 교회가 사회 속에서 책임 있는 공동체가 되지 않으면 그것은 더 이상 교회가 아니다.

개인과 공동체에 대한 천국의 열쇠로서의 기능을 소홀히 하는 교회는 더 이상 교회가 아니다. 죄에 대한 명확한 기준을 가지고 올바로 전하고 가르치는 교회야말로 개인과 공동체에 대해 천국 열쇠의 역할을 온전히 감당하는 교회다. 교회가 그런 본연의 역할을 온전히 감당할 때 거룩함을 회복할 수 있다.

○○ 하이델베르크 교리문답 살펴보기

제83문 천국의 열쇠란 무엇입니까?
  답 복음의 선포와 교회의 권징입니다. 천국[하나님 나라]은 이 두 가지로써 믿는 자들에게 열리고 믿지 않는 자들에게는 닫힙니다.

제84문 어떻게 복음 선포로 천국이 열리거나 닫힐 수 있습니까?
  답 이는 그리스도의 명령에 따른 것입니다. 그리스도의 은혜로 하나님이 우리 죄를 진정으로 용서하셨다는 복음이 선포되고 증거될 때 그 약속을 진정으로 믿고 받아들이는 모든 신자에게 천국이 열립니다. 그러나 복음이 선포되고 증거될 때 회개하지 않으면 하나님의 진노와 영원한 저주가 복음을 믿지 않는 자들과 위선자들에게 임하며 천국이 닫힙니다. 하나님은 이 복음의 증언에 따라 신자와 불신자를 현세와 내세 모두에서 심판하실 것입니다.

제85문 어떻게 교회의 권징으로 천국이 열리거나 닫힐 수 있습니까?

답 이는 그리스도의 명령에 따른 것입니다. 스스로 그리스도인이라고 하는 사람이 그리스도인답지 않은 교리와 삶을 드러내면 처음에는 형제애를 가지고 거듭 권면해야 합니다. 하지만 여전히 잘못과 죄에서 돌이키지 않는다면 교회, 즉 장로들[지도자들]에게 보고해야 합니다. 그가 장로들의 훈계마저도 멸시한다면 성례에 참여시키지 말고 교회 공동체로부터도 배제해야 합니다. 하나님은 그를 그리스도의 나라에서도 배제하십니다. 그들이 회개를 약속하고 변화된 모습을 보일 때에야 교회의 구성원으로, 그리스도의 지체로 다시 받아들여집니다.

🏷️ 교실 밖 수업   #부퍼탈

나치 기독교에 맞선 바르트

우리는 앞서 "서론"에서 바르멘 선언에 대해 살펴보았다. 바르멘 선언을 기념하는 명판에는 "예수 그리스도, 그는 성경으로 우리에게 확증된 분이시다. 그는 우리가 사나 죽으나 믿고 순종하며 귀를 기울여야 할 유일한 하나님의 말씀이시다"라는 문구가 새겨져 있다. 바르멘 선언은 그 내용 자체가 힘이 있기도 하지만 히틀러가 독일을 장악한 시기에 작성되었다는 점에 그 위대함이 있다. 성경을 기초로 한 종교개혁에 뿌리를 둔 바르멘 선언을 작성한 사람들은 나치에 저항하면서 목숨을 걸어야 했기 때문이다.

바르멘 선언은 우리에게 교리가 현실과 무관한 이론이 아니라는 사실을 분명하

바르멘 선언을 기념하는 명판

게 알려준다. 바르멘 선언만이 아니라 여러 신앙고백과 교리문답 등 신앙의 선조들이 물려준 기독교의 유산들도 그들이 치열하게 현실에 저항하며 씨름한 분투의 결과물이다. 따라서 그 내용만이 아니라 배경까지 살펴볼 때 우리는 인생의 방향을 결정짓는 실제적인 교훈을 교리에서 얻을 수 있다.

앞서 살펴보았던 대로 바르멘 선언의 주역은 바르트, 니묄러, 본회퍼 등이었다. 그중 바르트에 관해 자세히 살펴보면서 교회의 시대적인 사명이 무엇인지 생각해보자.

독일의 수도인 베를린은 나치의 심장부이기도 했다. 그래서 베를린에는 나치의 광기가 어땠는지를 엿볼 수 있는 방문지가 여럿 있다. 제1권에서 살펴본 대로 베벨 광장(Bebelplatz)에서는 나치가 불온

> **방문지 주소**
> **부퍼탈 고백교회:** Zwinglistraße 5, 42275 Wuppertal
> **바르멘 선언 기념물:** 고백교회 앞 Adolf-Röder-Gasse를 따라 걸어가다 Werth 거리와 만나는 지점에 있다.

서적으로 지정한 책들을 한데 모아 불태운 현대판 분서갱유(焚書坑儒) 사건이 자행되었다. 또 유대인 박물관에 가면 나치가 유대인을 상대로 저질렀던 만행이 어떤 것이었는지 똑똑히 볼 수 있다. 제30과에서 다룬 루터 기념교회에서도 나치 기독교의 흔적을 살펴볼 수 있다.

나치가 지배하던 베를린의 모습은 어땠을까? 독일 제국의 영광을 재현하고 싶었던 히틀러는 권력을 잡은 뒤 곧 올림픽을 유치함으로써 독일이 건재함을 세계에 알리고 싶어 했다. 그는 베를린 시가지를 정비하고 거대한 체육 시설을 만들었다. 하지만 도시의 번듯한 겉모습과는 다르게 나치에 반대하는 사람들은 비밀경찰 게슈타포의 감시와 체포 위협 속에 몸을 웅크려야 했다. 이런 분위기에서 그리스도인으로서 양심을 지킨다는 것은 상당한 희생이 뒤따르는 일이었다. 히틀러에 반대하는 사람은 헤세처럼 다른 나라로 망명을 떠나든지 아니면 사회적 권리를 빼앗기지 않기 위해 입을 다물고 조용히 살아야 했다. 혹여 자기 의견을 밝혔다가 트집이라도 잡히면 수용소에 끌려가도 이상할 것이 없었기 때문이다.

그런 시기에 바르트는 진리를 외치며 위험을 감수하기로 선택했다. 그는 원래 1886년에 스위스에서 태어나 수도 베른에서 자랐다. 그가 독일에 온 것은 현대 자유주의 신학을 배우기 위해서였다. 그러나 당시 독일 신학계는 정부의 불의한 정책에 대해 제 목소리를 내지 못했다. 제1차 세계대전 당시에도 저명한 독일 신학자들이 권력의 나팔수가 되어 거기에 동조하는 모습을 보였다. 그런 경향은 히틀러의 통치에 대해서도 마찬가지였다. 더 나아가 대다수 교회는 세상 속에서 드러나야 할 하나님의 거룩함에 대해서도 설교하지 않았다.

바르트

이에 큰 충격을 받은 바르트는 새로운 신학을 정립하기 위해 노력했다. 그리고 과거 종교개혁에서 신학이 나아갈 길을 발견했다. 최신 신학을 배우기 위해 독일에 왔지만 오히려 하나님께 집중하고 성경을 탐독하는 전통적인 방법을 통해 20세기 신학사에 위대한 발자국을 남긴 것이다. 그는 종교개혁 사상을 토대로 교회의 사회적 사명을 강조한 것으로도 알려졌다. 그의 『로마서 주석』은 위대한 신학서로서 지금까지도 많은 사람에게 큰 영향을 끼치고 있다. 그의 가르침의 핵심은 다음과 같이 정리될 수 있다.

그리스도인은 먼저 예수 그리스도를 바라보아야 한다. 그리스도인은 어떤 경우에도 인간 상호 간에 결정적인 도움을 줄 수 있다고 기대하면 안 된다. 그리스도인은 자신의 능력으로 사회를 바로잡으려고 하거나 세상을 자기 힘으로 구원하려고 해서는 안 된다. 그러한 시도는 실패할 수밖에 없다. 그리스도인은 먼저 예수 그리스도를 바라보아야 하고, 그 후에 하나님이 사람들과 함께 하시고자 하는 일이 무엇인가를 기대해야 한다. 자기 자신이나 이웃을 먼저 보아서도 안 된다. 먼저 하나님을 바라보아야 한다! 먼저 하나님!(『젊은이를 위한 칼 바르트』[새물결플러스, 2015], 41)

자유주의 신학의 거센 물결에 휩쓸리지 않고 하나님의 말씀을 재조명함으로써 정통 신학의 전기를 마련한 바르트는 1930년에 본 대학교의 교수가 되었다. 그런데 1933년에 히틀러가 권력을 장악하자 나치의 사악함을 간파한 바르트는 1934년, 나치에 항거하는 바르멘 선언문 작성을 주도하게 된다. 그 무엇보다도 하나님을 먼저 바라보아야 한다고 가르쳤던 바르트는 성경의 가르침을 왜곡하는 나치 기독교에 동조할 수 없었기에 교수직에 대한 위협에도 불구하고 용기 있게 진리를 말했다. 그 결과 스위스로 추방당한 바르트는 어떤 마음으로 신앙을 지켜나가며 진리를 수호했을까? 바르멘 선언의 현장인 고백교회로 눈길을 돌려보자.

고백교회에서

앞서 살펴본 대로 바르트에게 나치 기독교를 거부하고 바르멘 선언을 주도한다는 것은 매우 위험한 일이었다. 그는 직장을 잃고 신변의 위협도 감수해야 했다. 그러나 나치를 따르는 것은 곧 그리스도의 말씀 대신 인간의 권력과 사상에 굴복한다는 의미였다. 고백교회는 바르트의 저항적 신앙의 정수가 녹아 있는 바르멘 선언이 채택되고 공표된 역사 현장이다.

바르트는 천국 열쇠를 가진 교회가 어떤 태도를 보여야 한다고 생각했을까? 이에 관해 우리가 기억해야 할 바르트의 표어가 있다. "한 손에는 성경, 한 손에는 신문!"이 그것이다. 그리스도인에게 성경의 중요성은 아무리 강조해도 지

바르멘 선언의 무대였던 부퍼탈 고백교회

고백교회 내부에는 1934년 바르멘 선언에 관한 다양한 자료들이 있다.

나치지 않다. 올바른 그리스도인은 성경을 통해 하나님의 뜻을 분별하고 거기에 순종하는 삶을 살고자 노력한다. 그런데 바르트는 그리스도인이 그런 신앙을 바탕으로 세상 속에서도 정의와 평화, 진실과 생명을 위한 사명을 감당해야 한다고 말한 것이다.

바르트는 교회가 세상 속에서 구별됨(거룩함) 없이 오히려 권력과 돈에 눈이 먼 현실을 비판했다. 당시 독일교회는 세계 신학계를 주도했지만 국익을 위한다는 명목으로 침략 정책에 동조하고 국가사회주의의 그늘에서 고통받는 자들에게는 무관심했기 때문이었다. 세상의 누룩을 걸러내 자정할 능력이 없는 교회는 "천국 열쇠"를 상실한다. 천국 열쇠를 상실한 교회는 사회 속에서 소금과 빛의 역할을 감당하지 못해 길에서 밟힐 뿐이다. 교회에 대해 바르트는 다음과 같이 말했다.

교회는 하나님의 뜻을 고민해야 한다. 교회는 하나님이 예수 그리스도와 성경을 통해 당신의 뜻을 어떻게 나타내셨는지를 생각해야 한다. 교회는 단순히 정치에 개입하지 않는 것으로 충분한 것이 아니라 사회에 의문을 제기해야 하는 "자기 자리"를 지켜야 한다(『젊은이를 위한 디트리히 본회퍼』[새물결플러스, 2015], 32).

바르트는 독일교회가 세상과 담을 쌓은 자폐적 종교 집단으로 전락한 것을 안타까워했다. 또한 신학이 사회에 별 영향을 끼치지 못하는 상황도 심각한 문제라고 보았다. 이런 문제들은 교회가 죄에 대해 권징의 기능을 제대로 사용하지 못한 결과이기도 했다.

한국교회가 바르트에게 귀를 기울여야 하는 이유가 바로 여기에 있다. 한국교회는 신앙의 개인적이고 내면적인 측면을 지나치게 강조하는 경향을 띠어왔다. 그 결과 성도들의 관계적인 죄에 대해, 교회의 공동체적 죄에 대해, 그리스도인의 사회적 역할에 대해, 사회의 불의와 교회의 역할에 대해서 말하는 교회는 많지 않았다.

하지만 바르트는 그리스도인들이 개인적인 신앙에만 집중한 채 사회나 공동체와 단절되는 것을 경계했다. 예수님은 세상을 떠난 것이 아니라 세상 속에서 하나님의 말씀에 순종하심으로써 세상을 이기셨다. 정치나 종교 권력을 장악해서 세상을 이기신 것이 아니라 세상과는 다른 가치와 능력, 믿음으로 세상을 이기셨다. 예수님의 모습을 통해 우리는 오늘날 그리스도인이 세상에서 어떤 모습으로 살아가야 하는지 배워야 한다. 교회는 세상을 장악하고 군림하는 방식이 아니라 죄에 대해 진리를 말하고 스스로 거룩하게 구별됨으로써 세상을 이길 수 있다. 그래야만 천국 열쇠를 맡은 교회의 본질적인 사명을 온전히 감당하게 될 것이다.

🏷️ **선생님의 칠판** #박광제 선생님

> **의기소침해 하지 말자**

바르트는 우리에게 오직 하나님만을 바라볼 것을 요청한다. 바르트 시대에도 그랬지만 지금 우리가 살아가는 시대에도 우리의 시선을 빼앗아가는 것들이 너무 많다. 하지만 하나님 앞에서는 그 어떤 것도 절대적인 가치를 가질 수 없다. 돈이나 명예, 성공이나 행복, 심지어 가족이나 나 자신도 부정할 수 있어야 하나님만 섬기는 신앙의 길을 갈 수 있다. 우리는 다른 어떤 것보다 먼저 하나님을 바라보는 훈련을 거듭해가야 한다.

어떤 사람이 말했듯이 이런 초점의 변화는 일종의 코페르니쿠스적 전환이다. 코페르니쿠스(Nicolaus Copernicus, 1473-1543) 이전의 사람들은 대부분 태양이 지구를 중심으로 돈다고 생각했다. 그러나 코페르니쿠스의 연구로 지구가 태양을 중심으로 공전한다는 사실이 널리 알려지게 되었다.

신앙인의 자세도 마찬가지다. 신앙의 중심은 내가 아니다. 신앙생활은 하나님이 우리 주변을 맴돌면서 우리의 요구를 들어주는 것이 아니다. 오히려 우리가 하나님을 중심으로 살면서 그분을 바라보는 것이 기독교 신앙의 핵심이다. 하나님을 간절하게 바라보는

중세의 우주관을 보여주는 그림

사람만이 하나님이 베푸시는 놀라운 은혜와 성령의 능력을 경험하며 신앙인다운 삶을 살아갈 수 있다.

의기소침해 하지 말자. 세상은 모스크바나 워싱턴이나 베이징에 의해 통치되는 것이 아니라 하나님에 의해서만 통치되니까….

이 말은 바르트가 임종 직전에 그의 친구에게 남긴 것이다. 우리는 날이 갈수록 암울하고 혼탁해지는 세상을 바라보면서 낙망하기 쉽다. 하지만 바르트가 믿음의 눈으로 바라본 대로, 권력을 차지한 자들이 세상을 마음대로 다스리는 것이 아니다. 그와 반대로 온 세상이 하나님의 통치 아래에 있다. 이 말을 가슴에 깊이 새기고 하나님만 바라보자.

믿음 노트

1. 우리는 하나님만을 바라보자는 바르트의 요청에 어떻게 반응해야 할까요? 1930년대 독일의 상황을 생각하면서 나누어봅시다.

2. 천국 열쇠를 받은 교회는 어떤 모습이어야 하는지 적어봅시다.

제32과

감사에 관하여
본회퍼의 생애

제86-87문

🏷️ 그림으로 이해하기 #페티의 "악한 종의 비유"(드레스덴 구거장미술관 소장)

부채 탕감

도메니코 페티(Domenico Fetti, 1589-1624)의 "악한 종의 비유"는 이번 과에서 다룰 내용을 적절하게 표현해준다. 페티는 예수님이 말씀하신 1만 달란트의 빚을 탕감받은 사람의 비유 중 한 장면을 포착했다. 예수님 시대에 "달란트"라는 화폐 단위는 오늘날 우리에게 "억대의 돈"에 해당한다고 할 수 있다. 즉 예수님이 "1만 달란트"라고 말씀하신 것은 정확한 액수를 지정하셨다기보다 인간이 도저히 갚을 수 없는 빚에 대해 거론하신 것이다.

만일 우리가 1만 달란트의 빚, 다시 말해 1조 원의 빚을 지고 있다고 가정해보자. 우리가 평생을 바쳐 쉬지 않고 일하면서 가족이나 친척까지 다 달라붙어 힘을 보탠다고 그 빚을 갚을 수 있을까? 예수님은 비유에서 채권자인 왕이 그런 빚을 진 사람을 불쌍히 여겨 빚을 탕감해주었다고 말씀하신다. 그 엄청난 빚이 왕의 선의에 의해 한순간에 사라져버린 것이다! 빚을 탕감받은 사람은 얼마나 기분이 좋았을까? 빚을 갚아야 한다는 압박감과 도저히 빚을 갚을 수 없다는 좌절감이 모두 사라졌으니 하늘을 나는 기분이었을 것이다. 고마운 마음에 다시는 빚을 지지 말고 가진 것을 나누며 착하게 살자는 다짐이 저절로 생길 만하다.

그런데 예수님의 비유에서 그 엄청난 빚을 탕감받은 사람은 유감스럽게도 그런 마음이 아니었다. 그는 왕의 은혜를 입고 나오는 길에 자신에게 100데나리온, 즉 1,000만 원 정도를 빚진 친구를 만났다. 그는 자신이 탕감받은 빚에 대해서는 생각하지 않고 그 친구의 멱살을 잡고 당장 빚을 갚으라고 몰아세웠다. 페티의 그림은 바로 그 순간을 묘사한다.

왕으로부터 천문학적인 액수의 빚을 탕감받은 사람은 자신에게 얼마 안 되는 돈을 빚진 친구를 만나자 목을 조르며 분노한다. 목이 졸린 불쌍한 친구의 시선은 우리에게 이 상황에 대해 어떻게 생각하는지 묻는 것 같다. 우리가 1만 달란트를 탕감받았지만 100데나리온에 욕심을 부리는 사람처럼 살아가지 않는지 돌아보라고 요청하는 것이다.

예수님은 우리가 도저히 해결할 수 없는 엄청난 죄의 값을 십자가에서 친히 고난받으심으로써 대신 갚아주셨다. 예수 그리스도를 믿음으로 죄의 용서를 경험한 우리는 어떤 삶을 살아가야 할까? 어쩌면 바로 우리가 당연히 용서하고 돌보아야 할 누군가를 짓밟고 목을 조르는 당사자일 수도 있다.

🏷️ 성경 수업

🚪 마음 열기

1. 페티의 "악한 종의 비유"를 보면서 친구의 목을 조르는 사람에 대해 어떤 마음이 드나요?

2. 자신이 바꾸려고 하지만 여전히 남아 있는 습관이 있다면 무엇인지 이야기해봅시다.

범사에 감사하라

우리가 구원을 받아 하나님의 백성이 된 것은 착한 일을 많이 했기 때문이 아니다. 하나님은 우리를 위해 죽으신 예수님의 공로에 근거해 우리를 구원하셨다. 그런데 우리가 은혜로 말미암아 구원을 받았다는 사실은 늘 한 가지 질문을 불러일으킨다. "그렇다면 우리는 선한 일들을 하지 않아도 되는가?"

우리는 이와 관련해 오늘날 많은 그리스도인이 구원을 지극히 "주관적" 영역에서 다룬다는 문제를 살펴보아야 한다. 이 문제는 우리가 교회에서 종종 듣게 되는 "구원의 확신이 있는가?"라는 질문에 잘 드러난다. 물론 구원받은 사람은 내면에 확신을 갖기 마련이다. 하지만 근본적으로 "확신"이란 지극히 주관적인 태도다. 무엇이 구원인가? 기도할 때 방언을 하는 사람은 구원받은 것일까? 찬양 집회에서 나도 모르게 눈물이 나면 구원을 확신해도 될까? 그렇지 않다. 사람들이 주관적인 기준에 따라 "구원"에 대해 전부 다른 생각을 한다면 그에 대해 "확신"의 여부를 따지는 것 자체가 부적절하다.

그렇다면 우리는 무엇으로 구원의 문제를 분별해야 할까? 개인의 신앙적 "성향"은 다양할 수 있지만 성경을 근거로 한 구원의 문제는 철저히 객관적일 수밖에 없다. 구원받은 사람은 무엇보다 죄의 문제가 예수 그리스도에 의해 어떻게 해결되었는지를 성경을 통해 명확히 알고 믿는 사람이다. 그리고 그의 성향 자체가 다른 어떤 것보다 하나님을 사랑하는 방향으로 변화된 사람이다.

여기서 우리가 기억해야 할 사실 한 가지는 구원은 우리 자신의 "믿음"이 아니라 "은혜"로 받는다는 것이다. 우리는 이미 예수님이 베푸신 100퍼센트의 은혜를 우리 자신의 것으로 취할 뿐이다. 자신이

○ 관련 성구

20죄가 있어 매를 맞고 참으면 무슨 칭찬이 있으리요? 그러나 선을 행함으로 고난을 받고 참으면 이는 하나님 앞에 아름다우니라. 21이를 위하여 너희가 부르심을 받았으니 그리스도도 너희를 위하여 고난을 받으사 너희에게 본을 끼쳐 그 자취를 따라오게 하려 하셨느니라(벧전 2:20-21).

26형제들아! 너희를 부르심을 보라. 육체를 따라 지혜로운 자가 많지 아니하며 능한 자가 많지 아니하며 문벌 좋은 자가 많지 아니하도다. 27그러나 하나님께서 세상의 미련한 것들을 택하사 지혜 있는 자들을 부끄럽게 하려 하시고 세상의 약한 것들을 택하사 강한 것들을 부끄럽게 하려 하시며 28하나님께서 세상의 천한 것들과 멸시받는 것들과 없는 것들을 택하사 있는 것들을 폐하려 하시나니 29이는 아무 육체도 하나님 앞에 자랑하지 못하게 하려 하심이라(고전 1:26-29).

스스로 이룰 수 없는 구원의 문제를 은혜로 해결한 사람은 그 속에서 새로운 생명이 시작된다. 그런 사람에게는 예수님의 모습을 닮아가려는 성향이 정상적인 "본능"처럼 드러난다. 반면 자신이 이미 구원받았다고 생각하면서도 여전히 하나님께 감사하는 본능과 양심이 생겨나지 않는 사람은 어떻게 된 것일까? 답은 뻔하다. 그 사람은 구원을 "주관적"으로 착각했을 뿐이다.

구원의 은혜를 경험한 사람이라면 그 안에 그리스도를 닮아가려는 의지가 생기는 것이 지극히 당연하다(벧전 2:20-21). 하나님은 죄로 물든 우리가 구원을 받고 예수님을 본받아 하나님과 영원히 함께하기를 원하신다. 그것이 하나님이 예수님을 통해 우리에게 구원의 은혜를 베푸신 이유다.

또한 하나님이 우리를 부르셔서 당장 천국으로 데려가지 않고 세상에 남겨두신 이유가 있다. 하나님은 그리스도인들을 통해 이 세상에 하나님 자신을 드러내기 원하신다(고전 1:26-29). 세상은 우리를 통해서, 즉 그리스도의 몸된 교회를 통해서 하나님을 알게 된다. 결과적으로 우리가 선을 행하는 이유는 하나님 나라를 위한 것이지, 우리 자신이 천국에 가기 위한 것은 아니다. 우리를 통해 세상에 "하나님 나라"가 드러난다니, 하나님 앞에서 교회를 이룬 우리는 얼마나 위대하고 영광스러운 존재인가!

○○ 하이델베르크 교리문답 살펴보기

제86문 우리가 비참한 죄로부터 우리의 행위와 관계없이 그리스도의 은혜로 구원을 받았다면 선한 일을 해야 하는 이유는 무엇입니까?

답 그의 피로 우리를 구원하시고 그의 성령을 통해 우리를 그리스도의 형상으로 새롭게 하시는 그리스도 때문입니다. 그로 말미암아 우리는 우리의 온 삶을 통해 하나님의 은혜에 감사하고 하나님은 우리 안에서 찬양을 받으십니다. 더 나아가 그 열매를 통해 우리의 믿음은 확고해지고 우리의 이웃들은 우리의 경건한 삶을 보고 그리스도께 나오게 됩니다.

제87문 하나님께 감사하거나 회개하지 않는 삶에 머문 채 하나님께로 돌이키지 않는 사람은 구원받을 수 있습니까?

답 절대 그럴 수 없습니다. 성경은 음란한 자, 우상숭배하는 자, 간음하는 자, 도둑질하는 자, 탐욕을 부리는 자, 술 취한 자, 남을 모독하는 자, 강도 같은 자들이 하나님 나라를 유업으로 받을 수 없다고 말합니다.

🏷️ 교실 밖 수업   #플로센뷔르크

│ 본회퍼의 발자취

앞서 제31과에서 바르트에 대해 살펴봤다면 이번 제32과에서는 본회퍼의 발자취를 따라 "교실 밖 수업"을 떠나보자. 본회퍼에게 바

플로센뷔르크 수용소의 본회퍼 목사가 처형된 장소에 새겨진 기념 명판

르트는 스승과 같은 존재였다. 바르트와 본회퍼는 나치에 맞서는 데 마음을 같이해 바르멘 선언에 동참했다. 얼마 지나지 않아 스위스인이었던 바르트는 본국으로 추방되었지만 독일인인 본회퍼는 자리를 지키며 정치적 탄압을 감내하고자 했다.

본회퍼는 결국 나치에 의해 구금당했다가 플로센뷔르크 수용소서 사형을 당하고 만다. 20세기의 가장 위대한 신학자 중 한 명으로 지금까지 큰 영향을 끼치는 본회퍼 목사의 마지막 흔적을 밟아가면서 그리스도인의 감사 생활에 대해 묵상해보자.

> **방문지 주소**
>
> **플로센뷔르크 수용소:** KZ-Gedenkstätte Flossenbürg, Gedächtnisallee 5, D-92696 Flossenbürg
>
> **본회퍼 하우스:** Marienburger Allee 43, 14055 Berlin
>
> **도로테엔 묘지:** Chausseestraße 126, 10115 Berlin

독일 뉘른베르크에서 동쪽 체코 국경 방면으로 한참을 가야 플로센뷔르크 수용소에 도착한다. 이 수용소는 자가용 없이 대중교통으로 찾아가기에는 어려울 정도로 외딴곳에 있다. 플로센뷔르크 수용소는 아우슈비츠 수용소에 비하면 규모가 그다지 크지 않다. 또 다른 수용소 기념관들처럼 제2차 세계대전 당시의 외관이 잘 보존된 것도 아니다. 하지만 수용소 시절의 흔적들을 정리해놓은 전시관이 있어서 그 당시 상황이 어땠는지 짐작해보는 데 어려움이 없다.

본회퍼 목사가 처형당한 지점은 사진 뒤로 보이는 흰 벽면 쪽이다.

　이 수용소에서 박해를 받거나 목숨을 잃은 사람이 많겠지만 우리의 이목을 끄는 것은 디트리히 본회퍼 목사의 마지막 흔적이다. 수용소에 들어서면 이 수용소에서 사형당한 본회퍼와 한스 오스터(Hans Oster, 1888-1945) 준장을 소개하는 명판이 보인다. 이들은 모두 히틀러 암살 계획에 가담했다는 이유로 사형당했다. 그 뒤로는 본회퍼가 처형당한 장소가 있다. 바로 이곳에서 꽃을 다 틔우지 못한 세기의 천재 신학자가 교수형을 당했다.

　현대 정통주의 신학에서 바르트의 영향력은 막강하다. 그런데 본회퍼는 바르트의 제자로서 바르트를 계승하면서도 스승의 한계를 뛰어넘는 사상을 전개했다. 본회퍼는 39년이란 짧은 생을 살면서도 현대 신학이 주목해서 살펴야 할 주제들을 먼저 탐구하며 선각자적인 면모를 보였다. 만일 본회퍼가 이 수용소에서 젊은 나이로 세상을 떠나지 않았다면 20세기는 온통 그의 영향력으로 가득 찼을 것이다.

　본회퍼는 유서 깊은 개신교 가문에서 태어나 자라면서 어릴 때부터 목사가 되기를 꿈꿨다. 베를린 대학교에서 신학을 공부할 때는 바르트를 통해 교회의 사회적 책임과 사명에 대해 깊이 생각하게 되었다. 본회퍼는 교회가 사회 속에서 하나님의 뜻을 나타내는 공동체이며 그리스도인은 집합적 인격인 교회를 통해 사회에서 특정한 사명을 감당해야 한다고 믿었다.

본회퍼는 미국 뉴욕의 유니언 신학대학원에서 유학할 때 자신의 신학적 깨달음을 실천하기 위해 흑인 빈민촌에서 목회 활동을 했다. 또한 베를린으로 돌아와서도 가난하고 소외된 청소년들을 돌보는 사역을 지속했다. 그런 그에게 나치 기독교의 문제점은 너무나 분명해 보였다. 교회가 그리스도가 아닌 누군가를 숭배하듯이 따르며 배타적이고 폭력적인 정책을 지지한다는 것은 있을 수 없는 일이었다.

히틀러가 나치를 통해 독일의 권력을 장악하고 나치 기독교를 통해 그리스도인들을 현혹하자 본회퍼는 이에 반대하는 바르멘 선언에 동참해 선언문을 작성하는 데 일익을 감당했다. 1935년에 바르트가 추방된 후에는 극심한 정치적 박해를 피해 런던에서 목회를 했었다. 하지만 1939년에 히틀러가 전쟁을 일으키자 주변의 반대에도 불구하고 베를린으로 돌아왔다. 그는 게슈타포의 감시를 받았지만 나라 전체를 전쟁의 구렁텅이로 몰고 가는 히틀러를 암살할 계획에 동참했다. 그의 주변에서는 교회가 정치에 관여하면 안 된다는 논리로 그를 만류하는 사람도 있었지만 오히려 본회퍼는 불의에 대해 침묵하려는 그들에게 다음과 같이 말했다.

술에 취한 사람이 버스를 운전하고 사람들을 향해 돌진하고 있다. 교회는 일어날 사고의 희생자를 위로해야 하는가? 앉아서 기도해야 하는가? 그 운전자를 막아야 하지 않겠는가?

이처럼 교회가 정의를 외치고 또 실천해야 한다고 주장하던 본회퍼는 제2차 세계대전이 확전을 거듭하며 사회 통제가 강화되던 1943년에 체포되었다. 그리고 독일의 항복을 한 달 앞둔 1945년 4월 9일 새벽에 교수형을 당하고 말았다.

본회퍼는 수용소에 있을 때도 수감자들과 함께 예배를 드리며 말씀을 전했다고 한다. 사형을 앞두었을 때 그는 다음과 같이 말했다.

이것이 끝입니다. 하지만 나에게는 삶의 시작입니다(『젊은이를 위한 디트리히 본회퍼』, 87).

이처럼 부활을 확신한 본회퍼의 마지막 모습은 많은 이에게 감동을 주었다. 당시 플로센뷔르크 수용소에서 근무했던 한 의사의 이야기를 들어보자.

[본회퍼가] 죽음을 앞두고 무릎을 꿇고 진심을 다해 경건하게 기도하는 모습을 보았습니다. 그는 사형 집행 장소에서도 짧은 기도를 드리고 나서 침착하고 용감하게 교수대의 단 위로 올라갔습니다(『젊은이를 위한 디트리히 본회퍼』, 88).

본회퍼의 무덤

믿음으로 불의에 항거하다 사형당한 본회퍼 목사의 시신은 베를린으로 옮겨졌고, 지금은 도로테엔 공동묘지에 안치되어 있다.

값싼 은혜

우리는 본회퍼의 삶을 어떻게 평가해야 할까? 어차피 하나님의 은혜로 구원을 받는 것이라면 근본적으로 인간의 행위는 구원과 상관이 없는 것이 아닌가? 또한 우리가 선을 행하더라도 완전한 선을 행할 수는 없을 텐데 우리가 계속해서 선을 행해야 할 이유가 있을까?

이런 질문에 대해 본회퍼는 종교개혁자 루터에게서 그 해답을 찾았다. 루터는 로마 가톨릭의 잘못된 가르침을 정면으로 반박했다. 당시 로마 가톨릭은 고행, 참회, 순례, 면죄부 구입 등의 "행위"로 구원을 얻는다고 가르쳤다. 이에 대해 루터는 성경을 근거로 "오직 믿음, 오직 은혜"를 외쳤다.

그런데 루터에게 은혜와 믿음은 "조건"이 아니라 "결론"이었다. 수도사였던 루터는 구원을 획득하기 위해 로마 가톨릭의 가르침에 따라 수도사로서 할 수 있는 모든 방법을 다 동원해서 노력했던 인물이었다. 그러나 그런 노력의 결과 인간의 행위로 구원받을 가능성이 전혀 없다는 것을 깨닫고 오직 "은혜"가 필요하다는 "결론"을 얻었던 것이다. 회개한 이후도 마찬가지다. 우리는 그리스도를 따르는 삶을 온전히 감당한다는 것이 인간의 힘으로는 불가능하다는 사실을 알기 때문에 나를 변화시키는 "은혜"가 필요하다는 "결론"에 도달한다. 이처럼 은혜가 필요하다는 결론에 이르면 나를 회심시켜 그리스도의 형상으로 변화시키는 일은 온전히 하나님의 몫임을 깨닫게 된다.

반대로 은혜를 결론이 아닌 "조건"으로 이해하면 어떻게 될까? 그럴 경우 이미 있는 은혜를 받아들이고 믿기만 하면 되니까 어떤 상황에서도 자신이 구원을 얻었다고 쉽게 생각한다. 심지어 구원받은 이후에는 어떤 죄를 짓더라도 예수님이 다 용서해주신다고 주장하며 마음으로 회개만 하면 문제가 없다고 생각하기도 한다. 이런 식이면 기독교가 "개독교"가 될 수밖에 없다. 은혜가 결론이 아니라 조건으로 악용되면 "값싼 은혜"가 되어버리는 것이다. 본회퍼는 이 부분을 가장 경계했다.

이런 값싼 은혜는 죄인을 의인 되게 하는 것이 아니라 죄를 의롭다고 하는 거짓의 도구일 뿐이다. 오늘날 한국교회는 본회퍼의 가르침을 깊이 되새겨보아야 한다. 아무런 삶의 변화 없이 "회개"만 하면 다 된다고 생각하는 그리스도인이 얼마나 많은가? 여전히 죄 속에 빠져 돌이키지 못하는 사람들에게 "퍼주기식" 은혜를 남발하는 것은 값싼 은혜의 향연에 불과하다. 값싼 은혜는 오늘날 교회의 가장 큰 적이다. 이에 대해 본회퍼가 우리에게 전해주는 가르침은 다음과 같다.

① 하나님이 사랑하는 당신의 백성들을 데려가지 않고 세상에 있게 하시는 목적은 이 세상에서 책임 있는 성도가 되게 하기 위함이다. 따라서 그리스도인들은 반드시 세상에서 사회적 책임을 다해야 한다. 이것이 하나님의 은혜를 체험한 사람의 마땅한 행동이다.

② 그리스도인들은 사회 속에서 어떤 정치 세력에 편향되어서는 안 된다. 그러나 국가가 인간의 기본권을 침해했을 때, 교회는 정치적 희생자들과 함께해야 한다. 교회는 정치의 부조리로 생겨난 결

본회퍼

과를 직시하고 그 해결을 도모함으로써 정치의 한계를 깨뜨려야 한다.

③ 사회적인 부당함을 경험했을 때 수도사처럼 은둔하는 것은 그리스도인들의 마땅한 태도가 아니다. 그리스도인은 사회 속에서 올바른 기준이 무엇인지를 제시해야 한다. 그것이 그리스도를 따르는 십자가의 길에 부합한다.

④ 우리 사회의 여러 가지 문제점들을 지적하면서 다른 나라로 떠나기를 꿈꾸는 태도는 그리스도인에게 어울리지 않는다. 본회퍼는 "전쟁이 끝나면 교회는 무너진 사회를 재건해야 하는데, 내가 만일 조국을 떠나 있으면 사회를 바로 세울 때 어떠한 권리도 갖게 되지 못한다. 그래서 나는 고통받는 동족과 함께한다"라고 말했다. 사회가 어려울 때일수록 우리는 목숨을 바쳐 백성들에게 하나님의 말씀을 외쳤던 구약의 예언자들의 사명을 기억해야 한다.

⑤ 세상 사람들은 하나님을 알지 못한다. 그들이 하나님을 인식하는 가장 주요한 수단은 그리스도인의 삶을 보는 것이다. 그러므로 우리는 그리스도의 모습을 닮아가는 삶을 통해 세상에서 하나님을 드러내야 한다. 그래서 우리에게 "은혜"가 필요하다.

선생님의 칠판 #박광제 선생님

1906년 독일 제국의 독실한 기독교 집안에서 태어난 본회퍼는 어릴 때부터 학문에 재능을 보였다. 신학에 관심이 생긴 그는 튀빙겐, 베를린 대학에서 당시 세계적인 학자들에게 가르침을 받을 수 있었다. 하지만 이 당시까지만 해도 본회퍼는 교회에 가끔 나가는 학생이었을 뿐이었다. 사실 본회퍼뿐만 아니라 많은 젊은이가 교회에 발을 붙이지 못하고 있었는데, 당시 독일 교회는 국가에 종속되는 양상을 띠며 생명력을 잃어가고 있었기 때문이었다.

그러던 중 본회퍼는 1924년에 바르트의 사상을 접하고 큰 충격을 받는다. 바르트는 교회가 그리스도를 중심에 두고 사회와 구별되어야 할 뿐 아니라 사회 속에서 정의로운 목소리를 낼 수 있어야 한다고 주장했다. 이를 통해 교회의 사회적 책임에 관해 눈을 뜬 본회퍼는 세상 속에서 책임 있는 그리스도인이 되기 위해 살아갔다. 그리고 이때부터 석학으로서의 모든 교만과 자존심을 버리고 사회의 약자들과 함께하는 목회자의 길을 걸으려 했다.

옆의 사진은 베를린의 빈민 청소년들과 수련회를 하던 중 찍은 것이다. 천재 신학자라는 별명이 붙을 정도로 학술적 성취를 이룬 본회퍼였지만 언제나 낮은 자들의 친구가 되고자 했던 그의 태도는 18세에 접한 스승의 가르침 덕분에 형성된 것이었다. 이 책을 읽는 사람 중에 사회

자신이 가르친 청소년들과 함께한 본회퍼

에서 영향력 있는 인물이 되기를 꿈꾸는 사람이 있다면 거기서 한 걸음 더 나아가 본회퍼처럼 세상 속에서 책임 있는 그리스도인이 되기를, 세상에서 약자와 함께하며 그들의 손을 잡아주는 십자가의 길을 가게 되기를 바란다. 18세 청소년이었던 본회퍼가 그랬던 것처럼!

믿음 노트

1. 본회퍼의 생애가 나에게 주는 교훈이 무엇인지 기록해봅시다.

2. 우리가 구원을 받았으면서도 계속해서 의로운 삶을 살아야 하는 이유는 무엇인가요?

제33과   회개와 회심에 관하여
콜비츠의 작품과 삶

제88-91문

🏷️ **그림으로 이해하기**   #콜비츠의 "빈곤"(드레스덴 국립미술관 소장)

| 빈곤과 회개

독일의 미술가 케테 콜비츠(Käthe Kollwitz, 1867-1945)는 우리에게 생소하다. 하지만 그녀는 나치의 압제 아래에서 그림으로 항전했던 위대한 화가였다. 예술과 아름다움, 삶의 의미에 대해 그녀는 다음과 같이 말했다.

예술에서 아름다움만을 추구하는 것은 삶에 대한 위선이다!

사회의 그늘진 곳에서 고통을 당하는 약자들을 대변했던 그녀의 작품들은 드레스덴 국립미술관(Staatliche Kunstsammlungen)이나 베를린에 자리한 케테 콜비츠 박물관(Käthe-Kollwitz-Museum)에서 만나볼 수 있다.

앞의 그림은 1895년에 콜비츠가 그린 "빈곤"이란 작품으로서 드레스덴 국립미술관에 소장되어 있다. 앞서 제32과에서 살펴본 대로 "화해의교회"가 설립된 해는 1884년이었다. 화해의교회가 세워진 큰 이유 중 하나는 부자와 가난한 자가 하나 되게 하자는 것이었다. 그러나 19세기에 유럽을 휩쓴 산업혁명의 거센 물결은 사회의 약자인 노동자들의 삶을 무섭게 위협했다.

이 그림은 19세기 말에 콜비츠가 경험한 사회적 약자들의 현실을 적나라하게 드러내 준다. 그림을 자세히 보면 집 안에 있는 물레와 베틀이 눈에 띈다. 전에는 이것으로 가족의 생계를 유지했지만 기계화된 생산 수단이 자본가의 손아귀에 들어간 지금은 쓸모없는 물건이 되고 말았다. 해결되지 않는 가난 속에서 가장 먼저 목숨을 잃는 것은 가장 연약한 생명인 갓난아이다. 죽어가는 아이를 앞에 둔 어머니는 고뇌에 싸여 머리를 움켜쥔다. 그녀의 얼굴을 뒤덮은 근심과 슬픔은 보는 이들의 마음을 아프게 한다.

그런데 이처럼 고통받는 사람들은 비단 1895년 독일에만 있는 것이 아니다. 21세기 첨단 사회를 살아가는 우리나라에서도 여전히 빈곤으로 고통받는 사람들이 있다. 우리 사회에 제때 도움을 받지 못해 삶이 파괴되는 사람들이 많다면 그것은 교회가 진정한 회개 혹은 회심을 하지 못했다는 증거일지도 모른다. 도시마다 밤하늘을 수놓을 만큼 많은 교회가 있지만 이웃의 아픔에 공감하고 절대적 빈곤에 있는 사람들을 돌보는 데 힘쓰는 교회는 얼마나 있을까?

영화 "밀양"의 한 장면

참된 회개는 수직적인 측면에서 그치는 것이 아니라 수평적으로도 이루어져야 한다. 수직적으로 하나님께 용서를 구하는 것은 물론 수평적으로 이웃에게 화해의 손을 내밀어야 한다. "밀양"이라는 영화를 보면 몹쓸 잘못을 저질러놓고 자신은 하나님께 눈물로 회개했으니 용서를 받았다고 말하며 천연덕스럽게 피해자를 마주하는 죄수가 등장한다. 진짜 회개한 사람이 그런 모습을 보일 수 있을까? 회개란 기도와 고백으로 끝나는 것이 아니라 잘못을 진심으로 뉘우치고 책임을 지는 것까지 포함한다. 피해자에게 용서를 구하고 죗값을 치르며 두 번 다시 그런 악행을 저지르지 않도록 철저하게 돌이키는 것이 참된 회개다.

🏷️ 성경 수업

> 🚪 **마음 열기**
>
> 1. 여러분은 학교에서 "왕따"나 "은따"를 당하는 친구가 있다면 어떻게 대하나요? 그 이유는 무엇인가요?
>
> 2. 학교에서 교회에 다니는 친구들과 그렇지 않은 친구들에게 어떤 차이가 있나요?

│ 인간의 상태에 대하여

　회개 혹은 회심은 교리적으로 설명하기가 쉽지 않다. 단순히 반성하는 것, 잘못을 시인하는 것이 회개가 아니기 때문이다. 또 죄책감을 상쇄하고자 착한 일에 힘쓴다고 해서 그 사람이 회개했다고 말할 수도 없다. 반성하는 마음과 착하게 사는 삶을 추구하는 종교는 흔하다. 하지만 하나님은 반성하는 마음과 착한 일 이상을 요구하신다. 기독교에서 회개는 "행위"(doing)의 문제가 아니라 "존재"(being)의 문제인 것이다.

　많은 사람은 착한 "행위"를 하면 복을 받고 나쁜 "행위"를 하면 형벌을 받으리라 생각한다. 대다수 종교는 인과응보(因果應報)의 원리로 인간의 삶과 죽음을 설명한다. 심지어 어떤 종교는 죽을 때까지 "구원" 문제가 확정되지 않는다고 보기도 한다. 그런 종교를 믿는 사람은 자신이 죽는 순간까지 어느 곳으로 갈지 모르기 때문에 평생 두

○ 관련 성구

22너희는 유혹의 욕심을 따라 썩어져 가는 구습을 따르는 옛 사람을 벗어버리고 23오직 너희의 심령이 새롭게 되어 24하나님을 따라 의와 진리의 거룩함으로 지으심을 받은 새 사람을 입으라(엡 4:22-24).

5그러므로 땅에 있는 지체를 죽이라. 곧 음란과 부정과 사욕과 악한 정욕과 탐심이니 탐심은 우상숭배니라. 6이것들로 말미암아 하나님의 진노가 임하느니라. 7너희도 전에 그 가운데 살 때에는 그 가운데서 행하였으나 8이제는 너희가 이 모든 것을 벗어버리라. 곧 분함과 노여움과 악의와 비방과 너희 입의 부끄러운 말이라. 9너희가 서로 거짓말을 하지 말라. 옛사람과 그 행위를 벗어버리고 10새 사람을 입었으니 이는 자기를 창조하신 이의 형상을 따라 지식에까지 새롭게 하심을 입은 자니라(골 3:5-10).

려운 마음으로 살 수밖에 없다. 또한 지금 어떤 "행위"를 하는가를 중시하는 종교는 많아도 지금까지 지은 죄의 문제를 명쾌하게 설명하는 종교는 없다.

이에 대해 기독교는 예수 그리스도가 그 죄의 짐을 대신 지셨다고 말한다. 자신이 물에 빠져 죽어가고 있는데 누군가 물에 뛰어들어 나를 건져내고 생명을 잃었다고 생각해보자. 어떻게 그 은인을 잊을 수 있을까? 평생 그 사람에게 감사하며 빚진 마음으로 살아갈 것이다. 죄인으로 태어나 영적으로 사형수가 된 우리를 위해 예수님이 대신 형벌을 받으시고 죽으셨다. 그 엄청난 사실이 믿어질 때 우리는 하나님의 "자녀"가 된다. 그렇다면 하나님의 자녀가 된 사람이 어떻게 예전처럼 죄를 지으며 마음대로 살 수 있을까? 평생 감사하는 마음으로 하나님을 위해 살겠다는 의지와 소망을 갖는 것은 당연하다. 그것이 바로 성령이 우리 안에 계시다는 증거이기도 하다.

물론 우리는 "행위"를 통해 천국에 가려는 사람들이 아니다. 다만 우리가 감당하기 벅찬 엄청난 사랑을 받았기 때문에 그 사랑에 보답하기 위해 살아갈 뿐이다. 우리는 하나님의 자녀라는 새로운 "존재"가 되었다. 우리는 예전에 하나님을 모르던 때처럼 살아갈 수 없다. 하나님의 자녀로서 새롭게 살아가야 한다(엡 4:22-24). 인생의 목표가 분명해진 우리는 거짓과 음란, 부정과 욕심, 비난과 미움, 분노를 버려야 한다(골 3:5-10). 하나님이 죽기까지 우리를 사랑하셨으며 성령이 죄를 이길 힘을 주신다. 이것이 회심 혹은 회개의 핵심이다.

만일 자신이 그리스도인이라고 하는 사람이 여전히 죄 가운데 있으면서 아무런 거리낌이 없다면 어떻게 받아들여야 할까? 답은 분명하다. 그 사람은 참된 회개를 한 사람도, 구원받은 사람도 아니다. 마음속에 죄를 미워하는 의지와 성향이 없는 것은 성령이 함께 계시지 않는다는 증거이기 때문이다.

○○ 하이델베르크 교리문답 살펴보기

제88문 참된 회개 혹은 회심이란 무엇입니까?
답 옛 사람(성품)이 죽는 것이고, 동시에 새 사람(생명)이 시작되는 것입니다.

제89문 옛 사람이 죽는다는 것은 무슨 말입니까?
답 우리가 하나님께 죄를 지었음을 마음 깊이 슬픔으로 애통해하며 그것을 점점 더 미워하고 그것을 버리는 것을 말합니다.

제90문 새 사람이 시작된다는 것은 무슨 말입니까?
답 예수 그리스도를 통해 하나님 안에 거하는 것을 진심으로 즐거워하고, 하나님의 뜻에 따라 모든 선한 일을 행하는 삶을 사랑하고 기뻐하는 것을 말합니다.

제91문 선한 일은 무엇을 말합니까?
답 하나님의 법에 따라 그분께 영광을 돌리며 참된 믿음으로 행하는 것을 말합니다. 우리 인간의 생각이나 가르침에 근거한 것을 말하지 않습니다.

🏷️ **교실 밖 수업** #베를린, 드레스덴

케테 콜비츠의 "피에타"

미켈란젤로(Michelangelo di Lodovico Buonarroti Simoni, 1475-1564)의 "피에타"는 널리 알려져 있지만 콜비츠의 "피에타"를 아는 사람은 많지 않다. 피에타(Pieta)란 이탈리아어로 예수님의 어머니 마리아가 예수님의 죽음을 슬퍼하는 주제를 표현한 그림이나 조각 등의 예술품을 말한다. 미켈란젤로의 피에타는 아름다운 구도와 정교한 표현으로 보는 사람의 감탄을 자아낸다. 반면 콜비츠의 피에타를 보고 있으면 왠지 모르게 마음이 아프다. 극심한 양극화 현상으로 많은 이들이 고통받던 때, 전쟁의 소용돌이가 평범한 사람들의 삶을 엉망으로 파헤쳐놓은 때, 사랑하는 이들을 잃은 자들의 아픔을 부둥켜안고 예술로 승화시킨 콜비츠는 오늘날 우리에게도 많은 것을 생각하게 한다.

미켈란젤로의 "피에타" (1499)

콜비츠의 "피에타" (1938)

콜비츠의 "피에타"는 베를린에 있는 케테 콜비츠 박물관에서 감상할 수 있다. 드레스덴 국립미술관에도 그녀의 작품들이 전시되어 있다. 그녀의 예술은 사회의 아픔을 공감하는 데서 시작한다. 그녀에게 예술이란 아름다움의 문제가 아니라 현실을 어떻게 표현하는가의 문제였다. 그녀의 예술은 화려함이나 아름다움과는 거리가 먼 대신 도덕적·종교적 의미가 두드러진다.

> **방문지 주소**
> **드레스덴 국립미술관:** Residenzschloss, Taschenberg 2, 01067 Dresden
> **케테 콜비츠 박물관:** Fasanenstraße 24, 10719 Berlin

그녀의 예술적 태도는 신학자이자 신실한 목사였던 외할아버지의 신앙심과 아버지의 정직한 성격에서 비롯되었다. 외할아버지가 케테에게 가르친 것은 내면의 신앙적 자세가 예술이라는 수단을 통해 나타나야 한다는 것이었다. 또한 케테의 아버지는 "성공"이 사회적 지위가 아니라 자신의 도덕적 신념을 얼마나 지키는가에 따라 결정된다고 가르쳐주었다. 이런 배움을 이어받은 케테는 탄압을 받을지언정 사회적 불의에 대해 동조하거나 가담하지 않겠다는 태도를 지켜나갔다.

서론에서 살펴보았듯이 당시 독일의 수상이었던 비스마르크 역시 독실한 기독교 가문에서 자라났다. 하지만 비스마르크와 콜비츠가 서로 다른 삶의 방향으로 나아갔던 것은 신앙적 태도 때문이었다. 가령 전쟁에 대해서 비스마르크는 그것이 국익과 성공을 위한 수단이며 전쟁에서의 승리는 곧 하나님의 축복이기 때문에 희생이 따르더라도 어쩔 수 없다고 생각했다. 반대로 콜비츠에게 기껏 전쟁의 명분이란 죄악의 행위를 정당화하는 수단에 불과했고 전쟁의 희생자는 정치인들의 탐심 때문에 생겨나는 비극의 열매였다. 이런 관점을 가진 콜비츠의 예술에서 질병, 가난, 실직, 죽음의 문제가 주된 주제로 나타나는 것은 당연한 현상이었다. 케테는 다음과 같은 말을 남겼다.

고통 중에 성경을 읽으며, 성경의 위대함에 매료된다. 개신교적인 정서, 자유로움, 그러면서도 사회에 대한 비통함이 묻어난다.

신앙을 지키며 살아가던 콜비츠에게도 어려움이 있었다. 그의 아들이 1914년에 발발한 제1차 세계대전에 참전했다가 전사했기 때문이다. 하지만 콜비츠는 고통을 회피하지 않고 자신처럼 고통받는 사람들을 위로하려고 했다. 당시 독일의 많은 사람은 전쟁의 승패에 관심을 두었지만 그녀는 전쟁으로 인해 희생당한 병사들의 부모들에게 관심을 두었던 것이다.

독일 국내에 있는 우리가 경험한바 전쟁을 통해 더 나아지는 것이 있는가? 독일인이 아닌 사람들을 미워하면서 윤리적으로 개선되는 것이 가능한가? 마치 가족끼리 사랑하면서도 현관문을 닫아버리는 것과 마찬가지 아닌가? 그 사랑이 무슨 가치가 있는가? 전쟁은 사람들을 앗아가고, 신앙을 앗아가고, 희망을 앗아가며, 힘을 앗아간다. 우리가 겪은 이 참상들을 잊지 않는다면 또다시 전쟁이 일어나는 일은 없을 것이다 (1915년 5월).

국가가 개인보다 우선시되던 시대에 갈 곳이 없던 사회적 약자들과 수많은 전쟁 피해자가 콜비츠를 찾아왔다. 그들은 자신들의 고통에 공감하는 콜비츠를 통해 큰 위로를 받았다. 사람들은 그녀의 집이 마치 "종교적 거룩함이 스며든 성소" 같다고 말할 정도였다.

그러나 콜비츠의 기대와는 다르게 1933년부터 정권을 장악한 히틀러의 나치당은 전비를 갖추었고 오래지 않아 폴란드를 침공함으로써 전쟁을 일으켰다. 이에 콜비츠는 분연히 일어나 전쟁에 반대하면

"전쟁은 인제 그만!"   "씨앗들이 짓이겨져서는 안 된다"

서 극심한 핍박을 당하게 된다. 그녀는 전운이 감도는 독일에서 다음과 같은 작품들을 그려 나갔다.

위의 그림에서 왼쪽은 "전쟁은 인제 그만!"이라는 작품이고, 오른쪽은 "씨앗들이 짓이겨져서는 안 된다"라는 제목의 작품이다. 어른들의 잘못된 판단과 국가의 잘못된 정책으로 인해 아이들이, 젊은이들이 희생양이 되어서는 안 된다! 콜비츠는 이런 메시지를 전하며 생애의 마지막을 보냈다.

씨앗들을 짓이겨서는 안 된다. 이제 이것은 나의 유언이다. 요즈음은 무척 우울하다. 나는 다시 한번 똑같은 것을 파고 있다. 망아지처럼 바깥 구경을 하고 싶어 하는 베를린의 소년들을 한 여인이 저지한다. 이 늙은 여인은 자신의 외투 속에 이 소년들을 숨기고서 그 위로 팔을 힘있게 뻗치고 있다. 씨앗들이 짓이겨져서는 안 된다. 이 요구는 "전쟁은 인제 그만!"에서처럼 막연한 소원이 아니라 명령이요, 요구다.

교회 벽 앞에서

1893년에 그린 콜비츠의 초기 작품 중 "교회 벽 앞에서"라는 작품은 그녀가 가진 문제의식을 잘 보여준다. 독일은 종교개혁을 이어받은 후예들로서 비스마르크와 같은 지도층은 물론이고 일반 국민의 대다수가 그리스도인들이었다. 하지만 사회적 약자들에게 교회의 벽은 너무도 매정하고 높은 장벽이었

"교회 벽 앞에서"

다. 만일 교회가 개혁되어 자신들의 잘못과 이기심을 진정으로 회개한다면 교회 벽 앞에서 흐느끼는 사람들이 생겨날 이유가 없다.

콜비츠가 활동하던 당시 미술계는 남성적 관점에서 여성을 묘사하고 화려하게 채색하는 아름다움을 추구하던 시기였다. 그러나 그녀는 그런 흐름을 거부하고 판화를 통해 흑백으로 표현되는 작품들을 만들었다. 그 이유는 시대가 그만큼 암울하기 때문이었다. 그녀의 작품들은 어두운 시대에 걸맞은 묵직한 메시지들을 전해주었다. 콜비츠가 살아간 시대는 그녀가 다음과 같이 말할 정도로 너무나 어두웠다.

사람들이 침묵하고 있다. 침묵을 깨는 순간 강제 수용소로 보내지기 때문이다(1936년).

그런 환경에서도 케테는 목숨을 걸고 젊은이들을 위해, 전쟁의 희

생자들을 위해 목소리를 냈다. 예술이란 무엇이어야 하는가? 우리는 이 책 제1과에서 토마스 만(Thomas Mann, 1875-1955)에 대해 살펴보았다. 토마스 만에게 예술가의 사회적 책임에 대해 알려준 그의 형 하인리히 만(Heinrich Mann, 1871-1950)은 다음과 같은 말을 남겼다.

> 예술은 예술 그 자체의 목적을 위해 진지하게 취급되어야 한다. 이 점을 확실히 할 때, 그것은 하나의 사회적 힘이 될 것이다.

예술도 그러할진대 평화와 정의의 왕이신 예수 그리스도를 따르는 기독교의 신앙이 사회적 힘을 가져야 하는 것은 당연하지 않을까? 이에 대해 콜비츠는 그리스도인 젊은이들에게 다음과 같이 경고했다.

> 종교개혁의 열정을 가지고 교회에 간 젊은이들이 가장 경계해야 할 점은 교회 안에 숨는 것이다. 그러나 변하는 것은 교회가 아니라 젊은이들이다!

아이를 잃은 어머니의 마음은 어떨까? 미켈란젤로는 예수님의 시체를 안고 있는 마리아의 모습을 우아하게 표현했지만 현실과는 동떨어진 느낌이 든다. 반면 콜비츠의 "죽은 아이를 안고 있는 여인"이라는 그림을 보라. 아이를 잃은 어머니의 슬픔과 절망감이

"죽은 아이를 안고 있는 여인"

느껴지는가? 사실 예수님을 잃은 마리아의 마음은 전쟁에서 죽은 자식을 부둥켜안고 절규하는 어머니나 절대적 빈곤으로 아이를 먼저 보낼 수밖에 없었던 수많은 부모의 마음과 결코 다르지 않았을 것이다.

나는 그 부인 앞에 서서 그녀의 얼굴을 들여다보았다. 바로 내 얼굴이었다. 울면서, 눈물에 젖어, 그녀의 뺨을 쓰다듬었다(1932년 8월 14일).

이처럼 다른 사람의 고통에 공감한 콜비츠야말로 그리스도인이 어떤 마음으로 살아가야 하는지를 보여주는 본보기다. 오늘날 우리 주변에도 사회체제와 권력의 수레바퀴 아래에서 희생당하는 사람들이 있다. 그리스도인은 그들과 함께 울 수 있어야 한다. 아름답지는 않지만 경건하면서도 마음에 깊은 울림을 주는 콜비츠의 작품처럼 사람들의 마음을 움직일 수 있는 진정성이 우리 안에 가득하기를 기도한다.

🏷️ 선생님의 칠판 #백병환 선생님

우리들이 만드는 피에타

나는 개인적으로 콜비츠를 매우 좋아한다. 그녀의 작품은 아름답지 않으면서도 아름답다! 그녀의 작품들을 보고 있으면 묵직한 설교를 듣는 것 같다. 그녀의 작품이 전해주는 이미지는 언제나 마음을 깨끗하게 해준다.

콜비츠의 남편은 의사로서 베를린의 빈민촌에서 자선 병원을 차리고 가난한 노동자들을 돌보는 사람이었다. 콜비츠는 결혼 후 당시

세월호 참사로 아이를 잃은 어머니의 마음

노동자들의 참담한 현실, 사회 양극화 현상, 부조리, 부당함을 경험하면서 예술가로서의 사명을 깨닫게 되었다. 또한 전쟁에서 아들을 잃는 경험을 통해 국가의 폭력성을 깨닫고 사회의 모순을 파헤치는 예술 작품들을 쏟아내게 되었다. 사실주의 미술, 참여 지향적인 미술에 큰 영향을 끼친 콜비츠는 민주화 운동이 활발하던 1980년대 우리나라의 미술계에도 적지 않은 영감을 주었다.

그녀는 "피에타"를 비롯해 생명의 소중함과 그 생명을 보듬는 자들의 아픔을 표현한 작품들을 통해 자녀를 잃은 부모들의 마음을 위로해주었다. 우리에게는 그런 사명이 없을까? 시선을 조금만 돌려도 사회의 부조리 속에서 희생당하는 자녀들로 인해 절규하는 사람들을 발견할 수 있다. 단편적으로 "세월호"라는 시대적 고통을 당한 부모들의 슬픔을 어떻게 잊을 수 있겠는가? 그들을 위해 우리도 콜비츠처럼 "피에타"를 만들어야 한다. 어떤 형태로든 시작해보자.

믿음 노트

1. 진정으로 회개한 사람의 마음과 삶은 어떠해야 합니까?

2. 콜비츠와 같은 마음으로 사회 속에서 내가 할 수 있는 일은 무엇이 있을까요? 사회 속에서 나는 어떤 목소리를 낼 수 있을까요?

제34과 하나님의 계명에 관하여
파헬벨의 음악과 신앙

제92-94문

🏷️ 그림으로 이해하기 #크라나흐의 "십계명"(비텐베르크 루터하우스 소장)

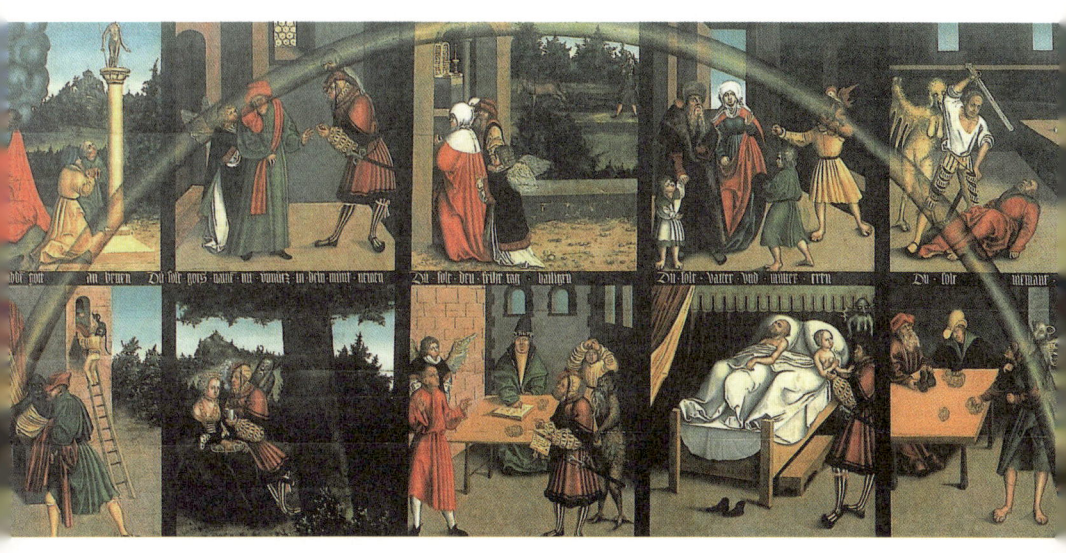

십계명

앞의 그림은 예술을 통해 종교개혁에 동참했던 대(大) 루카스 크라나흐(Lucas Cranach der Ältere, 1472-1553)가 그린 "십계명"이다. 앞서 살펴본 대로 루터는 종교개혁을 일으키면서 성경을 라틴어가 아닌 독일어로 번역함으로써 사제가 아닌 일반 민중이 성경을 직접 읽을 수 있는 길을 열었다. 하지만 여전히 문맹률이 높은 사회에서 성경을 직접 읽고 이해할 수 있는 사람은 많지 않았다. 루터는 이런 한계를 극복하기 위해서 음악과 미술을 활용했다. 그는 종교개혁의 정신을 담은 찬송가들을 만들어 보급하고 성경의 진리를 이미지화한 작품들을 통해 더 많은 사람이 올바른 신앙을 가질 기회를 접할 수 있게 했다.

이런 관점에서 크라나흐는 종교개혁에 크게 이바지했다고 평가받는다. 크라나흐가 르네상스 명화들을 패러디하고, 때로는 성경 말씀을 직접 이미지화한 것은 어떤 형태로든 대중들에게 하나님의 말씀을 이해시키려는 노력의 반영이었다. 크라나흐의 "십계명"은 원래 비텐베르크 구시청사에 걸려 있어서 시민들이 언제든지 볼 수 있었다. 그러나 현재는 루터하우스에 소장되어 있고 이 그림을 감상하려면 전시 일정을 확인해야 한다.

이번 과에서는 하나님이 우리에게 십계명을 주신 목적에 대해 살펴보고자 한다. 십계명은 우리가 어떻게 살아가는 것이 하나님의 자녀로서 바람직한지를 구체적으로 보여준다. 그런데 십계명은 그것을 모두 지켜야 천국에 들어갈 수 있는 "조건"으로 주어진 것이 아니다. 오히려 우리가 구원의 은혜에 걸맞게 살고자 할 때 힘써야 할 "선한 행실"이 무엇인지가 너무나 막연하기에 친절하게 명시해주신 "실천 사항"에 가깝다.

중세의 독일 사회도 기독교 사회이긴 했다. 하지만 당시 교회는 성경 말씀을 제대로 전하지 않았다. 신자가 구체적으로 어떻게 살아가야 할지도 온전히 가르치지 못했다. 이에 반해 종교개혁자들은 더하거나 빼지 않고 하나님의 말씀을 전하고자 노력했다. 루터의 종교개혁을 지지했던 크라나흐도 그림을 통해 사람들에게 십계명이 무엇인지 정확히 가르쳐주고자 했다. 그림에 당시의 복장이나 생활도구들이 들어간 것도 현실적이고 구체적인 지침을 주기 위해서였다.

🏷️ 성경 수업

> 📄 **마음 열기**
>
> 1. 십계명 중에 알고 있는 것은 모두 이야기해봅시다.
>
> 2. 사람이 살아가는 데 법과 규칙이 필요한 이유는 무엇이라고 생각하나요?

▌하나님이 주신 계명

어느 날 서기관 한 명이 예수님께 나아와서 질문을 던졌다. "율법 중에서 가장 큰 계명이 무엇이라고 생각하십니까?" 모세오경만 놓고 보더라도 하나님의 율법은 상당히 방대한 양으로 기록되어 있다. 당시 율법을 가르치던 교사들은 율법을 세부적으로 분류할 뿐 아니라 그것에 구체적인 지침까지 더함으로써 보통 사람들이 율법을 잘 지킨다고 평가받기란 쉽지 않은 일이었다. 그런데 예수님은 그 많은 계명을 한마디로 압축하셨다. 그것은 바로 "사랑"이다. 하나님을 "사랑"하고 이웃을 "사랑"하는 것이 율법의 핵심임을 선언하신 것이다(막 12:28-31).

그렇다면 구체적인 계명들은 이제 필요가 없을까? 그렇지 않다. 예수님이 말씀하신 대로 마음을 다하고 목숨을 다하고 뜻을 다하고 힘을 다하여 하나님을 사랑하는 것이 율법의 핵심이지만 "사랑"은 너무 추상적인 개념이다. 우리는 율법의 본질을 붙잡으면서도 어떻게 하는 것이 사랑을 실천하는 것인지 구체적으로 고민해야 한다. 어떻게 하는 것이 하나님을 사랑하고 이웃을 사랑하는 것일까?

이 고민을 할 때 가장 기본적으로 고려해야 하는 것이 바로 십계명이다. 십계명은 하나님의 백성이 하나님과 사람들에게 어떻게 행해야 하는지를 구체적으로 알려준다. 이 계명들을 잘 알고 지켜나가는 것이야말로 우리가 하나님을 사랑하고 하나님의 "자녀답게" 살아간다는 증거다(요일 5:2-3).

그러므로 십계명은 구원받기 위해서 억지로 지켜야 하는 규칙이

○ 관련 성구

2우리가 하나님을 사랑하고 그의 계명들을 지킬 때에 이로써 우리가 하나님의 자녀를 사랑하는 줄을 아느니라. 3하나님을 사랑하는 것은 이것이니 우리가 그의 계명들을 지키는 것이라. 그의 계명들은 무거운 것이 아니로다(요일 5:2-3).

28서기관 중 한 사람이 그들이 변론하는 것을 듣고 예수께서 잘 대답하신 줄을 알고 나아와 묻되 "모든 계명 중에 첫째가 무엇이니이까?" 29예수께서 대답하시되 "첫째는 이것이니 '이스라엘아! 들으라. 주 곧 우리 하나님은 유일한 주시라. 30네 마음을 다하고 목숨을 다하고 뜻을 다하고 힘을 다하여 주 너의 하나님을 사랑하라' 하신 것이요, 31둘째는 이것이니 '네 이웃을 네 자신과 같이 사랑하라' 하신 것이라. 이보다 더 큰 계명이 없느니라"(막 12:28-31).

아니다. 하나님의 자녀에게는 십계명을 지키지 않으면 지옥에 간다는 협박이 통하지 않는다. 우리는 하나님의 자녀로서 날마다 더욱 하나님을 사랑하고 하나님의 뜻에 순종하기 위해 십계명을 삶의 지침으로 삼는다. 아래에 십계명을 간단하게 정리해놓았다(출 20:1-17). 하나씩 꼼꼼하게 읽으면서 하나님이 당신의 백성에게 요구하신 삶이 어떤 것인지 생각해보자.

제1계명 너는 나 외에는 다른 신들을 네게 두지 말라.
제2계명 너를 위하여 새긴 우상을 만들지 말고 또 위로 하늘에 있는 것이나 아래로 땅에 있는 것이나 땅 아래 물속에 있는 것의 어떤 형상도 만들지 말며 그것들에게 절하지 말며 그것들을 섬기지 말라.
제3계명 너는 네 하나님 여호와의 이름을 망령되게 부르지 말라. 여호와는 그의 이름을 망령되게 부르는 자를 죄 없다 하지 아니하리라.
제4계명 안식일을 기억하여 거룩하게 지키라.
제5계명 네 부모를 공경하라. 그리하면 네 하나님 여호와가 네게 준 땅에서 네 생명이 길리라.
제6계명 살인하지 말라.
제7계명 간음하지 말라.
제8계명 도둑질하지 말라.
제9계명 네 이웃에 대하여 거짓 증거하지 말라.
제10계명 네 이웃의 집을 탐내지 말라.

◯◯ 하이델베르크 교리문답 살펴보기

제92문 하나님의 법은 무엇입니까?
답 하나님은 십계명을 주셨습니다(출 20:1-17).*

제93문 이 계명들은 어떻게 나뉘어 있습니까?
답 두 부분으로 나뉩니다. 제1-4계명은 우리가 하나님과 어떤 관계를 맺고 살아야 하는지 말하고, 제5-10계명은 이웃에 대한 우리의 의무를 말합니다.

제94문 제1계명에서 하나님이 원하시는 것은 무엇입니까?
답 하나님은 우리를 구원하고 통치하시는 주인이시므로 우리는 모든 우상숭배, 미신, 주술, 성인이나 피조물을 숭배하는 행위를 금하고 피해야 합니다. 더 나아가 오직 참되신 하나님을 바로 알고 그분을 신뢰하며 그분에게서 오는 모든 것을 기대하며 겸손과 인내로 굴복하고 전심으로 그분을 사랑하고 경외하며 존중해야 합니다.

🏷️ 교실 밖 수업 #뉘른베르크, 에르푸르트

| 파헬벨의 발자취를 따라

보통 "캐논"이라고 알려진 "캐논과 지그"(Kanon und Gigue)로 유명한 요한 파헬벨(Johann Pachelbel, 1653-1706)의 생애와 음악을 통해 이번 과의 주제를 살펴보자.

---

* 원래 문답에는 십계명이 모두 적혀 있지만, 앞에 요약한 내용이 있으므로 생략했다.

1653년에 뉘른베르크에서 태어난 파헬벨은 뉘른베르크의 장크트세발두스 교회(St. Sebalduskirche)에서 어린 시절을 보내며 음악가로서의 재능을 발휘하기 시작했다. 그는 1669년에 오르간 연주자로서 대학교에 입학했지만 재정적 어려움을 겪으면서 1년 만에 그만두어야 했다. 하지만 이듬해에는 다른 곳에서 장학금을 받으며 음악 생활을 이어갈 수 있었다. 그 후 바이마르, 아이제나흐 등을 거친 후 1678년에 에르푸르트의 프레디거 교회(Predigerkirche)에 자리를 잡았다. 그는 그곳에서 12년간 오르간 연주자로 있으면서 바흐 가문과 친분을 맺게 되었고 하나님을 찬양하는 곡들을 많이 만들었다. 그 후 1695년에는 고향 뉘른베르크로 돌아와 11년간 오르간 연주자로 있으면서 바로크 음악의 기틀을 확립한 후 1706년에 세상을 떠났다.

방문지 주소
프레디거 교회: Predigerstrasse 4, 99084 Erfurt
장크트세발두스 교회: Winklerstraße 26, 90403 Nürnberg

우리가 이 책 1권 제1과에서도 살펴본 에르푸르트는 루터의 흔적을 살펴볼 수 있는 도시다. 이번 "교실 밖 수업"에서는 파헬벨이 활동했던 에르푸르트의 프레디거 교회를 먼저 방문한 후 파헬벨이 태어난 뉘른베르크의 장크트세발두스 교회를 방문해 그의 음악 속에 담긴 신앙의 교훈을 살펴보기로 하자. 뉘른베르크는 제1권에서도 자주 등장했었다. 알브레히트 뒤러(Albrecht Dürer, 1471-1528)의 고향이며(제26과), 뉘른베르크 전범 재판(제5과)과 나치의 뉘른베르크 전당대회(제17과)가 열린 곳이기 때문이다.

먼저 에르푸르트의 프레디거 교회는 파헬벨이 1678년부터 1690년까지 오르간 반주자로 활동하면서 명성을 쌓기 시작한 곳이다. 그는 이때 예배를 위한 교회 음악인 "코랄"을 주로 작곡했고 바흐

프레디거 교회의 외관과 오르간. 에르푸르트의 종교개혁 전통을 이어왔지만 지금은 노인들만 예배에 참석한다.

의 형이었던 요한 크리스토프 바흐를 지도하기도 했다. 우연인지는 몰라도 파헬벨의 음악은 바흐의 형을 통해 바흐에게 전달되어 그에게 많은 영향을 주었다. 이에 대한 더 자세한 내용은 제1권 15과를 다시 한번 살펴보기 바란다.

프레디거 교회의 오르간은 당시 에르푸르트에서 가장 규모가 큰 것이었다. 비록 현재의 오르간은 1975년에 교체된 것이기는 하지만 이 교회가 종교개혁과 독일 복음주의 교회 음악의 시작을 알린 교회였다는 사실은 분명하다. 파헬벨이 교회 음악의 기틀을 놓았다면 바흐는 그것을 발전시켜서 수많은 코랄 찬송을 만들었다.

그런데 파헬벨이 인생의 마지막을 보낸 것은 에르푸르트가 아니라 그의 고향인 뉘른베르크였다. 장크트세발두스 교회는 파헬벨의 처음과 끝이 된 교회라고 할 수도 있다. 왜냐하면 그는 이곳에서 유아 세례와 음악 교육을 받았으며 세상을 떠나기 전 11년 동안(1695-1706) 이곳에서 오르간 반주자로 활동했기 때문이다. 또한 그의 아들 빌헬름 파헬벨(Wilhelm Pachelbel)은 1719년부터 1764년까지 무려

45년간 반주자로 일하기도 했다.

파헬벨은 말년에 음악가로서의 명성이 매우 높았다. 그의 대표작인 "캐논과 지그"도 언제 작곡되었는지는 정확하게 알려지지 않았지만 뉘른베르크에서 보낸 마지막 시기의 특징이 잘 드러난다고 평가된다. 이 교회에서 그의 음악을 감상해보자. 마치 돌림노래처럼 끊임없이 비슷한 구성이 반복되지만 지루하다기보다는 안정적이고 아름답다는 느낌이 들지 않는가? 이것이 "캐논과 지그"로 대표되는 바로크 음악의 특징이다. 수학 법칙처럼 일정한 "패턴"이 곡에 녹아 있어 진행을 예측할 수 있는 음악! 이는 바흐의 "평균율"이 "캐논과 지그"와 비슷한 느낌을 주는 이유이기도 하다.

개성과 변화를 강조하는 현대 사회에서 어떤 법칙이나 패턴은 거추장스러운 것으로 여겨질 때가 많다. 물론 불합리한 법칙이나 규율은 청산되어야 한다. 하지만 인간의 삶은 그것을 지탱하는 일정한 패턴이나 법칙을 떠나서는 존재할 수 없다. 사람은 오히려 지켜야 하는 법칙과 규율을 잘 따를 때 자유를 누리며 살아갈 수 있다. "캐논과 지그"가 아름다운 느낌을 주는 것처럼 패턴과 반복, 법칙이 조화를 이룬 사람은 매우 훌륭한 삶을 살아갈 수 있다. 하나님이 주신 "십계명"도 마찬가지다. 우리가 십계명

뉘른베르크의 거리에서 바라본 장크트세발두스 교회. 이 교회는 파헬벨의 처음과 끝이다.

을 지키며 하나님의 자녀로 살아갈 때 그것은 우리를 지탱하는 근본이 된다. 또한 우리는 우리의 인생이 어떻게 결론지어질지 예측할 수 있게 된다.

🏷️ 선생님의 칠판 #김성민 선생님

파헬벨과 바로크 음악

바로크 음악이란 무엇일까? 바로크 음악은 바흐, 헨델(Georg Friedrich Händel, 1685-1759), 비발디(Antonio Vivaldi, 1678-1741) 등이 대표하는 음악으로서 17세기부터 18세기 중반까지 유럽의 교회나 궁정에서 크게 유행했다. 모차르트(Wolfang Amadeus Mozart, 1756-1791)의 음악이 가볍고 대중적이며 변화가 많다면 바흐나 헨델의 곡은 웅장하고 반복적이다. 그 이유는 바로크 음악이 교회나 궁정에서 사용되었기 때문이라고 이해해도 좋을 것이다.

바로크 음악의 선구자라고 할 수 있는 인물이 바로 파헬벨이다. 그의 대표작인 "캐논과 지그"에서 "캐논"이라는 말은 "규칙", "표준"을 뜻하는 그리스어 "카논"(kanon)에서 유래했다. 감상할 때도 그렇지만 "캐논과 지그"의 악보를 살펴보면 반복과 규칙이라는 단어가 자연스레 연상된다. 일정한 규칙에 따라 반복되는 패턴이 눈에 보이기 때문이다. 하지만 "캐논과 지그"는 지루하지 않다. 오히려 규칙 속에서도 곡이 어떻게 진행될지 기대하

파헬벨

는 마음으로 끝까지 긴장을 놓지 않고 듣게 된다. 단순성 속에서도 다양한 화음의 활용을 경험해볼 수 있는 이 곡은 음악 교육에서도 널리 활용되어왔다.

파헬벨은 자신의 특성을 살린 코랄, 즉 루터교의 찬송가를 많이 남겼다. 파헬벨의 영향을 받은 바흐도 단순하면서 함께 부르기 좋은 코랄을 많이 만들었다. 파헬벨의 아들들 역시 음악가가 되었고 그중 한 명은 북아메리카로 이주한 최초의 유럽 작곡가로서 북미 대륙의 교회 음악에 영향을 미치기도 했다. 그 후 파헬벨은 음악사에서 잊히는 듯했지만 20세기 들어 그에 대한 재평가가 이루어졌고 지금은 그의 이름을 모르는 사람도 "캐논"을 들어보지 못한 사람은 없을 정도로 많은 사랑을 받고 있다.

현대음악은 규칙과 화음을 벗어나 틀을 깨기 위해 다양한 시도를 한다. 하지만 어떤 음악도 파격과 불협화음만으로 이루어질 수는 없다. 오히려 인간은 본성적으로 규칙과 화음 속에서 안정감과 아름다움을 느낀다. 그런 점에서 "규칙과 표준"을 중시한 바로크 음악은 독일과 유럽, 미국, 더 나아가 세계의 음악에 오늘날까지 영향을 끼친다고 해도 과언이 아니다.

우리의 삶도 마찬가지다. "규칙과 표준"을 떠난 삶이 온전하기는 어렵다. 십계명은 삶의 규칙이며 표준이다. 우리는 삶의 반복되는 과정에서 십계명을 기준으로 행동해야 한다. 무언가를 결정할 때 당연히 해야 하는 것들이 우선되어야 하고 우리의 선택이 하나님의 계명에 따라 예측할 수 있는 것이 되어야 한다. 그리스도인이 십계명을 표준으로 삼을 때 그것을 통해 다양한 삶의 화음이 나타나고 하나님 나라를 위한 열매가 쌓이기 시작한다. 파헬벨은 다음과 같은 말을 남겼다.

삶의 지혜는 반드시 진리 속에서 발견된다(Wisdom is found only in truth).

그의 말대로 우리가 세상을 살아갈 때 필요한 지혜는 성경과 하나님의 계명을 지킬 때 생겨난다. 우리의 삶은 진리를 중심으로 이루어져야 한다.

여러 음악가에게 영향을 끼쳤고 오늘날까지 사랑받는 작품을 남긴 파헬벨의 생애에도 어려운 시절이 있었다. 음악적 재능을 인정받아 대학교에 입학했지만 재정적 어려움으로 그만두어야 했기 때문이다. 역사에서 "만약"(if)은 무의미하지만 만일 그가 재정적인 어려움 없이 평탄한 삶을 살았다면 어땠을까? 안정적인 삶은 그의 뛰어난 재능이 갈고닦여 빛을 낼 기회를 앗아갔을 수도 있다.

지금도 재정적인 어려움을 호소하는 학생이나 젊은이들이 주변에 많다. 참 안타까운 현실이다. 그런 사람이 있다면 파헬벨을 떠올리면서 우리를 향한 또 다른 하나님의 계획이 있음을 믿음으로 바라보라고 말해주면 좋겠다.

믿음 노트

1. 하나님이 십계명을 우리에게 주신 목적은 무엇인지, 십계명이 우리 삶에서 어떤 역할을 하는지 이야기해봅시다.

2. 파헬벨의 "캐논과 지그"를 들어봅시다. 그리고 어떤 느낌이 드는지, 파헬벨의 삶을 통해 무엇을 배울 수 있는지 나누어봅시다.

제35과

제2계명의 요구
신성 로마 제국과 나치 기독교

제95-98문

🏷️ **그림으로 이해하기** #페티의 "손님 없는 잔치"(드레스덴 구거장미술관 소장)

무엇이 중한가?

도메니코 페티의 "손님 없는 잔치"는 우리에게 묵직한 메시지를 던진다. 왕의 잔치에 사람들을 모으는 임무를 맡은 관리가 길모퉁이에 서서 사람들을 초대한다. 하지만 사람들의 반응은 시원찮다. 등장인물들을 자세히 살펴보라. 뒷모습만 보이는 관리는 붉은 옷을 입고 두 팔을 벌려 사람들을 설득한다. 하지만 바로 앞의 사내는 모자를 벗어 경의를 표하면서도 손으로는 다른 곳을 가리킨다. 초청에 응하고는 싶지만 삶의 터전으로 돌아가야 한다고 말하는 듯하다. 다른 사람들 역시 초대에 응하는 것이 상당히 부담스러운 모양이다. 멀리서 관망하는 사람도 있고 관리에게 나아가려는 아이를 붙잡는 아버지의 모습도 보인다. 잔치에 초청받은 사람들의 표정이 왜 이렇게 어두운 것일까?

이 그림은 예수님의 비유를 바탕으로 한다(눅 14:15-24). 잔치에 초대를 받았지만 어떤 사람은 얼마 전에 구매한 밭을 보러 가야 하고, 또 다른 사람은 새로 산 소를 시험해보아야 한다. 결혼한 지 얼마 안 되어서 잔치에 가지 못하겠다는 사람도 있다. 이들은 모두 일상의 분주함 때문에 정말 무엇이 중요한지를 생각하지 못하는 것이다.

우상숭배란 무엇일까? 기본적으로 우상숭배란 하나님을 어떤 형상으로 만들어놓고 그 앞에 절하며 섬기는 것을 말한다. 하지만 오늘날 교회에 다니면서 실제로 그렇게 대놓고 우상을 숭배하는 사람은 없을 것이다. 그 대신 우리가 주의해야 하는 우상이 있다. 그것은 바로 우리가 살아가면서 하나님보다 더 가치를 두는 일체의 것이다. 물론 성경은 경제생활이나 결혼생활이 무의미하다고 말하지 않는다. 그런데도 예수님은 돈은 물론이고 가족조차 하나님보다 더 중요하게 생각하면 안 된다고 가르치셨다. 다른 것에 마음을 빼앗겨서, 혹은 일상이 너무 분주한 나머지 하나님의 말씀을 묵상하고 기도하는 영적 생활의 가치를 가벼이 여기지는 않는가? 그것이 우리들의 생활 속에 뿌리 박힌 우상숭배의 "실체"를 드러내 주는 것은 아닐까?

🏷️ 성경 수업

🚪 마음 열기

1. 보통 청소년들의 "우상"으로 꼽히는 사람은 누구인가요?

2. 여러분은 "우상숭배"하면 떠오르는 것이 무엇인가요?

| 이 시대의 우상들

종교개혁 시대에 루터는 교회 내에서 사용되는 모든 형상과 그림에 대해서 각별한 주의를 당부했다. 왜냐하면 중세의 로마 가톨릭은 형상과 그림을 예술 작품이나 교재가 아니라 숭배의 대상으로 사용했기 때문이었다. 물론 로마 가톨릭이 그런 형상과 그림을 처음에 도입한 목적이나 의도는 건전했을 수도 있다. 하지만 원래 의도를 망각하는 즉시 내용은 사라지고 형식만 남아 우상숭배의 위험성이 높아진다.

그런데 루터는 한 걸음 더 나아가 "우상"이란 우리의 마음을 온통 사로잡는 것이라고 말했다. 그에 따르면 직접적 예배의 대상이 되는 신상이나 형상은 물론이거니와 오늘날 우리 마음을 사로잡는 모든 것이 우상이다. 따라서 우리는 부적이나 신상을 가지고 다니지 않더라고 우상숭배의 위험에 빠질 수 있다. 우리 마음속에 온통 자리 잡은 것은 무엇인가? 우리 마음을 채우는 "우상"들은 구약 시대보다 훨씬 더 많아진 듯하다. 방송, 게임, 쇼핑, 친구, 돈, 명예, 성공, 취업 등이 바로 그것이다. 이런 관점에서 바울은 정욕과 탐욕스러운 마음이 바로 우상숭배라고 정의한다(골 3:5).

○ 관련 성구

그러므로 땅에 있는 지체를 죽이라. 곧 음란과 부정과 사욕과 악한 정욕과 탐심이니 탐심은 우상숭배니라(골 3:5).

자녀들아! 너희 자신을 지켜 우상에게서 멀리하라(요일 5:21).

어쩌면 지금까지 우상숭배가 자신과 상관없다고 생각하는 사람이 있었을지도 모른다. 하지만 십계명의 두 번째 계명은 오늘날 우리에게도 매우 중요한 의미가 있다. 엄밀히 말해 다른 종교를 가진 사람들이 형상을 만들어놓고 거기에 절하는 것은 우상숭배의 죄를 범하는 것이 아니다. 그들은 아예 하나님을 믿지 않는 불신자들로서 하나님을 인정조차 하지 않기 때문이다. 오히려 하나님을 믿는다고 하면서도 하나님보다 다른 것을 더 사랑하는 마음, 우리 마음을 사로잡은 것을 포기하지 못해 하나님께 불순종하는 태도, 하나님과는 상관없는 일을 하나님의 뜻으로 포장하는 속임수 등이 우리가 경계해야 하는 진짜 우상숭배다.

그렇다면 우리가 이번 과에서 기억해야 할 것은 무엇인가? 십계명의 두 번째 계명이 무엇인지를 지식으로 "아는 것"에 그치면 아무런 유익이 없다. 사도 요한의 당부대로 우리 삶에 끼어든 온갖 우상이 무엇인지 파악하고 그것을 멀리하며 우리 자산을 지켜야 한다(요일 5:21).

○○ 하이델베르크 교리문답 살펴보기

제95문 우상숭배란 무엇입니까?
답 우상숭배란 말씀으로 우리에게 자신을 드러내신 유일하신 하나님 외의 다른 대상을 두거나 신뢰하는 것, 혹은 하나님을 겸하여 그 대상을 신뢰하는 것을 말합니다.

제96문 하나님은 제2계명에서 무엇을 요구하십니까?
답 어떤 형태로든지 하나님의 형상을 만들지 말고 하나님이 말씀하시지 않은 어떤 방법으로도 그를 섬기지 말라고 요구하십니다.

제97문 그렇다면 우리는 어떤 형상도 만들어서는 안 됩니까?
답 하나님은 눈으로 보이는 어떤 모양으로도 표현될 수 없고 표현되어서도 안 됩니다. 피조물들은 형상화할 수 있지만 그것을 예배하거나 그것을 통해 하나님을 섬기려는 목적으로 그 형상을 만들거나 소지해서는 안 됩니다.

제98문 회중을 교육하는 방편으로 형상들을 교회 안에 두는 것도 안 됩니까?
답 안 됩니다. 우리가 하나님보다 더 지혜로울 수는 없습니다. 하나님은 당신의 백성이 어리석은 형상이 아니라 그의 말씀이 생생하게 선포되는 것을 통해 교육받기를 원하십니다.

🏷️ **교실 밖 수업** #아헨

신성 로마 제국의 우상숭배

신성 로마 제국은 962년 독일의 오토 1세(Otto I, 912-973)가 로마 교황으로부터 황제로 임명받은 때부터 1806년 프란츠 2세(Franz II, 1768-1835)가 나폴레옹(Napoleon I, 1769-1821)에 패하여 제위에서 물러날 때까지 800년이 넘도록 존재했던 제국이었다.

신성 로마 제국과 십계명의 제2계명이 무슨 연관이 있을까? 신성 로마 제국은 영어로 "홀리 로만 엠파이어"(Holy Roman Empire)로서 "신성"은 하나님을 일컫는 "신"(神)자와 거룩함을 말하는 "성"(聖)자가 합쳐진 단어다. 그만큼 신성 로마 제국은 공식적으로 로마 가톨릭 교회와 긴밀한 관계 속에 있었으며 신앙을 중요한 가치로 내세운 제국이었다. 하지만 신성 로마 제국의 문화는 중세의 왜곡된 신앙을 적나라하게 보여주는 것이었다. 거기서 우상숭배의 문제를 빼놓을 수는 없다.

독일과 벨기에의 국경 근처에 자리한 아헨(Aachen)은 신성 로마 제국의 흔적이 남아 있는 도시다. 아헨은 뒤셀도르프나 쾰른에서 기차를 타고 갈 수 있다. 아헨의 규모는 그리 크지 않아서 기차역에서 아헨 대성당(Aachener Dom)으로 가기도 쉽다. 이번 과에서는 유서 깊은 아헨 대성당을 살펴보며 제2계명이 우리에게 어떤 의미인지 생각해보자.

로마의 성 베드로 대성당이나 독일의 쾰른 대성당에 비해 아헨 대성당은 아담하고 초라하게(?) 보일 수 있다. 하지만

방문지 주소
아헨 대성당: Markt, 52062, Aachen

아헨 대성당의 외관과 내부

    아헨은 신성 로마 제국의 전신인 프랑크 왕국 시대부터 매우 중요한 도시였다. 기원후 800년에 교황 레오 3세(Saint Leo III, ?-816)에 의해 황제의 관을 받아 서로마 제국의 부활을 알린 프랑크 왕국의 샤를마뉴(Charlemagne, 742-814)는 이미 아헨을 수도로 정해놓고 있었다. 샤를마뉴는 아헨 대성당에 안치되었는데 그 후로 1531년까지 샤를마뉴의 뒤를 잇는 독일 황제들은 모두 이곳에서 대관식을 거행했다. 신성 로마 제국의 오토 1세 역시 마찬가지였다.

    아헨 대성당은 건축될 당시부터 뛰어난 예술적 가치를 가지고 있었다. 건축 자재로 쓰인 기둥은 그리스에서 가져온 것이었고 대리석은 이탈리아산이었다. 거기에 청동으로 만들어진 창문과 화려한 스테인드글라스는 보는 이들의 감탄을 불러일으킨다. 성당 내부로 들어서면 높은 천장과 병풍처럼 둘러싼 창으로 들어오는 신비로운 빛에 매혹되어 저절로 고개가 숙어진다.

    그런데 아헨 대성당에서 그 무엇보다 시선을 끄는 것은 샤를마뉴의 황금 유골함이다. 샤를마뉴는 그의 대를 이은 독일 황제들에 의해 성인으로 추앙되었고, 그의 유골은 결국 황금으로 화려하게 치장한 상자에 들어가게 되었다. 그뿐 아니라 아헨 대성당은 예수님의 어머니 마리아의 망토와 아기 예수를 감쌌던 강보, 세례 요한의

샤를마뉴의 유골함

머리를 둘렀던 헝겊 등을 보관하고 있다고 한다. 지금도 아헨 대성당에서는 7년마다 이 보물들을 일반인에게 공개하는 행사가 열린다.

중세 로마 가톨릭은 이런 유물들을 보거나 접하는 것이 천국에 이를 수 있는 방편이라고 가르쳤다. 그 결과 수많은 사람이 순례길에 올랐다. 1496년에는 약 14만 명이 이 성당에 다녀갔다는 기록이 있을 정도다. 유물의 진위를 떠나 성경은 그런 유물들이 중요하다고 가르치지 않았지만 그 사실을 알 수 없었던 순진한 사람들은 교회의 잘못된 가르침에 속아 천국에 들어가기 위해 끊임 없는 순례의 행렬을 이어갔던 것이다.

아헨 대성당에는 그 외에도 다양한 볼거리들이 있다. 화려한 황금과 보석으로 치장된 샤를마뉴의 흉상, 황금 설교단, 로타의 십자가 등이 보는 사람의 호기심을 불러일으킨다. 이런 볼거리들은 샤를마뉴 대제가 유럽 역사에서 얼마나 비중 있는 인물인지, 또 아헨이 과

샤를마뉴의 흉상

거에 어떤 영광을 누렸는지 엿볼 수 있게 해준다. 하지만 이렇게 화려하고 눈부신 물건들이 새끼 나귀를 타신 예수님과 어울리는지는 생각해볼 문제다. 샤를마뉴의 유골함에는 여러 인물이 조각되어 있는데, 심지어 샤를마뉴가 중앙을 차지하면서 예수님은 옆자리로 밀려날 수밖에 없었다. 여기서 우리는 자연스레 우상숭배의 문제를 생각하게 된다.

신성 로마 제국의 성격을 이해하려면 로마 제국부터 동·서 로마가 분열하고 그 후에 서로마 지역에 프랑크 왕국이 형성되어 신성 로마 제국으로 발전한 역사적 흐름을 어느 정도 이해해야 한다. 이어지는 "선생님의 칠판"을 통해 로마 제국의 역사에 대해 좀 더 자세히 살펴보자.

🏷️ 선생님의 칠판 #정승민 선생님

로마 제국의 역사와 교회 안의 우상

예수님이 이 땅에 오셨을 때, 로마 제국은 아우구스투스(Caesar Augustus, 기원전 63-기원후 14)가 황제로서 안정적인 지배를 하고 있었다. 하지만 로마 제국의 안정은 곧 거기에 복속된 수많은 이민족에 대한 회유와 억압이 성공을 거두었다는 의미였다. 유대와 예루살렘도 계속해서 로마의 지배를 받을 수밖에 없었으며 독립운동을 펼치던 유대인들은 결국 기원후 70년에 예루살렘이 함락되면서 나라를 완전히 잃고 말았다.

그런데 그런 역사의 소용돌이 속에서도 예루살렘의 멸망을 예견

했던 그리스도인들은 로마와 로마의 여러 식민지로 흩어져 복음을 전하며 교회를 이루어갔다. 시간이 흐르면서 제국 안에서 점점 더 많은 사람이 기독교를 믿게 되었을 때 로마 제국은 기독교를 심하게 박해했다. 하지만 시간이 더 지나자 로마는 내부의 모순으로 국력이 쇠락해졌고 기독교 신앙의 힘을 업고 내전에서 승리한 콘스탄티누스 1세(Constantinus I, 280?-337)는 기독교를 공식적으로 인정할 수밖에 없었다. 자신이 그리스도인이 되었기에 전쟁에 승

콘스탄티누스 1세

리하고 로마 제국 전체를 다스리는 황제가 되었다고 믿은 콘스탄티누스 1세는 313년 밀라노 칙령을 내림으로써 기독교를 공인했다. 그리고 통치가 안정된 330년에는 로마 제국의 수도를 콘스탄티노플로 옮겼다.

콘스탄티누스 1세가 확립한 제국의 체제는 당분간 유지되었지만 테오도시우스 1세(Theodosius I, 337-395)가 죽고 그의 두 아들이 동·서로마에 대한 지배권을 각각 넘겨받은 뒤로는 로마 제국의 역사가 둘로 나뉘었다. 그 후 이탈리아와 서유럽을 포함한 로마의 서쪽 지역은 여러 세력이 주도권을 갖기 위해 충돌하는 각축장이 되었고 476년에는 게르만 족 출신의 장군 오도아케르(Odoacer, 433-493)가 서로마 황제를 축출함으로써 결국 서로마 제국은 멸망하게 되었다.

하지만 동로마 제국이 볼 때는 서로마 제국이 로마 제국에서 완전히 떨어져 나간 것은 아니었다. 실제로 동로마 제국은 오도아케르와

그를 몰아낸 동고트족의 왕 테오도리쿠스(Theodoricus, 454-526) 등을 분봉왕으로 임명하면서 서로마 제국이 여전히 제국에 속해 있음을 확인할 수 있었다. 즉 서로마가 이민족에 의해 불안한 명맥을 유지할 때 정통 로마 제국의 역사는 동로마 제국을 통해 계속 이어졌던 것이다. 따라서 기원전 753년에 세워진 로마는 콘스탄티노플이 함락된 기원후 1453년에 멸망한 것이며, 476년 서로마의 멸망이 로마 제국의 역사에서 결정적인 것은 아니었다고 보아야 한다.

그러나 서유럽 세계는 지배권을 확립하고 정통성을 회복하기 위해 어떻게든 주도권을 획득하려 했다. 그러다가 실제로 중앙집권적인 통일 제국의 형태가 드러난 것이 바로 프랑크 왕국의 샤를마뉴에 의해서였다. 샤를마뉴는 서부, 중부 유럽의 대부분을 차지하고 이탈리아까지 정복함으로써 오랫동안 실체 없이 내려오던 서로마 제국을 역사에 다시 등장시켰고 신성 로마 제국의 기틀을 확립했다. 그리고 당시 새로 취임한 로마의 교황 레오 3세는 반대파의 공격 때문에 위치가 불안했지만 재빠르게 샤를마뉴를 황제로 옹립함으로써 분위기를 반전시킬 수 있었다.

그 후 프랑크 왕국은 세 개의 왕국으로 분열되었다. 하지만 962년에 독일, 오스트리아, 이탈리아에 해당하는 영토를 차지하고 서프랑크 왕국에 대한 영향력을 장악한 오토 1세가 다시 황제에 즉위하면서 "신성 로마 제국"이 정식으로 역사에 등장했다. 오토 1세는 교회를 정치적으로 이용했으며 선출된 교황에 대한 인준권을 공식화하는 등 교회에 대한 황제의 지배권을 강화했다. 그 후로 황제와 교황 간의 권력 다툼이 노골화하였고 이는 1077년에 발생한 "카노사의 굴욕"의 빌미가 되었다. 카노사의 굴욕이란 교황과 권력 다툼을 하던 신성 로마

한눈에 보는 로마 역사

연도	사건
기원전 753년	로마 건국
기원전 509년	왕정에서 공화정으로 전환
기원전 449년	12표법 제정
기원전 133, 123년	그라쿠스 형제의 개혁
기원전 13년	공화정에서 제정으로 전환 (초대 황제: 옥타비아누스)
기원후 313년	밀라노 칙령
기원후 330년	수도 콘스탄티노플로 이동
기원후 392년	기독교 국교화
기원후 395년	동·서로마 분열

연도	● 서로마	● 동로마
기원후 476년	오도아케르의 로마 점령	
기원후 486년	프랑크 왕국 등장	
기원후 529-564년		유스티니아누스 1세 - 유스티니아누스 법전 편찬 - 옛 로마 영토의 대부분 회복 - 성 소피아 성당 건립
기원후 590-604년		그레고리우스 1세 교황 재위
기원후 800년	샤를마뉴 대제의 서로마 황제 등극	
기원후 962년	오토 1세의 신성 로마 제국 황제 등극	
기원후 1054년	동·서 교회의 분열 – 동방 교회는 로마 교회의 정통을 이었다는 의미에서 "정교회"(정통 교회)라고 지칭 – 이에 대해 서방 교회는 보편적인 교회라는 의미에서 "가톨릭교회"(보편 교회)라고 지칭	
기원후 1077년	카노사의 굴욕	
기원후 1453년		(동)로마 제국 멸망
기원후 1806년	신성 로마 제국 해체	

제국의 황제 하인리히 4세(Heinrich IV, 1050-1106)가 교황 그레고리우스 7세(Gregorius VII, 1020-1085)에게 파문당하자 용서를 빌며 눈밭에서 3일간 참회한 사건이다. 이는 교회의 권위가 최고조에 달한 중세의 분위기를 보여주는 동시에 군주는 물론 성직자들까지 권력욕에 눈이 멀었음을 보여주는 사건이었다.

그런데 사실 "신성 로마 제국"이라는 이름은 13세기 이후에 널리 사용되었고, 그 이전에는 단순히 "로마 제국"이라는 명칭이 주로 사용되었다. 어떻게 보면 이미 콘스탄티노플을 중심으로 한 로마 제국이 건재했으므로 "(신성) 로마 제국"이란 명칭의 사용은 사실상 부당한 억지와도 같았다. 즉 콘스탄티노플을 중심으로 한 로마 제국이 존속했음에도 "신성 로마 제국"이라는 명칭을 사용한 이면에는 권력에 대한 탐욕을 채우기 위해 수단과 방법을 가리지 않는 죄가 드러난 것이다. 그래서 그런지 18세기 철학자 볼테르(Voltaire, 1694-1778)는 "신성 로마 제국"은 "신성"하지도 않고 "로마"의 정통성을 갖지도 않았으며 "제국"도 아니었다고 비꼬았다.

사실 끊임없이 분열과 통합을 거듭한 서유럽의 역사에서 신성 로마 제국은 실체를 가진 국가라기보다는 연방, 혹은 명목상 연합체의 개념으로 보는 것이 맞다. 그러나 서유럽 세계는 오히려 동로마 제국을 낮잡아 이르고 정통성에 흠을 내기 위해 "비잔틴 제국"이라는 말을 만들어냈다. "비잔틴"은 "번거로운", "구태의연한", "하찮은" 등의 부정적인 뜻을 가진 말이다. 비잔틴 제국이 이민족의 침입에 제대로 대항하지 못하고 교회가 세속화되는 등 내리막길을 걸은 것이 사실이더라도, 중세의 "암흑시대"가 펼쳐진 무대가 된 서로마 제국이 그들을 그렇게 비난할 자격이 있을까 싶다.

어떻게 보면 신성 로마 제국 자체가 애초에 사람들의 이기적이고 탐욕스러운 마음에서 생겨난 결과물이라고 할 수 있다. 그 이후 역사 속에서도 수많은 분쟁과 분열, 다툼이 이어졌다. 이를 통해 우리는 "탐심"이라는 우상이 어떤 것인지 엿볼 수 있다. 탐심이 만들어내는 것은 사실 정확한 실체도 없고 별로 중요하지도 않다. 그런데도 수많은 분쟁과 갈등의 씨앗이 되는 것이 바로 탐심이다.

믿음 노트

1. "신성 로마 제국"과 "카노사의 굴욕"에 드러난 인간의 "우상"이란 무엇인지 정리해봅시다.

2. 자신의 마음에 견고하게 자리 잡은 우상이 있다면 구체적으로 무엇인지 성찰하고 나누어봅시다.

제36과

제3계명의 요구
독일농민전쟁

제99-100문

🏷️ **그림으로 이해하기** #스톰의 "아브라함에게 하갈을 인도하는 사라"(베를린 국립회화관 소장)

하나님의 이름으로

"아브라함에게 하갈을 인도하는 사라"는 베를린 국립회화관에 소장되어 있다. 이 그림을 그린 사람은 "네덜란드의 카라바조"라는 별명을 가진 마테우스 스톰(Matteus Stom, 1600?-1652?)이다. 이탈리아의 유명한 화가 카라바조(Caravaggio, 1571-1610)가 기존의 관념적 표현을 지양하고 사실적인 그림을 그렸던 것처럼 스톰 역시 인물이나 사물을 사실적으로 표현했다.

그림을 자세히 살펴보자. 성경을 읽으며 상상하던 아브라함, 사라, 하갈의 모습과 일치하는가? 하나님은 아브라함에게 자녀를 주겠다고 약속하셨지만 나이가 많았던 아브라함과 사라는 그 약속을 순수하게 믿지 못했다. 그래서 사라는 자신의 여종 하갈을 통해 자녀를 낳으려고 한다. 이 그림은 사라가 하갈을 아브라함에게 데려간 장면을 상상으로 포착한 것이다.

그림에 등장하는 인물들의 표정이 흥미롭다. 하갈과 대조되는 늙은 모습의 사라는 결연하면서도 밀어붙이는 듯한 표정이다. 이에 비해 사라의 눈치를 살피며 주저하는 듯한 아브라함은 난감해한다. 이 거북한 상황에서 하갈의 표정 역시 매우 조심스러우면서도 근심스럽다. 하나님이 자녀를 주신다고 약속하셨는데 인위적으로 그 약속을 성취하려는 사라와 아브라함의 계획은 과연 어떤 결과를 불러올까?

하갈은 아브라함의 아들인 이스마엘을 낳는다. 하지만 마침내 사라를 통해 태어난 약속의 아들 이삭과 갈등을 겪는다. 결국 사라는 하갈과 그녀의 아들 이스마엘을 내쫓아 버리고 만다. 자신이 필요할 때는 "하나님의 일"이라는 명목으로 하갈을 이용하지만 정작 필요가 없어지자 냉정하게 내치는 사라의 모습은 하나님의 이름을 우습게 만든다. 하나님의 이름은 하나님을 믿는 백성들의 위선적인 모습 때문에 모독을 당하고는 한다.

　이렇게 이삭과 이스마엘 사이에 생긴 갈등은 당대에서 끝난 것이 아니라 역사 속에서 계속해서 문제가 되었다. 어떤 사람들은 현재 이스라엘과 아랍 국가 간의 유혈 분쟁과 갈등의 뿌리를 이삭과 이스마엘의 갈등에서 찾기도 한다. 한 사람이 하나님을 모독한 죄가 이렇게 엄청난 결과를 불러온 것이다!

성경 수업

마음 열기

1. 혹시 학교나 사회에서 하나님이나 교회에 대해 안 좋게 말하는 것을 들어본 적이 있나요?

2. 주변 사람들은 자신이 교회에 다니는 사람이라는 사실을 알고 있나요? 알고 있다면 그에 대해 어떤 반응을 보이는지도 이야기해봅시다.

제3계명의 요구

　십계명 중 제3계명은 "네 하나님의 이름을 망령되게 부르지 말라"는 것이다. 이 계명을 제대로 이해하기 위해서는 모세가 이 계명을 이스라엘 백성들에게 전달해준 상황을 염두에 두어야 한다. 이스라엘 백성이 십계명을 받은 시기는 애굽에서 나와 가나안 땅으로 향하는 광야에 있을 때였다. 그때는 이스라엘 백성이 노예 생활을 했던 애굽은 물론이고 하나님이 약속의 땅으로 주신 가나안에 거하는 모든 민족도 나름대로 자신의 신을 섬기던 시대였다.

그런데 다른 민족들은 자신들의 "필요" 때문에 "신의 이름"을 부르는 사람들이었다. 하나님이 이스라엘 백성에게 "하나님의 이름"에 관한 계명을 주신 것은 이런 상황과 무관하지 않다. 하나님은 이스라엘 백성이 다른 민족들이 하듯 필요할 때만 하나님의 이름을 부르는 것을 원하지 않으셨다. 오히려 하나님은 당신의 백성에게 "아버지"가 되어 항상 함께하기를 원하셨다. 즉 하나님은 이교도들의 신이나 우상처럼 여겨지는 것이 아니라 사랑의 관계로 맺어진 "아빠"가 되기를 원하신 것이다(고후 6:16).

그러나 사람들은 자신을 정당화하기 위해 "하나님의 이름"을 남용할 때가 많다. 자신의 탐욕으로 인한 행위에도 "하나님의 이름"을 들먹인다. 교회나 단체, 국가 차원에서도 어떤 구실을 만들기 위해 하나님의 이름을 잘못 사용하는 경우가 많다. 그런 까닭에 하나님의 이름이 세상에서 모독을 받게 된다(롬 2:24).

반대로 우리가 하나님의 이름을 합당하게 사용할 때 하나님의 이름은 높아지며 영광을 받게 된다(마 5:16). 이것이 우리를 하나님의 백성으로 부르신 목적이기도 하다.

○ 관련 성구

하나님의 성전과 우상이 어찌 일치가 되리요? 우리는 살아계신 하나님의 성전이라. 이와 같이 하나님께서 이르시되 "내가 그들 가운데 거하며 두루 행하여 나는 그들의 하나님이 되고 그들은 나의 백성이 되리라"(고후 6:16).

기록된 바와 같이 하나님의 이름이 너희 때문에 이방인 중에서 모독을 받는도다(롬 2:24).

너희 빛이 사람 앞에 비치게 하여 그들로 너희 착한 행실을 보고 하늘에 계신 너희 아버지께 영광을 돌리게 하라(마 5:16).

> ## ○○ 하이델베르크 교리문답 살펴보기
>
> **제99문** 제3계명은 무엇을 요구합니까?
> **답** 저주, 위증, 불필요한 맹세로 하나님의 이름을 모독하거나 욕되게 하지 말고, 침묵하는 방관자가 되어서 그런 끔찍한 죄에 동참하지도 말라는 것입니다. 오히려 오직 경외와 존경 속에서 하나님의 거룩한 이름을 사용함으로써 우리의 모든 말과 삶에서 그분을 올바로 고백하고 부르며 찬양해야 합니다.
>
> **제100문** 잘못된 맹세나 저주로 하나님의 이름을 욕되게 하는 것이 큰 죄입니까? 또한 그것을 금지하거나 막을 수 있지만 그렇게 하지 않거나 침묵하는 것 역시 하나님이 진노하시는 죄입니까?
> **답** 그렇습니다. 그분의 이름을 욕되게 하는 것보다 하나님의 진노를 불러일으키는 죄는 없습니다. 그래서 하나님은 이 죄를 지은 자들에 대해 죽음의 형벌을 선언하셨습니다.

교실 밖 수업 #뮐하우젠

뮌처와 독일농민전쟁

종교개혁의 명암이 가장 극명하게 드러났던 역사적 사건을 꼽으라면 토마스 뮌처(Thomas Müntzer, 1490-1525)가 이끈 "독일농민전쟁"이라고 할 수 있다. 독일농민전쟁은 역사적 관점에 따라 "혁명"으로 평가되기도 하고 "반란"으로 평가되기도 한다. 우리나라에서도 조선왕조는 동학농민운동을 "반란"으로 규정하고 외국 군대의 힘을 빌려 제압했다. 동학농민운동은 엄밀히 말해 새로운 세상을 꿈꾼 사람

뮐하우젠 마을 입구에 세워진 뮌처의 석상

들의 사회 개혁 운동이었다. 하지만 기득권을 차지한 양반 사회와 조정은 이를 국가에 대한 반역으로 보고 청군과 일본군의 총칼을 앞세워 농민군을 학살함으로써 조선이 개혁될 마지막 기회를 짓밟고 말았다.

루터는 종교개혁의 선구자로서 지나친(?) 조명을 받는다. 그 결과 루터와 대립각을 세웠던 뮌처는 자연스럽게 상대적인 무관심의 대상이 된다. 하지만 종교개혁의 정신을 온전히 이해하고 실천하기 위해서는 루터와 뮌처를 적절히 조화시키지 않으면 안 된다. 그 이유를 알아보기 위해 독일농민전쟁의 진원지였던 뮐하우젠(Mühlhausen)으로 찾아가 보자. 뮐하우젠은 에르푸르트나 아이제나흐에서 멀지 않다.

모든 역사적 사건은 관점에 따라 서로 다른 의미를 지닌다. 독일농민전쟁도 예

> **방문지 주소**
>
> **뮌처 기념교회(St. Marien, Müntzergedenkstätte):** Bei der Marienkirche, 99974 Mühlhausen

외는 아니다. 루터를 "표준"으로 삼는 주류 관점에서는 루터와 대립한 뮌처를 좋게 평가하기 어렵다. 그에 따라 뮌처가 이끈 농민운동도 자연스럽게 "농민반란"으로 불리며 저평가되었다.

중세 로마 가톨릭의 한계를 지적하고 "믿음으로 구원을 받는다"는 성경적 기치를 드높인 루터의 업적은 높이 평가받아야 마땅하다. 그러나 루터와 친분을 맺었던 사람들은 주로 영주와 귀족들이었다. 그 결과 독일 내에서 개신교가 공식적으로 인정되었던 아우크스부르크 화의에서도 칼뱅파가 배제되는 현상이 나타났다. 당시 칼뱅파는 평민이나 하층민을 중심으로 교세를 확장했기 때문이었다(제21과를 보라). 한편 루터는 성경에 맞지 않는 로마 가톨릭의 각종 요구를 극복하는 과정에서 믿음을 강조하느라 행함을 등한시하는 한계를 보였다. 그는 심지어 행함을 강조하는 야고보서를 가리켜 "지푸라기 서신"이라고 깎아내리기까지 했다.

이런 사례들은 루터의 한계를 보여준다. 하지만 다행히 종교개혁은 루터 한 사람에 의해 이루어진 것이 아니었다. 우리는 뮌처에 주목해봄으로써 루터의 한계에 갇히지 않을 수 있다. 루터와 뮌처는 모두 신학을 공부한 성직자로서 로마 가톨릭의 문제점을 잘 알고 있었다. 뮌처는 종교개혁을 이끄는 루터의 열렬한 지지자가 되었고 루터의 추천을 받아 목회자로 파견받을 수 있었다. 그런데 뮌처가 목회 현장에서 목격한 것은 교회가 봉건제도 속에서 농민과 하층민들을 착취하는 데 앞장서고 양극화 현상 및 부의 편중 문제를 악화시키는 현실이었다.

약자 중의 약자였던 독일 농민들에 동화된 뮌처는 그때부터 그들의 편에 서서 성경을 해석하고 가르치기 시작했다. 루터가 주로 상류층과 결탁하여 "위로부터의 개혁"을 추진했다면 뮌처는 농민들과 손을 잡고 "아래로부터의 혁명"을 이루고자 했다. 그 결과 뮌처는 루터의 관점이 성경의 가르침에 철저하게 부응하는 것이 아니라고 여기게 되었다. 결국 뮌처는 루터를 비난하기에 이르렀으며 교회에 대해 22개 조항으로 된 주장을 펼치며 급진적인 개혁을 요구했다. 그중 중요한 몇 가지를 소개하면 다음과 같다.

> 제1조 하나님의 뜻을 실천하려는 노력은 교회의 확고한 표지이며 선택받은 사람들의 시작이다.
> 제2조 만일 그렇지 않으면 교회는 광적인 집단에 불과하다.
> 제3조 교회의 잘못된 행위에 침묵하지 말고 정면으로 맞서라.
> 제4조 교회의 잘못을 규명할 때 우리의 신앙이 값싼 은혜로 전락하지 않는다. 우리는 의미 없는 교리적 논쟁과 경제적 근심을 일삼으면서 "나는 믿습니다"라고 말하지 않는가?
> 제8조 성경을 통해 다른 종파들을 배척하고 도려내기보다 신앙의 진수가 무엇인지를 배우라.
> 제10조 고난이 없기를 바라는 신앙은 이교도들의 신앙과 다를 바 없다.
> 제13조 믿음은 반드시 행위를 동반해야 한다. 이를 위해 고난을 감당하지 않는다면 면죄부를 판매하는 로마 가톨릭과 다를 바 없다.

사실 루터도 처음에는 농민들의 열악한 상황에 관심이 있었다. 하지만 농민들과 영주들 사이에서 중재자 역할을 하려던 노력이 물거

뮌처 기념교회 내부에는 독일농민전쟁과 관련된 다양한 자료가 전시되어 있다.

품으로 돌아가자 그는 영주들의 입장을 지지하며 농민들과 거리를 두기 시작했다. 루터가 볼 때 뮌처의 신앙에는 과도한 부분이 있었다. 뮌처의 신앙은 성경 중심이라기보다 직접 계시에 의존하고 있었고 사회적으로 너무 급진적인 색채를 띠고 있었기 때문이다. 모든 사람이 평등하다는 사실을 강조하며 영주제를 거부하고 공동 생산, 공동 분배의 원칙을 내세운 뮌처의 사상은 당시로써는 상상하기도 어려운 것이었다.

그러나 뮌처는 교회가 사회문제를 개선하기 위한 어떤 노력도 기울이지 않은 채 "믿습니다"라고 하면서 "하나님의 은혜가 있으면 다 괜찮다"는 식으로 일관하는 것은 면죄부를 발행하는 로마 가톨릭과 본질적으로 다를 바가 없다고 생각했다. 또한 뮌처는 그리스도인이 감당해야 할 "고난"이란 현실의 문제를 개선하기 위해 서로가 희생해야 할 대가라고 인식했다. 그래서 뮌처는 영주들에게 십자가를 지고 고난을 감당하라고 권하면서 부당한 착취를 멈추고 탐심을 버리는 것이 십자가의 길이라고 설교했다.

하지만 실제로 뮌처의 설교를 듣고 자신의 영지를 농민들에게 나눠주려고 한 영주나 귀족은 하나도 없었다! 결국 뮌처는 "그리스도인" 영주들로부터 착취와 억압을 받던 농민들이 사회 변혁을 위해 일으킨 전쟁에 뛰어들었다. 뮌처와 몇몇 지도자들의 영향 아래 농민군의 세력이 점점 커지자 이에 불안을 느낀 영주들은 서로 힘을 모았고 독일농민전쟁은 점차 계급 간 갈등이 표출되는 양상으로 흘러갔다.

이 과정에서 서로 다른 세력을 지지했던 루터와 뮌처는 건널 수 없는 강을 건넜다. 뮌처는 루터를 "안일한 삶을 사는 살진 돼지"라고 비난했고, 루터는 뮌처의 급진적인 성향을 문제시하며 『강도와 살인을 일삼는 농민에 반대해』라는 책을 썼다. 이에 많은 농민이 억압받는 자신들의 현실을 외면한 루터에게 등을 돌림으로써 독일 남부 지방에서는 로마 가톨릭 세력이 다시 득세하는 결과를 초래하기도 했다.

결과적으로 농민군은 루터를 통해 기존 체제를 유지할 명분을 얻은 영주들의 군대에 의해 진압당했다. 이때 살육당한 농민군의 수는 10만에 달했다. 뮌처를 포함한 지도자들도 농민들과 함께 체포되어 처형당했다. 농민들은 로마 가톨릭에 대항해 믿음으로 구원을 받는다는 교리에서 한 걸음 더 나아가 과도한 세금, 신분의 불평등, 착취, 사회 양극화 문제를 바로잡고 "사회정의"를 이루기 위해 부르짖었다. 하지만 그 열망은 지배 계급의 저항에 부딪혀 피비린내 나는 살육으로 막을 내릴 수밖에 없었다.

뒤러가 본 농민전쟁

독일농민전쟁이 혁명인가, 반란인가 하는 문제를 두고 첨예하게 대립하는 시각이 있다. 물론 각각의 시각에는 나름 타당한 근거들

뒤러가 독일농민전쟁을 기념하며
그린 그림의 상단

이 있다. 이에 대해 그 시대를 살며 두 눈으로 똑똑히 독일농민전쟁을 지켜봤던 뒤러가 남긴 의미심장한 그림을 살펴보자.

뒤러는 루터의 종교개혁을 지지했던 화가였다(제26과를 보라). 그러나 그가 독일농민전쟁을 기념하여 그린 그림의 맨 윗부분에는 등에 칼이 꽂힌 뮌처가 앉아 있다. 근심스럽게 앉아 있는 뮌처의 등에 칼을 꽂은 사람은 다름 아닌 루터다. 뮌처는 루터와 함께 종교개혁을 시작했고 그에게서 많은 영향을 받았다. 하지만 뮌처는 삶의 현장에 루터보다 더 큰 관심을 두고 하나님 나라를 구체화하려는 적극적인 노력을 기울였다. 다음은 뮌처가 종교개혁을 지지하는 귀족과 영주들에게 했던 설교 중 일부다.

여러분! 예수님은 "누구든지 나를 믿는 이 작은 자들 중 하나라도 실족하게 하면 차라리 연자맷돌이 그 목에 매여 바다에 던져지는 것이 낫다"고 하셨습니다. 그런데 한 사람이 아니라 수많은 믿는 사람들을 실족하게 한다면 어떻게 해야 할까요? 바로 이것이 우리 속에서 개선되지 않는 악행입니다. 그러면서도 사악한 종교 지도자들은 이렇게 말합니다. "하나님이 일하시도록 너희들은 기도만 해라!" 이렇게 되면 우리의 믿음은 개의 믿음보다 하찮고 부정한 것이 됩니다. 왜냐하면 그런 종교 지도자들은 오직 자신의 배를 채우기 위해서만 설교를 하기 때문입니다. 여러분들은 이런 환경을 개선할 도구들입니다. 여러분! 베드로의 당부처럼, 여러분들의 사회에서 정의를 세울 때 여러분들은 천사들이 될 수 있습니다. 정치, 경제, 종교 지도자들이 기독교 신앙을 가장하여 자신들의 탐욕과 악행을 변호할 때 여러분들이 침묵한다면 온 세상은 파멸하게 될 것입니다. 부디 부당함과 부조리, 악습들을 개선하여 약자들을 보호하여주십시오. 그들을 외면한다면 심판의 칼이 여러분들에게 돌아갈 것입니다(다니엘서 강해 설교 중).

이 설교에는 루터의 사상을 수용한 개신교 영주들에게 신앙에 따른 삶의 변화를 요청한 뮌처의 열의가 녹아 있다. 그러나 기득권을 차지한 권력자들에게 신앙은 신앙일 뿐 세금이나 임금, 지배권 문제와는 상관이 없는 것이었다. 자신들이 누리는 권리를 조금도 양보하려고 하지 않은 그들은 탐욕과 착취, 불의함을 개선하지 않았다. 오히려 갈등이 극에 달하자 농민들을 무자비하게 학살함으로써 종교개혁의 취지에 역행하는 결과를 불러오고 말았다.

그런데 이런 현상은 지금 우리 사회에도 만연한 듯하다. 우리나라의 대표적 "기독교" 기업이 십일조는 철저하게 바치면서도 직원들의 임금 지급은 고의로 지연시킨다. 또 "선교"를 위해서 엄청난 돈을 쏟아부으면서도 비정규직 노동자들, 외국인 노동자들의 처우를 개선하기 위한 노력에는 손 놓고 있는 교회들이 많다. 무엇인 진정한 십일조이고 선교일까? 사회 개혁을 요구하는 뮌처의 촛불이 광화문에서 피어날 때 십자가로 무장한 채 그들의 등에 칼을 꽂는 교회의 모습을 어떻게 보아야 할까?

한국교회의 역사를 돌아보면 교회가 권력층의 비리, 거짓, 착취, 수탈 같은 사회악에 대해 개선의 목소리를 내기는커녕 오히려 "복종하라", "기도하라"는 구호로 그 모든 문제를 덮고 침묵해왔던 것이 사실이다. 그런 우리들의 자화상 때문에 기독교가 아닌 "개독교"라는 명칭으로 하나님의 이름이 세상에서 모독을 받고 있는지도 모른다.

광화문에서 벌어지는 촛불, 이것은 이념의 문제가 아니라 옳고 그름의 문제다(손석희, 2017년 1월 17일 JTBC "뉴스룸" 방송 중).

이는 대한민국의 숨겨진 치부를 드러낸 한 언론인의 말이다. 옳고 그름의 문제에 이 땅의 교회가 그 누구보다 발 벗고 나설 수 있는 날이 오기를 고대한다.

선생님의 칠판 #정승민 선생님

혁명으로서의 종교개혁

독일의 종교개혁은 루터의 의도와는 달리 사회혁명의 성격을 띠며 확장되어갔다. 제후들은 황제와 교황의 영향력에서 자유롭기를 원했고, 빈곤한 기사들은 제후와 주교의 지배에서 벗어나기 위해 독일이 통일되기를 갈망했다. 이어서 농민들 역시 기존 체제에 반기를 들었다. 오랫동안 착취와 수탈의 대상이었던 남부 독일의 농민들은 사회정의와 경제적 구제를 요구하기 시작했다. 그 내용의 핵심은 농노제 폐지, 세금과 부역 제도의 개선, 10분의 1세 등 교회가 지우는 의무의 축소나 철폐였다.

기존의 체제에 반기를 들고 폭력도 불사한 독일 농민들이 지배층의 눈에 반란 세력으로 비치는 것은 당연했다. 하지만 그들의 봉기를 단순히 "반란"이라고 치부할 수는 없다. 규모 면에서도 농민들은 독일 전역에 지도부를 구성하고 여러 지역의 농민군이 연합해 단일 전선을 이루었다. 또한 여기에는 빈농만이 아니라 부농들도 참가하였으며 광산노동자와 도시의 소시민 및 빈민들도 광범위하게 참가했다. 따라서 반란보다는 "혁명"이나 "전쟁"이라는 표현이 진실에 더 가깝다고 할 수 있다.

루터는 자신이 농민의 아들임을 자랑하였고 당시 농민들이 처한 상황에 대해서도 잘 알고 있었다. 그는 일찍이 농민에 대한 처우를 개선하지 않으면 "사람들이 피로써 손을 씻게 될 것"이라고 경고하기도 했다. 그러나 신 앞에서 만인의 평등을 주장하는 농민들의 투쟁이 점점 과격해지자 농민에게 호의적이었던 태도를 바꾸고 말았다. 그는 영주들의 편에 서서 성경을 근거로 대며 지배자에 대한 복종을 강조하고 기독교적 "고정 신분론"을 내세워 봉건 체제를 옹호했다.

더 나아가 루터는 농민을 "강도와 같은, 피에 굶주린 폭도"라고 규정하기도 했다. 또 "그들을 미친개처럼 목매어 죽이라"고까지 했는데, 루터의 지지로 정당성을 얻은 영주들은 농민운동을 무자비하게 진압하고 수많은 농민을 학살했다. 결국 루터파는 농민의 지지를 상실했으며 독일농민전쟁 후 루터의 종교개혁은 민중이 아니라 귀족 영주를 비롯한 기존의 지배 세력에 의존할 수밖에 없었다. 또한 이는 나중에 루터파 교회가 국가에 종속되는 결과를 가져왔다고도 볼 수 있다.

믿음 노트

1. 루터와 뮌처의 업적과 한계에 대해 생각해봅시다. 종교개혁의 역사에서 우리가 배워야 할 점은 무엇일까요?

2. 하나님의 이름이 영광을 받기 위해서 우리가 해야 할 일은 무엇입니까?

제37과

하나님의 이름으로 하는 맹세
중세 교회의 순례 문화

제101-102문

🏷️ **그림으로 이해하기** #스톰의 "장자권을 파는 에서"(베를린 국립회화관 소장)

제37과 하나님의 이름으로 하는 맹세 | 제101-102문 **191**

에서의 맹세

이삭의 두 아들 야곱과 에서는 쌍둥이였다. 이 형제는 같은 날 같은 시간에 태어났지만 장자권은 형인 에서에게 있었다. 그런데 스톰이 그린 그림은 에서가 야곱에게 장자권을 팔며 맹세하는 장면을 묘사한다. 이는 창세기 25장에 기록된 사건이다. 동생 야곱은 들에 나갔다가 돌아온 형 에서에게 팥죽을 주는 대신 자신에게 큰아들의 권리와 명분을 넘기라고 요구했다. 에서는 "내가 죽게 되었으니 이 장자의 명분이 내게 무엇이 유익하리요?"(창 25:32)라고 말하면서 팥죽을 받고 장자권을 팔아버린다.

스톰은 제36과의 "아브라함에게 하갈을 인도하는 사라"에서는 중앙에 사라를 배치했고 "장자권을 파는 에서"의 중앙에는 리브가를 배치했다. 그림의 구도도 비슷하지만 사라와 리브가의 표정이 닮았다는 점이 이목을 끈다. 사라나 리브가는 그림이 묘사하는 사건을 배후에서 조종하는 인물들이다. 야곱은 조금 긴장한 듯이 보이지만 야곱을 흐뭇하게 바라보는 리브가의 표정에서는 자신감마저 엿보인다.

창세기 25:33을 보면 야곱은 형 에서에게서 장자권을 사오면서 "오늘 내게 맹세하라"라고 요구한다. 이에 에서는 맹세하고 장자의 명분을 야곱에게 판다. 그런데 이들이 말하는 "맹세"란 하나님 앞에서 하는 엄중한 약속을 의미한다. 편애하는 아들이 수단과 방법을 가리지 않고 원하는 것을 이루도록 지시하는 어머니 리브가! 배고픔을 참지 못해 자신의 책임과 의무를 가벼이 여기는 에서! 상대방의 약점을 물고 늘어지면서 자기 뜻을 관철하려는 야곱! 이들이 맹세할 때의 마음은 어땠을까? 이들이 진짜 하나님을 의식했다면 이런 상황에서 맹세를 들먹일 수 있었을까?

어쩌면 우리도 야곱이나 에서, 리브가처럼 우리의 꿍꿍이를 위해 하나님의 이름을 들먹이며 이용하는 죄를 범하고 있을지 모른다. 하나님을 믿는다고 하면서도 하나님을 인식하지 못하는 사람은 "맹세"라는 말을 우습게 사용하게 된다. 하나님의 이름을 언급하기 전에 우리가 지금 하나님의 눈앞에 있다는 사실을 반드시 기억하기 바란다. 그것이 우리가 그분의 이름을 부를 때 가장 필요한 자세다.

성경 수업

마음 열기

1. 자신이 맹세나 서원을 한 경험이 있다면 이야기해봅시다. 언제, 어떤 상황이었나요?

2. 다른 사람과의 관계에서 약속을 지키는 것이 중요한 이유는 무엇인가요?

하나님의 이름으로 맹세하는 것에 대하여

"하나님"이라는 명칭, 특히 영어에서 "갓"(God)은 "절대자" 혹은 "신"(神)을 가리키는 일반명사로도 쓰인다. 그렇다면 하나님의 진짜 이름은 무엇일까?

출애굽기 3:13-14에서 모세는 하나님의 이름이 무엇인지 알려달라고 요청한다. 여기서 질문의 요지는 이스라엘 백성들이 모세에게 누가 너를 보냈느냐고 물으면 어떻게 대답해야 하느냐는 것이었다. 이에 하나님은 모세에게 당신의 이름을 알려주셨다. 그런데 하나님은 수수께끼처럼 "나는 나다"(I am who I am)라는 이름을 알려주셨다. 그리고 이스라엘 자손에게 가서 "너희 조상의 하나님 여호와 곧 아브라함의 하나님, 이삭의 하나님, 야곱의 하나님께서 나를 너희에게 보내셨다"(출 3:15)고 말하라고 하셨다.

○ 관련 성구

13모세가 하나님께 아뢰되 "내가 이스라엘 자손에게 가서 이르기를 '너희의 조상의 하나님이 나를 너희에게 보내셨다' 하면 그들이 내게 묻기를 '그의 이름이 무엇이냐?' 하리니 내가 무엇이라고 그들에게 말하리이까?" 14하나님이 모세에게 이르시되 "나는 스스로 있는 자이니라." 또 이르시되 "너는 이스라엘 자손에게 이같이 이르기를 '스스로 있는 자가 나를 너희에게 보내셨다' 하라"(출 3:13-14).

그들이 하나님을 시인하나 행위로는 부인하니 가증한 자요, 복종하지 아니하는 자요, 모든 선한 일을 버리는 자니라(딛 1:16).

그런데 이스라엘 사람들은 구약성경을 읽을 때 하나님의 이름이 나오면 그대로 읽지 않고 "주님"을 뜻하는 "아도나이"로 바꾸어 읽었다. 혹여나 하나님의 이름을 망령되이 부르는 실수를 저지를까 염려하여 미리부터 안전장치를 만들어놓은 것이었다. 그 결과 오늘날 우리가 흔히 말하는 "여호와"(철자에 따른 원래 발음은 "야웨"에 가깝다)는 하나님을 뜻하는 히브리어 자음에 "아도나이"의 모음을 합친 것으로, 하나님의 이름이 실제 어떻게 발음되었는지는 알기 어렵다.

하지만 우리는 하나님이 하신 일을 통해서 하나님이 어떤 분이신지 분명하게 알 수 있다. 우선 하나님이 모세에게 당신의 이름을 알려주신 상황을 살펴보자. 하나님은 애굽에서 도망 나온 모세에게 애굽으로 돌아가 압제당하고 있는 이스라엘 백성을 인도해 나오라고 말씀하셨다. 이때 모세는 하나님의 이름을 물었다. 이런 상황에서 말씀하신 이름을 "나는 나다" 혹은 "나는 스스로 있는 자다"라는 직접적인 의미로만 번역하는 것은 조금 아쉽다. 우리는 하나님이 모세에게 "너와 함께하겠다"라는 확신을 심어주면서 "여호와"라는 이름을 주셨던 것을 고려해야 한다. 그렇다면 "나는 나다" 혹은 "나는 스스로 있는 자다"라는 직역보다는 "나는 내 백성과 함께하는 자다"라는 의미가 내포되었다고 보는 것이 더 나은 번역이다.*

그렇다면 하나님의 이름을 망령되게 부르지 말라는 계명과 그분의 이름으로 맹세하는 상황이 훨씬 더 명확하게 연결된다. "여호와" 하나님의 이름 속에는 "내가 항상 너와 함께한다"라는 뜻이 담겨 있기 때문이다. 따라서 우리는 그분의 이름을 언급하거나 그분의 이름으로 맹세할 때 지금 하나님이 눈앞에 계신다는 믿음을 가져야 한다.

그러나 오늘날 많은 사람이 하나님을 말하면서도 하나님의 "임재"에 대해 전혀 생각하지 않는다. 그렇다 보니 행위와 삶으로 하나님의 이름을 모독하는 경우가 허다하다(딛 1:16). 자신의 잘못을 합리화하거나 부담스러운 상황을 벗어나기 위한 수단으로 하나님의 이름을 거론하는 것은 분명히 제3계명에 어긋나는 죄다. 걸핏하면 "하나님의 뜻"이라고 말하며 자기 뜻을 다른 사람에게 밀어붙여서도 안 된다. 특히 남의 불행이나 슬픔에 대해 하나님의 섭리 운운하며 하나님의 이름을 함부로 말하는 것은 하나님을 하찮은 존재로 만드는 행태임을 명심해야 한다.

물론 모든 맹세가 나쁜 것은 아니다. 우리는 하나님의 이름으로

---

* 이 부분에 대해서는 김지찬, 『데칼로그』(생명의말씀사, 2016), 195-196에서 조지 코츠(George W. Coats)의 해석을 참고했다.

서약을 하거나 맹세할 때 그것의 목적이 성경의 가치와 부합하는지, 하나님의 영광과 이웃의 유익을 위한 것인지 따져보아야 한다. 그리고 무엇보다 하나님이 지금 여기서 우리와 함께 계시다는 사실을 기억해야 한다. 그 사실을 망각하면 자신도 모르게 그분의 이름을 모독하는 죄를 범하기 때문이다.

하이델베르크 교리문답 살펴보기

제101문 하나님의 이름으로 경건하게 맹세하는 것은 괜찮지 않습니까?

답 맞습니다. 하나님의 영광과 이웃들의 유익을 위해 신실함과 진리를 보존하고 증진시키려는 목적으로 맹세가 필요하거나 정부가 그것을 요구할 때는 괜찮습니다. 이런 맹세는 하나님의 말씀에 근거하며 신구약의 선진들도 맹세를 적합하게 사용했습니다.

제102문 그렇다면 성인이나 다른 피조물의 이름으로 맹세해도 됩니까?

답 안 됩니다. 올바른 맹세는 홀로 마음을 아시는 하나님, 즉 진실의 증인이 되시고 내가 거짓으로 맹세하면 나를 벌하시는 하나님을 부르는 것입니다. 다른 어떤 피조물도 그런 영예를 차지할 수 없습니다.

교실 밖 수업 #퀄른

하나님의 이름으로

비극적이게도 "하나님의 이름"이 잘못 사용된 사례들은 교회의 역사에서 심심치 않게 발견된다. 1095년 십자군 운동을 일으킨 교

교황 우르바누스 2세(Urbanus II, 1035-1099)는 지원자를 모집하기 위해 하나님의 뜻을 내세우며 하나님의 이름을 이용했다. 하지만 역사가 증언하듯이 십자군은 사실 탐심을 채우기 위해 결성된 침략군이었을 뿐이다. 어디 십자군 운동뿐인가? 마녀사냥, 종교재판소, 면죄부 판매, 헌금 강요 등의 상황에서도 하나님의 이름은 싸구려 물건 팔리듯이 거론되었다.

독일에서 하나님의 이름이 잘못 사용된 대표적인 현장을 꼽으라고 한다면 독일의 "랜드마크"와 다름없는 쾰른 대성당(Kölner Dom)을 들 수 있다. 앞서 제24과에서는 쾰른 대성당의 건축 양식에 대해 살펴보았지만 이번 과에서는 조금 다른 관점에서 생각해보자.

쾰른(Köln)은 프랑크푸르트에서 라인강을 따라 서쪽에 자리한 도시다. 쾰른은 영어로 "Cologne"이라고 표기하므로 방문할 때 주의하기 바란다. 쾰른에 진입하면 짙은 색 화산암으로 지어진 웅장한 쾰른 대성당이 어디에서나 시야에 들어온다. 대성당으로 가는 길을 안내하는 표지판도 쉽게 눈에 띈다. 대성당 지하에는 큰 주차장도 있어서 차를 갖고 방문해도 좋다.

우르바누스 2세

유럽의 오래된 도시들이 대개 그렇지만 독일을 여행하다 보면 작은 마을이라 할지라도 마을 중심에 높이 솟은 교회당이나 성당이 있는 것을 볼 수 있다. 이는 중세 시대부터 시작된 관습으로서 마을의 어떤 건물도 교회당보다 높아서는 안 된다는 터부(taboo)가 작용한 결과다. 세상의 어떤 것도 하나님보다 높아질 수 없고 높아져서도 안 된다는 신앙

방문지 주소
쾰른 대성당: Domkloster 4, 50667 Köln

의 표현이 건축 분야에서도 드러난 것이지만 실제로는 교회가 세상에 군림하려는 권위주의와 탐욕의 상징이 된 것 같다.

제1권에서도 살펴보았듯이 쾰른 대성당은 독일에서 가장 높은 성당이다. 중세 사람들은 교회당이 크고 화려해야 하나님이 영광을 받으실 것처럼 생각했지만 건물이 높다는 것과 하나님의 이름이 영광을 받으신다는 것이 동일시될 수 있는가? 전혀 그렇지 않다.

쾰른 대성당은 순례 장소로도 매우 유명한 곳이었다. 중세의 그리스도인들은 로마 가톨릭교회의 가르침에 따라 성인의 유골 및 유품을 보거나 만지기 위해 먼 길을 마다치 않고 순례 길에 올랐다. 대표적인 순례지로는 야고보 사도의 성골함이 있는 산티아고 데 콤포스텔라 성당(스페인), 마가의 유해를 안치한 베네치아의 산마르코 대성당(이탈리아), 예수님이 빌라도에게 심문받으신 계단을 예루살렘에서 가져다 놓은 라테라노 대성당(이탈리아), 동방박사의 유골함이 있는 쾰른 대성당(독일) 등이 있다.

순례지마다 성경 인물이나 사건과 관련한 특별한 물건들이 보관되어 있다는 점이 흥미롭지만 그런 물건들이 진짜인지는 확인하거나 증명할 방법이 없다. 사실 순례지를 찾아다니는 사람들에게는 그것을 진짜라고 믿는 마음 자체가 중요하지 그것이 정말 진짜인지는 중요하지 않았을 것이다. 게다가 중세의 로마 가톨릭은 "성물"이나 성인의 유품을 보면 지옥에 머무는 기간이 단축된다고 가르쳤기 때문

독일을 대표하는 쾰른 대성당의 외부 모습(좌)과 동방박사 유골함(우)

에 많은 사람이 죽기 전에 순례의 길에 오르기를 간절히 바랄 수밖에 없었다. 다시 말해 그들은 교회가 가르치는 "하나님의 뜻"에 순종하기 위해 자기의 재산과 시간, 정력을 허비했던 것이다. 사람이 오직 믿음으로만 구원받을 수 있다는 종교개혁의 교리를 생각해보면 중세 시대에 교회가 "하나님의 이름"을 들먹인 것이 얼마나 큰 잘못이었는지 분명하게 알 수 있다.

지금도 쾰른 대성당에 가면 동방박사의 유골함 앞에서 성호를 그으며 자신들의 소망을 기원하는 사람들을 볼 수 있다. 그들을 보며 생기는 의문이 하나 있다. 중세 시대에 잘못된 가르침을 전하면서 "하나님의 이름으로"를 외친 성직자들이나, 오늘날 성경의 가르침과는 상관없이 하나님의 이름을 들먹이면서 복과 저주를 선포하며 교인들을 잘못된 길로 이끄는 목회자들이 본질적으로는 같지 않을까? 바꿔 말해 성경과 상관없이 유골함 앞에서 영생을 얻으려는 중세 사람들과, 참된 신앙이 무엇인지는 고민하지 않고 복을 받기 위해서라면 물불을 가리지 않는 오늘날 그리스도인들의 모습이 다르지 않다는 것이다.

하나님의 이름으로

쾰른 대성당의 전망대에 오르면 그 엄청난 높이에 아찔함이 느껴진다. 그곳에 서면 쾰른 시내가 한눈에 들어오는데 도대체 수백 년 전에 이 엄청난 높이의 건물을 어떻게 쌓아 올렸을까 하는 경외감마저 들 정도다. 실제로 쾰른 대성당은 "보수하며 공사하는" 건축물이었다고 한다. 공사 기간이 너무 길다 보니 완공도 하기 전에 앞서 건축했던 부분이 낡아버렸던 것이다.

하늘 높은 줄 모르고 위로 뻗은 쾰른 대성당을 바라보며 과연 세상의 어떤 건물보다 교회당이 더 높아야 하나님의 이름이 영광스럽게 되는지 생각해보자. 이 거대한 성당을 짓기 위해 얼마나 많은 사람이 "하나님의 이름"에 속아 헌금을 강요당했으며, 얼마나 많은 인부가 상처를 입거나 목숨을 잃었을까?

그처럼 잘못된 가르침을 민중들에게 강요했던 교회의 역사는 지금도 우리에게 많은 것을 말해준다. 지금도 교회가 복을 주는 자동판매기인 것처럼 선전하고 예배당 건축을 위한다고 하면서 수많은 사람에게 "하나님의 이름으로" 헌금을 작정시키는 사람들이 있다는 사실을 기억해야 한다. 서울의 밤하늘이 온통 붉은색 십자가 네온사인으로 가득해야 하나님이 영광을 받으실까? 성탄절에 시청 앞 트리 위에 별 대신 십자가를 반드시 꽂아야 하나님의 이름이 드높아질까?

이런 의문들을 안고 쾰른 대성당 입구에 서보자. 대성당 입구에는 수많은 성인의 모습이 하나하나 정교하게 조각되어 있다. 먼 길을 거쳐 여기에 선 순례자들은 그 조각들이 풍기는 성스러운 분위기에 압도되어 자신들이 믿는 잘못된 가르침에 대한 비판 의식을 잃었을 것이다. 그래서일까? 루터의 종교개혁이 번져가던 1525년, 쾰른 대성

쾰른 대성당 입구의 장식들

당 입구에서는 루터의 서적들과 독일어 성경을 한데 모아 불태우는 사건이 발생했다. 그때도 성직자들은 이렇게 외쳤을 것이다. "이 모든 것이 하나님의 뜻이다!"

우리 주변에는 이런 왜곡된 주장을 펼치는 사람이 없을까? 자신의 지위를 지키기 위해 성경을 불태우며 "하나님의 이름"을 들먹이거나, 자신의 주장을 관철하려고 하나님의 뜻을 운운하는 사람들은 하나님께 영광이 되기는커녕 오히려 하나님의 이름을 모독하는 결과를 낳는다. "너는 네 하나님 여호와의 이름을 망령되게 부르지 말라"는 제3계명을 꼭 기억하자. 하나님의 이름이 우리를 통해서 영광 받으시기를 진심으로 소망한다.

🏷️ **선생님의 칠판** #정승민 선생님

│ 십자군과 하나님의 이름

　원래 중세의 그리스도인들은 예수님의 무덤이 있는 예루살렘을 순례하는 풍습이 있었다. 하지만 7세기에 발흥한 이슬람 세력은 아라비아 반도와 북부 아프리카, 소아시아와 중앙아시아에 이르는 거대한 지역을 점령했고 동로마 제국과 서유럽 사회를 위협할 정도로 성장해 있었다. 11세기에 메소포타미아와 시리아, 팔레스타인을 점령하고 있었던 이슬람 제국 셀주크튀르크는 소아시아에까지 진출하여 동로마 제국을 공격하는 한편 그리스도인들의 성지 순례를 방해했다. 그들의 거센 기세에 콘스탄티노플까지 위협받는 상황이 되자 동로마 황제는 서로마 교황에게 도움을 요청할 수밖에 없었다.

　이때 서로마 제국의 교황이었던 우르바누스 2세는 이 요청에 부응함으로써 동로마 제국에까지 영향력을 확대하려 했다. 그는 같은 기독교 진영인 서유럽의 국가들이 이교도에게 침략당한 동로마 제국을 보호하고 "성지" 예루살렘을 이교도의 손에서 되찾아야 한다고 주장했다. 11세기 서유럽은 그 어느 때보다 권력이 강화된 교황청의 지도로 안정기를 보내고 있었기 때문에 각국의 제후와 기사들은 이 주장에 대해 열렬한 호응을 보였다. 이로써 끔찍한 결과를 낳았던 십자군 전쟁의 서막이 오르게 되었다.

　십자군 전쟁은 누가 보더라도 기독교 역사에서 가장 큰 오점 중 하나로 여겨진다. 8차에 걸친 대규모 원정이 결국에는 실패로 돌아갔을 뿐 아니라, 십자군이 자행한 수많은 만행은 오늘날까지 씻을 수 없는 상처를 남겼기 때문이다.

사실 십자군은 처음부터 신앙적으로 순수한 의도를 가지고 구성된 군단이 아니었다. 십자군의 원동력은 동방 무역의 활로를 찾고자 했던 상인들과 새로운 영지를 얻을 수 있다고 기대했던 제후 및 기사들에게 있었다. 그 결과 십자군은 한 가지 목적에 따라 움직이는 것이 아니다 보니 가는 곳마다 내분을 겪으며 약탈과 학살을 저질렀다. 심지어 제4차 십자군은 동로마 제국의 수도였던 콘스탄티노플을 공격해 함락시켰다. 이는 계획에 없었던 일이었지만 이권을 강화하고 전리품을 챙기려는 욕심으로 동로마 제국의 권력 다툼에 끼어든 결과였다.

그런데 당시 가장 안타까운 사람들은 성지 예루살렘을 탈환하는 것이 하나님의 뜻이라는 교회의 선전에 속은 순박한 신앙인들이었다. 교황의 간곡한 호소에 감동한 많은 사람이 가산을 정리하여 가족들과 함께 십자군 원정에 따라나섰다. 심지어 제4차 십자군 원정이 명확하게 실패로 돌아가고 제후들과 기사들은 십자군 운동에 회의적으로 변화되어가던 그때에도 많은 사람이 하나님의 뜻에 따라 성지를 탈환해야 한다는 망상에 사로잡혀 있었다. 그중 프랑스의 양치기 소년인 에티엔은 몇 가지 신비 체험에 이끌려 12-13세의 소년들을 선동해 원정길에 오르게 되었다. 그를 따라나선 소년 십자군은 수만 명에 달했다. 하지만 그들은 운송을 맡은 선단의 상인들에 의해 이집트 알렉산드리아에서 노예로 팔리는 신세가 되었다.

독일에서도 비슷한 사건이 있었다. 바로 쾰른의 니콜라우스라는 소년이 십자군을 모아 예루살렘으로 진군하려고 한 것이다. 쾰른에서 시작해 독일을 가로지르는 니콜라우스의 행진에 많은 이들이 동참했고 그들은 실제로 알프스를 넘어 이탈리아에 도착했다. 니콜라우스는

"소년 십자군"(Gustave Doré, 19c)

자신이 지중해에 도달하면 바다가 갈라져 예루살렘까지 걸어서 갈 수 있게 될 것이라고 주장하며 사람들을 선동했다. 하지만 그런 일은 일어나지 않았고 그들 중 상당수는 교황을 비롯한 성직자들의 설득을 받아들여 고향으로 발길을 돌렸다고 한다.

우리는 십자군 운동을 통해 교회가 하나님의 이름을 오용한 결과가 어떤 것인지 분명하게 볼 수 있다. 이처럼 자신의 욕심을 하나님의 이름 뒤에 숨기거나 하나님의 뜻이 무엇인지 분별하지 못하면서 무조건 신앙적 결단을 절대화하는 태도는 많은 문제를 낳는다. 그런데도 한국교회 안에는 맹목적인 열심을 보이는 사람이 믿음 좋다고 인정받는 분위기가 있는 듯하다. 하지만 그 속에서 진짜 하나님의 뜻은 무엇이며 하나님의 이름이 거룩히 여김을 받으려면 어떻게 해야 하는지 진지하게 고민하는 자세가 필요할 것이다.

믿음 노트

1. 기독교의 역사에서 "하나님의 이름으로" 행한 일 중 잘못된 것이 있다면 무엇일까요?

2. 맹세나 서원을 할 때 어떤 마음가짐으로 해야 하는지 이야기해봅시다.

제38과

제4계명의 요구
하이네의 시와 삶

제103문

🏷️ 그림으로 이해하기 #크라나흐의 "루터의 죽음"(드레스덴 구거장미술관 소장)

피할 수 없는 죽음

드레스덴 구거장미술관의 크라나흐 전시실에 가면 루터의 죽음을 묘사한 앞의 그림을 볼 수 있다. 많은 사람이 "죽음"을 공포, 절망, 이별 등과 연결한다. 대다수가 죽음을 "끝"으로 인식하기 때문이다. 그래서 많은 사람이 죽음 앞에서 본능적으로 두려움을 느낀다. 어떤 사람은 죽음으로 모든 것이 끝난다는 생각에 현실에서 겪는 절망을 해결하려고 잘못된 선택을 하기도 한다.

하지만 죽음이 끝이 아니라 또 다른 시작이라면 어떨까? 죽음의 문제를 군 복무와 비교해볼 수도 있다. 대한민국의 청년들은 국방의 의무를 수행하기 위해 약 2년간 군 생활을 해야 한다. 아무리 낯설고 힘들어도 군대 생활이 절망적이지만은 않은 이유는 이미 정해진 전역의 때가 계속해서 가까워져 오기 때문이다. 전역을 1개월 남겨둔 병사와 1개월의 시한부 인생을 선고받은 환자의 가치관은 매우 다를 수밖에 없다. 죽음을 끝으로 인식하는 시한부 환자는 절망을 느낄 뿐이다. 하지만 전역을 앞둔 병사는 "또 다른 시작"을 기다리며 그 시간이 다가올수록 새로운 출발을 위한 준비를 한다.

모든 사람은 죽는다. 아무리 믿음이 좋은 사람도 죽음의 관문을 비켜서 지나갈 수 있는 사람은 없다. 루터도 죽어서 시체가 되었다. 하지만 크라나흐는 루터의 죽음을 묘사하면서 의도적으로 잠든 듯한 모습으로 표현했다. 양손을 가지런히 하고 누워서 눈을 감고 있는 루터의 표정은 매우 평온하게 느껴진다. 그가 하루의 고된 일과를 보내고 침대에 누워 잠시 쉬고 있다는 느낌이 들 정도다.

우리에게 죽음은 끝인가, 아니면 시작인가? 크라나흐는 이 그림을 통해 이 질문을 던지고 싶었던 것 같다. 이 질문에 대한 대답에 따라 우리의 인생은 크게 달라진다. 그리고 이는 기독교 신앙의 핵심에 관련된 질문으로서 교리의 측면에서 설명되어야 할 주제와 연결된다. 교리는 쓸모없는 신앙 이념의 집합체가 아니라 세상을 바라보는 인식의 틀로서 신자의 삶에 매우 실질적인 영향을 미친다. 우리 앞에는 비록 피할 수 없는 죽음이 예정되어 있지만 죽음은 끝이 아니다. 오히려 우리는 영생을 허락하신 하나님 안에서 참된 안식을 누릴 수 있다.

죽음도 우리에게 절대적인 의미를 갖지 못한다. 하물며 학교 성적이나 외모, 친구 관계나 가정 형편이 우리 인생의 전부일 수 있을까? 그런 것들이 전혀 의미가 없는 것은 아니지만 우리의 행복과 삶의 의미를 모두 결정할 만큼 절대적인 것은 결코 아니다. 우리의 인생이 하나님의 계획 속에 있다는 것, 그리고 죽음 이후에 우리에게 또 다른 삶이 시작된다는 것, 그것이야말로 우리의 진정한 소망이며 참된 안식을 선사해주는 근거다.

성경 수업

마음 열기

1. 부모님 생일이나 각종 기념일 중에서 가장 분명하게 기억하는 날은 언제이며, 중요하지만 쉽게 잊어버리는 기념일은 무엇인가요?

2. 자신에게 잘 맞는 쉼의 방법은 무엇인지 나누어봅시다.

제4계명이 요구하는 것

대다수 개신교 교회는 주일을 안식일로 지키고 있지만 사실 주일과 안식일에 대해서는 오랫동안 논쟁이 이어져 왔다. 유대교는 토요일, 정확하게는 금요일 저녁부터 토요일 저녁까지를 안식일로 지킨다. 이는 구약의 율법이 토요일을 안식일로 지정했기 때문이다. 최근에는 개신교인 중에도 구약 율법에 따라 토요일을 안식일로 지켜야 한다고 엉뚱한 주장을 펼치는 사람들이 간혹 있다. 그리고 이단 중에도 이 점을 집요하게 파고드는 종파가 있다. 그렇다면 과연 성경은 안식일에 관해 어떻게 가르칠까?

십계명이 기록된 출애굽기 20장을 읽어보자. 하나님은 안식일을 기억하여 거룩하게 지키라고 말씀하시며 엿새 동안은 힘써 네 모든 일을 행하라고 명령하신다. 그 이유는 하나님이 천지 만물을 창조하실 때 엿새 동안 모든 것을 만드셨기 때문이다. 그리고 하나님은 일곱째 날에 쉬시며 그날을 복되고 거룩하게 하셨다. 그런데 하나님은 특별히 "너나 네 아들이나 네 딸이나 네 남종이나 네 여종이나 네 가축이나 네 문안에 머무는 객이라도 아무 일도 하지 말라"(창 20:10)라고 말씀하셨다. 즉 안식일 계명을 지켜야 할 우선적인 대상은 아버지로서 여러 종과 가축을 거느린 남성이라는 말이다.

사실 가부장적 사회체제 안에서 자식들이나 종, 가축이나 외국인 노동자들은 그들에 대한 절대적인 권한을 가진 아버지 혹은 주인이

○ 관련 성구

잠시라도 들어가서 성소를 보지 말라. 그들이 죽으리라(민 4:20).

안식일을 지킬지니 이는 너희에게 거룩한 날이 됨이니라. 그 날을 더럽히는 자는 모두 죽일지며 그 날에 일하는 자는 모두 그 백성 중에서 그 생명이 끊어지리라(출 31:14).

내 안식일을 지키고 내 성소를 귀히 여기라. 나는 여호와이니라(레 19:30).

쉬라고 하지 않으면 쉴 수 없는 존재들이었다. 십계명을 받을 당시 이스라엘 백성들은 이집트에서 노예 생활을 하며 매일매일 죽도록 "노동"만 하다가 자유를 얻어 광야로 나온 사람들이었다. 하나님은 쉬는 것이 무엇인지도 잘 모르는 그들에게 안식일 계명을 수여하시며 창조 사건을 근거로 말씀하심으로써 이 계명이 인류의 기원과 본질에 관련된다는 점을 강조하셨다.

창조주 하나님은 사람뿐 아니라 모든 만물을 만드신 분이다. 하나님은 사람뿐 아니라 짐승들조차 착취나 학대의 대상이 되는 것을 원하지 않으신다. 하나님의 통치를 받는 백성들은 하나님이 일하셨듯이 생명을 살리는 노동에 힘쓰면서 모든 생명을 존귀하게 여기며 하나님 안에서 참된 "안식"을 누려야 한다.

만일 아담이 에덴동산에서 죄를 짓지 않았다면 어땠을까? 인류가 먹고살기 위해 고통스러운 노동에 시달려야 할 필요도 없고, 자녀를 낳고 키우는 일이 과중한 부담이 되지도 않았을 것이다. 하나님과 교통하는 가운데 하나님의 대리자로서 에덴동산을 다스리며 살아가는 모든 날이 안식일이 되지 않았을까? 하지만 아담과 하와는 죄를 범했고 그 결과 다음과 같은 심판을 받았다.

> 16또 여자에게 이르시되 "내가 네게 임신하는 고통을 크게 더하리니 네가 수고하고 자식을 낳을 것이며 너는 남편을 원하고 남편은 너를 다스릴 것이니라" 하시고 17아담에게 이르시되 "네가 네 아내의 말을 듣고 내가 네게 먹지 말라 한 나무의 열매를 먹었은즉 땅은 너로 말미암아 저주를 받고 너는 네 평생에 수고하여야 그 소산을 먹으리라. 18땅이 네게 가시덤불과 엉겅퀴를 낼 것이라. 네가 먹을 것은 밭의 채

소인즉 19네가 흙으로 돌아갈 때까지 얼굴에 땀을 흘려야 먹을 것을 먹으리니 네가 그것에서 취함을 입었음이라. 너는 흙이니 흙으로 돌아갈 것이니라" 하시니라(창 3:16-19).

이로 보건대 인간이 안식을 누리지 못하는 이유는 바로 인간의 죄 때문임이 분명하다. 하지만 하나님이 인간을 완전히 버리신 것은 아니었다. 왜냐하면 하나님은 인간에게 이런 저주가 임하는 빌미를 제공한 뱀과 여자가 원수가 될 것이라고 말씀하시며 여자의 후손, 즉 예수님이 오셔서 뱀의 머리를 상하게 할 것이라고 약속하셨기 때문이다(창 3:15). 그리고 예수님은 약속대로 이 땅에 오셔서 사망의 권세를 깨뜨리시고 부활하심으로써 우리가 죄에 종노릇하지 않고 하나님의 자녀로 살아갈 수 있는 길을 열어주셨다. 그 결과 예수님을 통해 하나님과의 교통을 회복한 하나님의 자녀들은 하나님 안에서 참된 안식을 누릴 수 있다.

그렇다면 7일마다 안식일을 기념하라고 하신 십계명은 오늘날 우리에게 어떤 의미가 있을까? 이 계명은 우리의 연약함과 관련이 있다. 우리는 예수님을 믿고 구원받았어도 아직 완전한 존재는 아니다. 오히려 죽는 날까지 성령의 도우심에 의지해 육체의 한계와 죄를 이겨내기 위해 씨름해야 하는 것이 그리스도인의 숙명이다. 만일 안식일 계명이 없다면 우리는 하나님이 우리를 구원하신 사건의 의미를 너무 쉽게 잊어버릴 것이다.

우리는 부모님의 생신이나 기념일, 중요한 약속 날짜도 잊어버리며 살 때가 많다. 그런 측면에서 7일에 한 번씩 바쁜 일상에서 벗어나 구원의 의미를 되새기며 하나님이 우리에게 허락하신 참된 안식이 무엇인지 기억하는 일은 매우 중요하다. 초기 교회는 안식일(토요일) 다음 날인 주일에 함께 모여 주님의 말씀을 배우고 찬송과 기도를 올려드리며 만찬을 나눔으로써 예수님이 베푸신 구원의 의미를 생생하게 기억하기 위해 애썼다. 이는 안식일에 얼마 이상 이동하거나 요리하는 것 등을 금하며 온갖 규칙들로 사람들의 행동을 통제하려고 했던 유대교의 안식일 개념을 완전히 뛰어넘은 것이었다.

오늘날에도 마찬가지다. 이런저런 일들을 해야 한다거나 하지 말아야 한다는 규제가 주일 성수의 본질이 아니다. 초기 교회의 전통을 이어받아 주일에 교회가 함께 모임으로써 하나님의 구원 사건을 기념하고, 세상의 걱정을 내려놓음으로써 우리 삶을 책임지시는 주인이 누구인지 재확인하며 그 안에서 참된 안식의 의미를 되새기는 것, 그것이야말로 안식일의 본질이다!

하나님이 애굽에서 탈출한 이스라엘 백성들에게 만들라고 요구하셨던 성막도 그런 의미를 지닌다. 이집트의 우상숭배 문화를 보고 자라온 이스라엘 백성에게 "신"이란 눈에 보이는 신전(神殿)을 통해서 확인할 수 있는 존재였다. 그래서 하나님은 이스라엘 공동체 속에 한 공간을 구분하여 성소로 삼으라고 명령하셨고, 이것을 보는 이스라엘 사람들은 "지금" 하나님이 자신들과 함께 계심을 확신할 수 있었다. 성막은 하나님이 공간적으로 함께하시는 것을 상징하기에 거룩하게 유지해야 했다.

하나님은 공간과 마찬가지로 시간도 특별히 구분하여 거룩하게 하셨다. 즉 안식일은 하나님께 온전히 바침으로써 하나님 안에서 누리는 진정한 안식과 자유를 망각하지 않도록 구별된 시간이다. 그것을 어긴다는 것은 곧 하나님이 진정한 안식이 되어주신다는 사실을 망각하는 것이다. 성막을 더럽힌 사람이 죽어야 했던 것처럼 안식일 관련 율법을 어긴 사람도 죽어야 마땅하다.

그런데 안식일을 율법적으로 지키는 것보다 그 의미를 정확히 이해하고 진심으로 하나님이 허락하신 안식의 시간을 누리는 것이 훨씬 중요하다. 외양적으로 주일에 일하거나 돈을 쓰지 않는 것도 의미가 있다. 하지만 더 중요한 것은 우리가 구별된 하나님의 자녀로서 예수님 안에서 참 안식을 누리는 것이다. 우리는 예수님 안에서 안식하며 구별된 삶을 살겠다는 신앙고백의 표현으로서 주일을 거룩히 지켜야 한다. 주일에도 예수님 안에서 참된 자유를 누리지 못하는 사람이 어떻게 나머지 6일을 거룩한 예배자로서 살 수 있을까?

○○ 하이델베르크 교리문답 살펴보기

제103문 제4계명에서 하나님이 요구하시는 것은 무엇입니까?

답 첫째, 복음의 사역과 신앙 교육을 지속하면서, 특별히 안식의 날에 성실하게 교회에 나가 하나님의 말씀을 듣고 성례에 참여하며 공적으로 하나님께 기도를 드리고 가난한 자들을 위해 헌금을 드려야 합니다.

둘째, 내가 살아가는 모든 날 동안 악한 일에서 떠나 쉬고, 하나님이 성령을 통해서 내 안에서 일하시도록 해야 합니다. 그럼으로써 영원한 안식이 지금 나의 삶 속에서 시작됩니다.

로렐라이 언덕에서 보는 라인강

🏷️ 교실 밖 수업 #라인강

하이네와 로렐라이

하인리히 하이네(Heinrich Heine, 1797-1856)는 독일을 대표하지만 독일을 떠날 수밖에 없었던 시인이다. 하이네가 생소하게 느껴지는 사람도 그의 시에 곡조를 붙인 "로렐라이"나 "노래의 날개 위에"라는 노래는 한 번쯤 들어봤을 것이다. 특히 로렐라이 언덕과 라인강은 자연경관이 아름다워서 문자 그대로 "안식"에 대해 느낄 수 있는 곳이다. 로렐라이 언덕에 서서 하이네의 삶과 사상을 돌아보며 "안식"에 대해 더 깊이 생각해보자.

프랑크푸르트에서 자동차로 비스바덴(Wiesbaden) 방면으로 66번 고속도로를 따라 계속 달리다 보면 그 길이 42번 국도로 바뀐다. 42번 국도는 라인강을 따라 이어진 매우 아름다운 도로다. 제27과에서 방문했던 뤼데스하임을 지나 조금 더 달리면 장크트고아르스하우젠 (St. Goarshausen)이라는 강변 마을에 다다른다. 여기서 로렐라이 언덕을 가리키는 갈색 이정표를 볼 수 있다. 이정표를 따라 구불구불한 언덕길로 4킬로미터 정도 올라가면 라인강이 시원하게 내려다보이는 로렐라이 언덕 꼭대기 전망대에 도착한다.

방문지 주소
로렐라이 언덕: Auf der Loreley, 56346 St. Goarshausen

하이네는 독일에서 태어났지만 유대계라는 이유로 어렸을 때부터 많은 차별과 따돌림을 당했다. 그런데 하이네는 자신이 당당한 "독일 국민"임을 밝혔던 주체적인 지식인이었다. 그는 "귀향(13번)"이라는 시에서 다음과 같이 자신을 묘사한다.

너는 검은 갈색 눈으로
나를 탐색하려는 듯 내려다보았지.
너는 누구이며 부족한 것은 네겐 무엇인가 하고,
너 낯선 자, 병든 사람아!
"나는 한 독일 시인이라네…."

하이네는 이처럼 인종 차별의 상처를 가슴 깊이 간직하고 있었지만 누구보다 사람들을 사랑하는 마음으로 나라를 위하고 사회가 개혁되길 바랐다. 그는 산업혁명의 후발 주자로서 어려움을 겪는 독일의 민족정신을 고취하고자 민간에 전해 내려오는 이야기를 소재로 여러 작품을 만들었다. 그중에 가장 유명한 시가 바로 "로렐라이"다. 사실 로렐라이 이야기는 라인강과 관련한 전설로서 수많은 문학작품

로렐라이 언덕에서 다시 42번 국도를 따라 프랑크푸르트로 돌아오는 길에서는 또 다른 아름다움이 느껴진다.

과 노래를 탄생시켰다. 그 전설의 내용을 살펴보면, 로렐라이라는 한 처녀가 결혼을 약속한 연인의 배신에 낙심하여 라인강에 몸을 던진다. 그 후 로렐라이는 물의 요정이 되어 자신이 몸을 던진 바위 위에 앉아 노래를 부르곤 하는데, 그녀의 아름다운 자태와 노랫소리에 넋을 잃은 뱃사공들이 난파를 당하곤 했다는 것이다.

하이네는 민족정신을 드높이기 위해 로렐라이 전설을 비롯한 민담을 한데 모아 책으로 엮었다. 그는 자유주의 혁명과 민주주의의 도래, 유럽의 통일을 꿈꾸었다. 하지만 그의 높은 이상은 당시 사회 지배층이었던 귀족들의 반감을 샀다. 독일 연방 의회가 그의 모든 저술 활동을 금지하자 그는 부득이 프랑스로 이주할 수밖에 없었다. 젊은 시절에 겪었던 차별, 고통, 실연의 아픔, 그리고 고통당하는 사회 기저층 사람들에 대한 안타까운 마음은 "노래의 날개 위에"라는 시에 드러난다. 이 시는 다음과 같이 시작한다.

노래의 날개 위에

사랑하는 이여

나 그대를 데려가리

저 멀리 갠지스강 들판으로

이 세상에서 가장 아름다운 그곳으로

이 시를 읽으면 하이네가 예술을 대하는 태도와 사람들에게 가졌던 애정을 느낄 수 있다. 원래 갠지스강은 인도인들이 성스럽게 생각하는 강이다. 하이네는 갠지스강을 마음의 안식을 주는 이상향으로 제시한다. 격변하는 역사의 한복판에서 이상과 예술을 간직하고 치열하게 살아갔던 하이네의 삶을 통해 우리는 오늘날 우리의 삶에 대해 생각하게 된다.

19세기 독일에서 유대계 청년으로 살아간 하이네가 21세기의 소위 "헬조선"을 살아가는 대한민국의 젊은이들을 만난다면 무슨 이야기를 해줄까? 취업 문제, 학벌 문제, 소득 격차 문제, 외모지상주의 등 사회적 문제들로 말미암아 사랑마저 포기하는 이 땅의 젊은이들은 영원한 "유대인"으로 낙인 찍혔는지도 모른다. 조국에 대한 애증(愛憎)을 안은 채 촛불을 들고 눈물을 흘리며, 때로는 분노하기도 하면서 사회 개혁을 요구하는 그들이 마음속으로 찾아 헤매는 "갠지스강"은 어디일

하이네

까? 과연 그들의 참된 안식은 어디에 있을까? 그들을 위해 기도하는 마음으로 하이네의 "그대는 한 송이 꽃이어라"를 읽어보자.

그대는 한 송이 꽃이어라
아담하고 아름답고 순결하오
그대를 보고 있노라면
구슬픈 감정이 가슴을 파고드오
내 두 손을 그대 머리 위에 얹고
기도해야만 할 것 같소
하나님이 그대를 지켜주시길
순결하고 아름답고 아담한 채로
지켜주시길…

선생님의 칠판 #이효선 선생님

저 높은 곳에서 다시

하이네는 귀족 중심의 봉건체제에 맞서 자유를 노래했다. 하지만 그는 탄압을 받아 자신이 사랑하는 조국에서 떠나야 했다. 지금도 그의 무덤은 독일이 아닌 프랑스 파리의 몽마르트르 언덕에 자리하고 있다. 평생을 이방인처럼 질풍노도와 같은 삶을 살았던 하이네는 자신의 삶을 돌아보며 다음과 같이 노래했다(아래 시의 일부 내용은 오늘날의 감각에 맞게 각색했다).

되돌아봄

나는 세상에서 향기를 맡아보았다.
사람들이 세상에서 즐길 수 있는 것이라면
영웅들이 하는 것처럼 누려보았다.
커피도 마셔보고, 케이크도 먹어보고
원하는 것들을 많이 가져보았다.
아름다운 명품 옷을 걸쳐보고
통장에는 넉넉한 돈을 넣어두었다.
남들이 흠모할 만한 자동차를 타보고
남들이 부러워할 아파트에서도 살아보았다.
그때 태양은 나에게 황금빛 시선으로 인사를 전했다.
이때, 내게 떠오른 것은 내세에서의 삶,
나이를 먹어가는 인생의 여명, 그리고 다가오는 죽음의 냄새.
그래서 와인을 꺼내 들었다.
이것은 환상이며 공허한 거품일 뿐이다.
나는 막연한 미래에 위축되어
거짓말을 해야 했고 돈도 빌려야 했으며
생각하자면 구걸하는 삶을 살아왔다.
이제, 무덤 속에서 한숨을 돌리고 싶다.
잘들 계시오. 믿음의 형제들이여.
우리는 저 높은 곳에서 다시 만나게 될 것이니….

사실 하이네는 돈도 많지 않았고 좋은 자동차를 갖거나 값비싼 아파트에서 살지도 않았다. 그런데 이 시에서 자신이 마치 그 모든 것을 누렸던 것처럼 말하는 이유는 무엇일까? 하이네는 그런 경험을 하지 않았어도 현실의 비참함을 부정하고 좋은 자동차와 집이 신의 축복이라고 믿는 태도가 잘못되었다는 사실을 알 수 있었다. 그래서 그는 이 세상의 많은 사람, 특히 그리스도인들이 그런 태도를 보이며 "막연한 미래에 위축되어" 구차한 삶을 살아가는 것에 대해 경고를 보낸 것이다.

마르크스

마르크스(Karl Marx, 1818-1883)가 했던 말 중에 "종교는 민중의 아편이다"라는 말은 꽤 유명하다. 그런데 사실 이 표현을 먼저 사용한 사람은 하이네였다. 하이네가 보기에 당시 교회는 국가 권력의 시녀 역할을 하는 기관으로서 현실의 모순과 부조리에 대해서는 항상 "뜬구름" 잡는 이야기만 하는 집단이었다. 그래서 그는 종교가 "정신적 아편"이라고 일침을 가했다. 그의 말대로 "고통스러운 사람들을 달콤한 몇 방울의 말로 진정시키려는 것은 아편을 사용하는 것과 같으며 쓰디쓴 고통의 잔에 몇 방울의 설탕을 넣어주는 것일 뿐"이지 실제 도움은 되지 않기 때문이다.

하이네는 평생 "진정 하나님은 어디에 계신가?" 하는 질문과 씨름했다. 그런 하이네에게 큰 도움을 준 것은 루터가 수려하게 독일어로 옮긴 성경이었다. 하이네는 루터의 독일어 성경을 통해 인생의 본질적 문제에 대한 감각을 잃지 않을 수 있었다. 또한 그는 독실한 칼뱅주의자로서 같은 시대를 풍미했던 그림 형제(Brüder Grimm, 제49과를 참고하라)를 만나면서 교회가 그리스도라는 "반석" 위에 세워져야 하며, 말뿐 아니라 실제 생활 속에서 "윤리성"을 동반한 사랑의 실천을 통해 온전해질 수 있음을 확신하게 되었다. 굶주리는 누군가를 만나면 "기도하자"는 성스러운(?) 말보다는 빵을 나누어주는 사랑, 고통을 당하는 사람을 만나면 "기도하라"는 고상한 제안을 하기보다 함께 눈물을 흘려줄 수 있는 사랑을 통해서만 교회가 교회다워질 수 있다.

앞의 시에서 하이네는 우리가 "저 높은 곳에서 다시 만나게 될 것"이라고 말한다. "구걸하는 삶"을 살아온 사람도 죽음 뒤에는 영원한 안식을 누릴 수 있다. 하지만 이 땅에서 아무런 책임을 지지 않아도 "믿기만 하면" 영원한 천국에 들어갈 수 있다는 몇 마디 말에 "안식"을 느낀다면 그것이야말로 우리의 신앙과 믿음이 "아편"이라는 증거가 아닐까? 물론 참된 안식은 그리스도 안에서 하나님께로부터만 주어진다. 하지만 그 안식은 교회 공동체의 사회적 책임과 분리되지 않는다. 그리스도인들의 윤리 의식, 불의에 대한 저항, 고통받는 자들에 대한 사랑이라는 "구체적인 실천"을 통해 진정한 안식이 실현될 것이다.

📝 믿음 노트

1. 하이네가 생각한 참된 안식은 무엇인가요?

2. 우리는 어떻게 하면 참된 안식을 생활 속에서 실천할 수 있을까요?

제39과

제5계명의 요구
실러의 『도적 떼』

제104문

🏷️ **그림으로 이해하기** #루벤스의 "베들레헴 영아 학살"(뮌헨 알테 피나코테크 소장)

부모의 마음

플랑드르 화풍을 대표하는 화가인 루벤스는 독실한 가톨릭 신자였다. 따라서 그의 그림에는 개신교와 다른 관점이나 교리가 드러나기도 한다. 하지만 루벤스도 렘브란트처럼 자신의 신앙을 예술로 표현하려고 노력했다.

> **플랑드르(Flandre)**
> 벨기에 서부를 중심으로 네덜란드 서부 및 프랑스 북부에 걸쳐 있던 지역을 이르는 말. 르네상스 시대에는 미술과 음악이 발전했다.

앞의 그림은 루벤스의 "베들레헴 영아 학살"이라는 그림이다. 이 그림은 "유대인의 왕"으로 이 땅에 오신 아기 예수를 찾아 없애려는 헤롯 대왕에 의해 베들레헴 지역에서 태어난 갓난아기들이 살해되는 장면을 묘사한다. 이 이야기는 마태복음 2:16-18에 기록되어 있다.

루벤스가 살던 16세기 말부터 17세기 초에는 네덜란드와 벨기에 지역이 스페인의 지배 아래에 있었다. 그중 네덜란드에 해당하는 북부 지역은 종교개혁을 받아들인 결과 개신교가 왕성하게 세력을 확장하고 있었고 로마 가톨릭을 강요하는 스페인의 정책에 반발하는 분위기가 강했다. 이 때문에 1568년부터 1648년까지 약 80년간 독립을 쟁취하기 위한 전쟁이 이어졌다.

이때 스페인과 경쟁하던 영국이 네덜란드의 독립군을 지원하기 시작하자 스페인과 영국 사이에 일전이 벌어졌다. 스페인 왕 필리페 2세(Felipe II, 1527-1598)가 무적함대를 편성해 영국으로 진군했던 것이다. 하지만 무적함대는 영국 함대의 대포를 중심으로 한 새로운 전술에 제대로 대응하지 못해 궤멸했다. 그때부터 스페인의 국력은 점차 쇠퇴하고 영국이 새로운 대국으로 등장하게 되었다.

그렇지만 네덜란드에 대한 스페인의 지배력이 한순간에 사라진 것은 아니었다. 네덜란드에는 여전히 스페인 군대가 주둔하고 있었고 생업을 위해 네덜란드로 이주한 스페인 사람들도 많았기 때문이다. 루벤스가 자란 벨기에의 안트웨르펜(Antwerpen)은 스페인의 중요한 거점 중 하나였다. 이에 네덜란드 독립군은 안트웨르펜을 급습하기에 이르렀는데 이때 희생당한 사람 중에는 군인뿐만 아니라 무고한 8천 명의 시민도 포함되어 있었다. 루벤스는 바로 이 사건을 고발하기 위해 성경에서 소재를 가져와 이 그림을 그리게 된 것이다.

그림을 자세히 살펴보자. 루벤스가 묘사한 헤롯 대왕의 군인들이 16세기 유럽 군인의 무장을 한 모습이 특이하다. 자식을 잃을 위기에 처한 부모들의 처절한 저항이 느껴지는가? 살기 어린 군인들이 들이닥쳐 곳곳에서 아이들을 노리고 있다. 여기에 저항하는 어머니들은 맨손으로 학살자들에게 맞서며 기꺼이 죽음을 무릅쓴다. 그들의 모습이 무모해 보이는가? 그렇지 않다. 그들의 모습에서는 차라리 자신이 죽으면 죽었지 어린 자녀들이 죽는 모습은 볼 수 없다는 의지가 선명하게 드러난다. 이것이 부모의 마음이다.

성경은 하나님의 사랑을 부모의 사랑에 비유한다. 물론 모든 부모가 완벽한 것은 아니며 많은 사람이 부모에 대해 서운한 마음을 가지고 살아가기도 한다. 하지만 정상적인 부모는 자식을 위해 아낌없이 주는 존재다. 우리는 부모님의 사랑을 통해 하나님의 사랑이 어떤 것인지를 직관적으로 깨닫게 된다. 그렇다면 우리는 부모님께 어떤 자세를 가지는 것이 합당할까? 이번 과에서는 부모에 대한 공경을 가르치는 제5계명에 대해 자세히 알아보자.

🏷️ 성경 수업

> 🚪 **마음 열기**
>
> 1. 자신의 부모님을 소개해봅시다.
>
> 2. 부모님을 생각하면 어떤 마음이 드는지 이야기해봅시다. 또 부모님이 자신을 생각하면 어떤 마음일지도 이야기해봅시다.

제5계명이 요구하는 것

성경은 부모님을 공경하라고 명확하게 가르친다. 하나님은 십계명을 통해 부모를 공경하면 "하나님 여호와가 네게 준 땅에서 네 생명이 길 것"(출 20:12)이라고 말씀하셨다. 하지만 오늘날 많은 사람이 부모와 갈등을 겪으며 부모를 공경하기는커녕 관계를 끊고 살아가고 있다. 우리는 부모님을 왜 공경해야 할까? 단순히 성경이 말하는 의무이기 때문인가?

에베소서 6:1은 부모님께 순종하라고 말하는데 여기에는 "주 안에서"라는 조건이 달려 있다. "주 안에서"라는 조건은 하나님이 부모와 자식 간의 관계에 개입하신다는 사실을 전제로 한다. 따라서 하나님을 섬기고 그분의 계명을 지키

○ 관련 성구

자녀들아! 주 안에서 너희 부모에게 순종하라. 이것이 옳으니라(엡 6:1).

누구든지 하나님을 사랑하노라 하고 그 형제를 미워하면 이는 거짓말하는 자니 보는 바 그 형제를 사랑하지 아니하는 자는 보지 못하는 바 하나님을 사랑할 수 없느니라(요일 4:20).

너희 각 사람은 부모를 공경하고 나의 안식일을 지키라. 나는 너희의 하나님 여호와이니라(레 19:3).

고자 하는 사람이라면 그분의 뜻에 따라 부모에게 순종하는 것이 옳다. "옳다"는 말씀은 그것이 정당하고 "정상적인" 모습이라는 의미다.

이에 대해 요한1서 4:20은 우리에게 통찰력을 제공한다. 사도 요한은 "누구든지 하나님을 사랑하노라 하고 그 형제를 미워하면 이는 거짓말하는 자"라고 이야기한다. 만일 우리가 하나님을 사랑한다면 그 사랑은 구체적으로 어떻게 표현되어야 할까? 눈을 감으면서 "주님, 사랑해요"라고 찬양하거나 무릎을 꿇고 열심히 기도하면 될까? 사도 요한은 눈에 보이는 형제를 사랑하지 않으면 눈에 보이지 않는 하나님도 사랑할 수 없다고 분명하게 말한다.

부모님도 마찬가지다. 우리가 부모님을 사랑하지 못하면서 눈에 보이지 않는 하나님을 사랑한다는 것은 말이 되지 않는다. 하나님을 향한 우리의 사랑은 실제로 부모님을 공경하는 행위로 나타나야 한다. 교회에 나와서 하나님을 사랑한다고 고백하면서도 실제 생활 속에서는 부모님을 업신여기며 대드는 그리스도인이 있다면 어떨까? 심지어 나이가 많아 거동이 불편한 부모를 돌보지 않는 그리스도인이 있다면 그는 참된 신앙을 가지고 있다고 말할 수 없다.

물론 "주 안에서" 부모에게 순종하라는 말씀은 부모의 뜻이 하나님의 뜻과 늘 일치하는 것은 아니라는 사실을 말해주기도 한다. 그래서 유교적인 의미로 부모님께 효도하는 사람이 반드시 하나님을 잘 믿는 사람이라고 말할 수는 없다. 하지만 하나님을 사랑하는 사람은 부모의 이야기에 무조건 순종하지 않더라도 부모를 존경하고 보살피려는 마음이 가득하기 마련이다.

그래서 레위기 19:3은 부모를 공경하는 것과 안식일을 지키는 것을 같은 선상에 배치한다. 부모를 공경하는 것과 하나님을 온전히 섬기는 것이 연결되어 있기 때문이다. 당신은 신앙이 좋은가? 그렇다면 부모님을 잘 섬기고 있는가? 상처를 주는 말과 행동으로 부모님의 마음에 못을 박지는 않았는가? 부모님을 업신여기거나 미워하는 모습이 바뀌지 않는다면 하나님을 향한 사랑도 온전하다고 말할 수 없다.

○○ 하이델베르크 교리문답 살펴보기

제104문 제5계명에서 우리를 향하신 하나님의 뜻은 무엇입니까?

답 아버지와 어머니를 비롯해 나에게 권위를 가진 사람들을 존중하고 사랑하며 순종하라고 명하십니다. 그들의 훈계와 징계에도 마땅히 순종해야 하고 그들의 연약함과 부족함에는 인내를 가져야 합니다. 왜냐하면 하나님이 그들을 통해 우리를 다스리도록 하셨기 때문입니다.

교실 밖 수업 #바이마르

실러 박물관을 찾아서

에르푸르트에서 가까운 바이마르는 그다지 큰 도시는 아니지만 독일의 역사에서 빼놓을 수 없는 곳이다. 이 도시는 제1차 세계대전이 끝나갈 무렵에 시민 혁명으로 세워진 바이마르 공화국의 무대로서 이곳에서 바이마르 헌법이 만들어졌다. 낭만주의를 대표하는 헝가리 음악가 리스트 (Ferenc Liszt, 1811-1886)도 이 도시에서

> **방문지 주소**
> **바이마르 국립극장:** Theaterplatz 2, Weimar
> **실러 박물관:** Schillerstrasse 12, Weimar

활동했었다.

　독일의 대문호 괴테(Johann Wolfgang von Goethe, 1749-1832)와 실러(Friedrich von Schiller, 1759-1805) 역시 바이마르를 주 무대로 활동했으며 그들의 무덤도 바이마르에 남았다. 괴테가 살았던 집과 실러가 살았던 집은 서로 멀지 않은데, 이번 "교실 밖 수업"에서는 실러가 머물면서 작품 활동을 했던 집에 마련된 박물관에 들러보자. 그곳에 가면 실러의 작품들, 친필 서류 등의 자료들을 관람할 수 있다.

실러 거리 12번지에 자리한 실러 박물관

실러 박물관 내부에 있는 서재

　실러는 괴테와 더불어 독일 문학의 황금시대를 이끌었던 인물로서 독일의 민족 문학가로 추앙받는 작가다. 그의 첫 작품인『도적 떼』(Die Räuber)는 우리나라에서『군도』(群盜)라는 제목으로 번역되기도 했다. 실러는 대학교에 재학중이던 23세 때 이 작품을 발표했다.

　『도적 떼』는 자유주의 사상에 큰 영향을 주어 프랑스 혁명의 도화선이 되었다고 평가된다. 당시 독일 정부는 파격적인 이 예술 작품을 경계했고 당국의 허가를 받지 않고 연극을 공연했다는 이유로 실러에게 실형을 선고하기도 했다. 하지만 당시 젊은이들은 이 연극에 열광했다. 특히 1792년 프랑스 파리에서의 상연은 대성공을 거두었는데, 이는 프랑스 사람들이 사상을 자유롭게 표현할 수 있는 계기를 마련해준 그의 작품을 높이 평가했기 때문이었다. 많은 프랑스인이 실러의 작품에 매료되었고 프랑스 혁명 정부는 실러를 명예시민으로 추대할 정도였다.

실러의 『도적 떼』가 이처럼 커다란 반향을 불러일으킨 이유는 무엇이었을까? 이는 당시의 시대사조와 연관이 있다. 16-18세기 중반까지 유럽은 계몽주의 사상으로 대변되는 "이성적 사조"가 주류를 이루었다. 당시 유럽 사람들은 과학의 눈부신 발전과 함께 중세 세계관의 붕괴를 경험하며 세상의 모든 현상을 합리적으로 설명할 수 있다고 믿게 되었다. 그리고 이런 믿음은 정치적으로 절대주의 왕정과 연결되어 있었다.

하지만 사람들은 점차 인간 개인의 가치에 집중하기 시작했다. 절대주의 왕정의 모순 아래에서 짓눌려 있던 시민들은 자유주의 혁명의 기운을 모아가고 있었다. 이성을 지나치게 강조하고 인간의 감정을 무시하는 계몽주의는 동력을 잃고 있었고 이성 아래에 갇혔던 감정은 폭발 직전이었다.

이때 발표된 실러의 『도적 떼』, 괴테의 『젊은 베르테르의 슬픔』 같은 "질풍노도 문학"은 자유를 예찬하며 인간의 자유로운 감정을 수면 위로 표출시켰다. "선생님의 칠판"을 통해 『도적 떼』의 주요 내용을 알아보자.

🏷️ 선생님의 칠판 #이효선 선생님

자연이 맺어준 인연

실러의 『도적 떼』는 독일 질풍노도 문학의 대표적인 작품이다. 『도적 떼』의 결말은 "권선징악"(勸善懲惡)이나 "해피엔딩"과는 거리가 멀다. 이 작품에서는 어떤 직접적인 교훈을 찾아내기도 쉽지 않다. 저자가 그런 의도로 만든 것이 아니기 때문이다. 하지만 이런 작품에는 세상의 부조리와 인간 내면의 악함을 그대로 폭로하는 힘이 있다.

『도적 떼』의 중심인물은 카를과 프란츠인데, 둘은 형제이고 그들의 아버지는 막시밀리안 폰 모어 백작이다. 두 형제의 성향은 야곱과 에서처럼 달랐는데 아버지는 활동적이고 이상주의적인 형 카를을 편애했다. 이에 앙심을 품은 동생 프란츠의 이간질에 속아 아버지와 카를의 사이는 멀어지고, 카를은 그런 상황에 낙심한 나머지 친구들과 함께 세상을 바꾸겠다는 꿈을 안고 산속으로 들어가 도적이 된다.

실러는 도적 떼의 두목이 된 카를의 시선을 통해 이 세상이 부조리와 모순으로 가득하다는 사실을 고발한다. 그의 고발은 당시 수많은 청중이 사회에 가진 분노를 대변함으로써 큰 반향을 불러일으켰다.

카를: 성직자들은 잘못된 내용을 설교하고, 대학교수들은 사회 속에서 작은 영향력조차 없으면서 강의로 허세를 부리고 있다. 국가의 탐심으로 인해 전쟁터로 내몰린 젊은이들이 흘린 피의 대가는 잡상인들의 물건을 포장하는 가십거리의 신문지로 사용되거나 아니면 비극작가들에 의해 허황되게 부풀려져 이용만 당하는 신세가 되었다. 자기보다 권력이 높은 사람들 앞에서라면 구두닦

이에게도 굽실거리면서, 가난하고 위험하지 않은 사람들을 마음 껏 짓밟고 있지 않은가? 자신들에게 밥 한 끼 먹여주면 우상처럼 떠받들면서, 경매에 부친 깃털 이불 하나 때문에 서로 살인하려고 으르렁거린다. 위선적인 사두개인들을 욕하면서 자신들은 제단 앞에서 이자를 따지고 있다! 거위가 피 흘리고 죽는 것을 보면 기절하는 시늉을 하면서 경쟁자가 파산하는 것을 보면 좋다고 손뼉을 친다!(『도적 떼』[열린책들, 2009], 31-32)

반면 작은아들 프란츠는 아버지의 재산에도 욕심을 부려 아버지를 감금하고, 그것도 모자라 아버지를 죽음에 이르게 한다. 이 사실을 알게 된 카를은 프란츠에게 분노를 터뜨리는데, 실러는 이런 카를을 통해 무엇을 말하고 싶었던 것일까? 카를은 입으로는 자신이 신앙인이라고 말하면서 전혀 신앙적이지 않은 행위를 일삼는 사람들에 대해 다음과 같이 일갈한다.

카를: 당신들은 기독교인들이라고 하면서 자신들의 죄에 대해서는 완전히 눈이 멀었는데, 어떻게 이웃의 흠을 찾아내는 것에는 100개의 눈을 가지고 살피고 있지 않은가? 이웃을 사랑하라고 하면서 팔순의 눈먼 노인은 문밖으로 내쫓는 사람들이다! 남들에게는 탐욕을 부리지 말라고 소리치면서, 돈에는 눈이 멀어 주변 사람들을 말살시키고 그들이 짐승처럼 수레를 끌게 하지 않느냐? (중략) 세상의 법이 주사위 놀음으로 전락했고, 자연이 맺어준 인연은 두 동강 났으며, 옛날의 싸움이 다시 벌어졌다. 아들이 아버지를 때려죽였다!(『도적 떼』, 119, 201)

이처럼 카를은 소위 "기독교 사회"라고 하는 당시 독일에서 발생하는 부조리를 통렬하게 비판한다. 특히 그는 세상을 지탱하는 기본적인 "법"의 붕괴를 한탄하는데 이는 "자연이 맺어준 인연"의 파괴에서 극명하게 드러난다. 프란츠와 모저 목사의 대화에서도 동일한 문제의식이 엿보인다.

프란츠: 나는 하나님이 존재하지 않는다고 자네를 조롱하였네. 나는 지금 진지하게 이야기하는 걸세. 내가 하나님이 존재하지 않는다고 말할 테니, 자네는 사용할 수 있는 모든 방법을 동원해서 내 말을 반박해 보게.

모저 목사: 하나님이 창조하신 이 세상에서 어리석고 사악한 당신이 하나님을 파괴하려고 한다 해도 하나님이 굳이 당신의 말에 변명하실 필요는 없는 것 같군요. 나는 완강하게 끝까지 진실을 거부하다가 죽음을 앞에 두고서야 착각에서 깨어나는 가련한 사람들을 많이 보았소. 나는 당신의 임종을 지켜보겠소. 죽는 그 순간, 당신 옆에 서서 당신 눈을 똑바로 바라보겠소. 네로 같은 인물이 되지 않도록 조심하시오.

프란츠: 입 다물라. 내 똑똑히 말하지만 영혼은 파괴되어 사라지는 것이 분명하다. 그것에 대해서는 답변할 필요도 없다! 그렇다면 하나님을 가장 분노하게 하는 제일 큰 죄가 무엇인지 말해보아라.

모저 목사: 내가 알기로는 두 가지 죄밖에 없소. 하지만 그것은 사람으로서 차마 저지르지 못할 죄이고, 또 사람들은 그런 죄가 있는 줄도 모르오.

프란츠: 두 가지가 있단 말이지?

모저 목사: (매우 의미심장한 말투로) 하나는 제 아비를 죽이는 것이고, 또 하나는 제 형제를 죽이는 것이오. 그런 자는 차라리 태어나지 않는 편이 더 좋을 것이오! 제아무리 악독한 짓을 많이 저질렀어도 제 아비를 살해한 자에 비하면 성자라고 할 수 있소(『도적 떼』, 215-221).

물론 영화나 연극이 아닌 현실에서는 프란츠처럼 형제와 부모를 배신하고 죽음으로 몰아가는 사람을 쉽게 찾아볼 수 없다. 하지만 반대로 그런 관계를 소중히 여기며 마음을 다해 가꾸어가는 사람도 많지 않다. 부부 관계, 부모 관계, 형제 관계는 하나님이 맺어주신 최소한의, 곧 가장 기본적인 관계다. 이 관계를 보호하는 법이 잘 지켜져야 사회가 유지될 수 있다. 이혼율이 증가하고, 부모와 자녀의 대화가 단절되고, 형제간 갈등이 심화하면 심화할수록 사회는 뿌리부터 흔들리게 된다. 반대로 가정이 안정되어야만 사회가 바로 설 수 있다.

청소년기는 이성보다는 감성이 지배하는 시기다. 청소년들의 행동을 지배하는 동기는 윤리적 당위성이나 규범이 아니라 감정과 충동이 될 때가 많다. 그래서 청소년기를 "질풍노도의 시기"라고 부르기도 하는데, 이는 이성의 억압에서 인간의 감정과 욕구를 해방하고자 했던 "질풍노도 문학"의 특성이 반영된 호칭이다. 그 호칭에 걸맞게 청소년들은 하나님께 회심하는 과정에서도 이성적인 깨달음보다 감정의 격앙, 관계, 충동에 따르는 경우가 많다. 하나님을 찬양하거나 기도할 때도 어른들보다 열정적이며 하나님 앞에서 느끼는 정서도 깊고 다양하다.

하나님은 우리의 이성뿐 아니라 감정을 포함한 전 인격을 구속하셨기 때문에 그런 신앙의 모습이 반드시 나쁜 것은 아니다. 그러나 꼭 알아야 할 사실이 있다. 눈에 보이지 않는 하나님을 향한 사랑은 눈에 보이는 사람과의 관계 속에서 구체적으로 드러나야 한다는 것이다. 하나님은 당신이 우리에게 허락하신 소중한 혈육 관계를 더욱 아름답게 가꾸어가기를 바라신다. 오늘, 용기를 내서 부모님께 사랑한다고 고백해보자.

믿음 노트

1. "부모를 공경하라"는 말씀은 십계명뿐 아니라 잠언을 비롯한 성경 곳곳에 등장합니다. 그런데 예수님은 반대로 "내가 온 것은 사람이 그 아버지와, 딸이 어머니와, 며느리가 시어머니와 불화하게 하려 함"(마 10:35-36)이라고 말씀하셨습니다. 상반되어 보이는 두 가르침을 어떻게 해석해야 할지 마태복음 10:34-39을 살펴보고 이야기해봅시다.

2. 하나님이 원하시는 부모 공경의 모습을 오늘 자신의 삶에서 실천하려면 어떻게 해야 할까요?

제40과

제6계명의 요구
마녀사냥

제105-107문

🏷️ 그림으로 이해하기 #알트도르퍼의 "이수스 전투"(뮌헨 알테 피나코테크 소장)

승리의 영광과 희생양

알브레히트 알트도르퍼(Albrecht Altdorfer, 1480?-1538)의 "이수스 전투"는 뮌헨 알테 피나코테크에 소장된 가장 유명한 그림 중 하나다. 알렉산드로스 대왕(Alexandros III, 기원전 356-323)이 페르시아를 결정적으로 꺾은 역사적 사건을 소재로 한 이 그림은 셀 수 없을 만큼 많은 병사를 장엄하게 묘사한다.

그림을 자세히 들여다보면 병사들이 둘러싼 중간 부분 왼편에 전차를 타고 도망가는 페르시아의 다리우스 3세(Darius III, 기원전 ?-330)가 보인다. 오른편에서 창을 겨누고 그를 쫓아가는 사람이 바로 알렉산드로스 대왕이다. 알렉산드로스 대왕은 1대 4라는 절대적인 수적 열세에도 불구하고 탁월한 전술과 저돌적인 돌파로 전투에서 승리했다.

고대 그리스의 연합군과 페르시아 제국 사이의 전쟁은 동서양이 격돌한 최초의 전쟁으로 기록되어 있다. 우리가 자주 들어본 마라톤 전투, 테르모필레 전투, 살라미스 해전 등이 모두 기원전 5세기의 그리스-페르시아 전쟁 중 일어난 사건들이었다. 이수스 전투는 그보다 대략 150년 후의 전투였다. 여기서 승리한 알렉산드로스는 다리우스를 물리침으로써 세계를 제패하고 그리스에서 이집트와 메소포타미아를 넘어 인도 서부에 이르는 대제국을 건설했다.

그렇다면 알트도르퍼는 1529년에 왜 이 그림을 그렸을까? 먼저 우리의 시선을 끄는 것은 그림 맨 위의 문구다. 이 문구의 내용은 다음과 같다.

알렉산드로스 대왕은 페르시아 군대의 보병 10만과 기병 1만을 죽이고 마지막으로 다리우스를 격퇴했다. 다리우스는 기병 1,000명과 함께 도망쳤고 그의 아내와 아이들은 포로로 잡혔다(『알테 피나코테크』[마로니에북스, 2014], 94).

즉 이 그림은 알렉산드로스 대왕이 페르시아 군대를 상대로 거둔 대승을 기리기 위한 것이다. 그런데 그림 오른편에서 왼편으로 공격하는 알렉산드로스 대왕의 군대는 흥미롭게도 신성 로마 제국의 상징이 새겨진 깃발을 들고 있다. 아무래도 알트도르퍼는 이 그림을 그리면서 신성 로마 제국으로 상징되는 서구 세계가 오스만 제국의 확장에 위협을 당하던 당시의 국제 정세를 염두에 둔 듯하다.

1453년에 동로마 제국을 멸망시킨 오스만 제국은 계속해서 세력을 확장하며 헝가리, 트리폴리를 병합하고 지중해의 제해권을 공고히 해나가고 있었다. 강력한 전제주의를 바탕으로 막강한 군사력을 보유한 오스만 제국은 시시각각 신성 로마 제국의 영토를 위협하고 있었다. 이런 상황에서 알트도르퍼는 신성 로마 제국에 속한 국가들이 오스만 제국을 격퇴하기를 바라는 열망을 그림에 담았다.

대제국을 건설하고 동·서양의 문화를 융합한 알렉산드로스 대왕의 명성은 알트도르퍼에게뿐 아니라 우리에게도 쉽게 잊히지 않을 인상을 남긴다. 알트도르퍼가 알렉산드로스 대왕 같은 영웅이 나타나 적을 물리쳐 주기를 바란 것은 당시 많은 사람의 마음과 다르지 않았다. 그런데 문제가 있다. 그림의 문구가 말해주듯이 영웅의 탄생은 언제나 수많은 사람의 희생을 바탕으로 하기 때문이다!

알렉산드로스 대왕이 세계를 제패하기 위해 원정길에 오르는 동안 그의 휘하에서 희생당한 부하의 수는 얼마나 될까? 또한 무자비하기 이를 데 없던 그의 군대가 전쟁에서 죽인 사람들의 수는 얼마나 될까? 알렉산드로스 대왕의 명성을 위해 스러져간 수십만의 생명을 떠올려보자. 그리고 그들이 누군가의 사랑하는 자식이며 가족이라는 사실을 생각해보자. 인류는 다양한 대의명분으로 끊임없이 전쟁을 벌여왔지만 어떤 이유에서건 살인과 폭력은 정당화될 수 없다.

하나님은 제6계명을 통해 "살인하지 말라"라고 말씀하셨다. 하지만 "국가"라는 이름으로 자행되는 폭력에 희생되는 사람들은 얼마나 많은가? 왕이나 교황, 국가를 위해 누군가의 목숨을 빼앗는 일이 정당화될 수 있는가? 앞의 그림을 채우고 있는 수많은 병사 한 사람 한 사람의 가치는 실상 천하보다 귀하다.

오늘날에도 국가의 대의명분을 위한 전쟁에서 희생되는 사람들, 이익을 극대화하는 기업 논리에 생명을 담보로 맡겨야 하는 사람들, 이데올로기에 사로잡혀 서로 죽고 죽이는 잘못을 범하는 사람들이 너무 많다. 이런 세상 속에서 "살인하지 말라"는 하나님의 말씀이 우리에게 어떤 의미가 있는지 살펴보자.

 **성경 수업**

마음 열기

1. 집에서 키우는 애완동물이 있다면 소개해봅시다.

2. 자신이 화를 잘 내는 편인지 이야기해봅시다.

살인하지 말라

예수님은 산상수훈에서 십계명에 대해 언급하시며 형제에게 분노하는 자는 살인한 자와 마찬가지로 심판을 받게 된다고 말씀하셨다(마 5:21-22). 보통 사회에서 통용되는 법은 사람의 "행위"에 초점이 맞추어진다. 실제 행동으로 증거를 남기지 않으면 마음속으로는 아무리 큰 죄를 지어도 처벌할 수 없으며 별문제가 되지 않는다.

하지만 예수님은 우리가 마음속으로 범하는 죄까지 해결해야 한다고 말씀하셨다. 예수님은 율법을 없애기 위해서가 아니라 오히려 완전하게 하시려고 이 땅에 오셨다. 하나님은 우리의 행동뿐만 아니라 마음속 동기까지 모두 살피는 분이시다. 따라서 우리는 율법을 겉모습뿐만 아니라 마음으로 온전히 지켜야 한다. 그렇다면 어떻게 하는 것이 "살인하지 말라"는 제6계명을 겉으로만이 아니라 마음으로도 지키는 것일까?

예수님은 형제에게 노하고 모욕하는 사람은 살인한 사람과 마찬가지라고 말씀하셨다. 분노는 살인의 동기다. 또한 분노하고 성을 내는 것은 하나님의 의를 이루지 못한다(약 1:20). 그렇다면 우리는 "살인하지 말라"는 계명을 좀 더 깊고 넓은 의미에서 살펴보아야 한다.

제6계명을 누군가의 생명을 빼앗는 "행위"에 대한 것으로만 제한해서 이해하면 우리는 이 계명에 관심을 두지 않아도 된다. 실제로 살인죄를 저지르는 사람은 극소수이기 때문이다. 하지만 예수님은 제

6계명이 우리 모두에게 너무나 익숙한 "분노"라는 죄와 상관이 있다고 말씀하신다. 또한 에베소서 4장은 분을 내고 죄를 짓는 것과 성령 하나님을 슬프게 (근심하게) 하는 것을 서로 연결한다. 분노는 도둑질, 강탈, 언어폭력, 거짓말의 씨앗이 된다(엡 4:26-31).

베드로전서 3:9-11은 적극적인 측면에서 우리가 악을 선으로 갚는 단계로 나아가야 한다고 요구한다. 생명을 존중하고 거짓을 피하며 악에서 떠나 선을 행하고 화평을 구하는 모든 것이 제6계명을 지키는 것에 포함된다. 우리는 단순히 사람을 죽이지 않는 것이 아니라 바로 이런 말씀들을 삶 가운데 실현함으로써 축복의 통로가 되어야 한다. 하나님은 이를 위하여 우리를 세상에 보내셨다고 말씀하신다(벧전 3:9).

이런 관점에서 보면 오늘날 사회문제가 되는 자살, 자해, 폭력, 학대, 동물 학대, 자연 파괴 등이 모두 제6계명이 금하는 범주에 해당한다는 사실을 알 수 있다. 제6계명이 구체적으로 어떤 것들을 금하는지 아래에 정리해보았다.

○ 관련 성구

사람이 성내는 것이 하나님의 의를 이루지 못함이라(약 1:20).

26분을 내어도 죄를 짓지 말며 해가 지도록 분을 품지 말고 27마귀에게 틈을 주지 말라. 28도둑질하는 자는 다시 도둑질하지 말고 돌이켜 가난한 자에게 구제할 수 있도록 자기 손으로 수고하여 선한 일을 하라. 29무릇 더러운 말은 너희 입 밖에도 내지 말고 오직 덕을 세우는 데 소용되는 대로 선한 말을 하여 듣는 자들에게 은혜를 끼치게 하라. 30하나님의 성령을 근심하게 하지 말라. 그 안에서 너희가 구원의 날까지 인침을 받았느니라(엡 4:26-30).

9악을 악으로, 욕을 욕으로 갚지 말고 도리어 복을 빌라. 이를 위하여 너희가 부르심을 받았으니 이는 복을 이어받게 하려 하심이라. 10그러므로 생명을 사랑하고 좋은 날 보기를 원하는 자는 혀를 금하여 악한 말을 그치며 그 입술로 거짓을 말하지 말고 11악에서 떠나 선을 행하고 화평을 구하고 그것을 따르라(벧전 3:9-11).

① 살인, 자살, 낙태처럼 생명을 해치는 행위

② 폭력, 자해, 학대처럼 생명에 상처를 주는 행위

③ 언어폭력, 착취, 강탈, 왕따처럼 인격을 죽이는 행위

④ 동물 학대나 유기, 자연 훼손처럼 생명을 경시하는 행위

제6계명이 이런 행위들을 금한다는 사실을 반드시 기억하기 바란다. 오늘날 어떤 사람들은 국익이나 공익, 인권처럼 어떤 대의명분을 내세워 이런 행위들을 옹호하기도 한다. 하지만 그 이유가 무엇이 되었든 간에 생명을 위협하고 해치는 행위가 제6계명에 저촉된다는 사실은 변하지 않는다.

하이델베르크 교리문답 살펴보기

제105문 하나님은 제6계명에서 무엇을 요구하십니까?

답 직접적으로나 간접적으로 나의 이웃을 행동과 생각, 말, 혹은 몸짓으로라도 모욕하거나 미워하고 상처를 주거나 죽여서는 안 됩니다. 오히려 나는 모든 복수에 대한 욕망에서 벗어나야 합니다. 그뿐 아니라 나 자신을 자해하거나 위험에 빠뜨려서도 안 됩니다. 따라서 정부도 사적 복수를 제한할 제도를 갖추어야 합니다.

제106문 제6계명은 살인에 관해서만 이야기합니까?

답 살인을 금하신 것은 하나님이 살인의 내적 동기를 싫어하신다는 사실을 알려주기 위해서입니다. 그것은 시기, 미움, 분노, 복수심 같은 동기들이며 하나님은 이를 살인과 같다고 보십니다.

제107문 그렇다면 우리가 그런 방식으로 이웃을 죽이지 않으면 계명을 지키는 것입니까?

답 아닙니다. 하나님이 시기, 미움, 분노, 복수심을 언급하실 때는 우리 이웃을 우리 자신처럼 사랑할 것을 명령하신 것입니다. 하나님은 우리가 인내, 화평, 온유, 자비, 친절을 이웃에게 보여주고 할 수 있는 한 그들을 보호하며, 심지어 원수들에게까지 그렇게 할 것을 원하십니다.

교실 밖 수업 #로텐부르크

중세의 마녀사냥

이번 "교실 밖 수업"은 "중세의 보석"이라고 불리는 로텐부르크로 찾아가 보자. 로텐부르크의 정식 명칭은 "로텐부르크 오프 데어 타우버"(Rothenburg ob der Tauber), 즉 "타우버강 위의 로텐부르크"다. 이름대로 타우버강을 끼고 형성된 이 작은 도시는 중세의 분위기를 그대로 간직하고 있으며 뷔르츠부르크부터 퓌센까지 이어지는 "로만티크 가도" 중 가장 아름다운 장소로 꼽힌다. 그래서 이 고풍스러운 마을을 찾는 관광객의 발길은 끊이지 않는다.

로텐부르크는 규모가 크지 않지만 고풍스러운 분위기에 걸맞게 4개의 박물관이 있다. 그중 우리가 들릴 곳은 "중세고문박물관"(Mittelalterliches Kriminalmuseum)이다. 조금은 으스스한 이곳에 방문해서 중세의 "마녀사냥"에 대해 알아보자.

로텐부르크는 걸어 다니며 살펴보기에 딱 좋다. 중세고문박물관

로텐부르크 시내

은 예쁜 기념품 가게와 식당들이 있는 마을 중앙을 지나 부르크 거리 (Burggasse) 3번지에 자리를 잡고 있다. 입구에서 전시관으로 들어서면 중세에 실제로 사용된 다양한 고문 기구들을 볼 수 있다. 각 기구에는 간략한 설명도 붙어 있는데 누군가 그 기구를 통해 끔찍한 고통을 당했다고 생각하면 섬뜩한 기분마저 든다.

중세에 다양한 고문 기구들이 발달한 이유 중 하나는 소위 "마녀사냥"이라고 하는 종교재판과 관련이 있다. 역사적으로 중세 시대에 적어도 약 6만 명의 사람들이 "마녀" 혹은 "마법사"로 몰려 죽임을 당했다고 한다. 그런데 우리는 비극적이게도 이런 무자비한 인권 침해가 교회의 승인 아래 "신

방문지 주소
중세고문박물관: Burggasse 3-5, 91541 Rothenburg ob der Tauber

의 이름으로" 자행되었다는 사실을 기억해야 한다.

"마녀사냥"은 중세 말기에 갑작스럽게 나타난 현상은 아니었다. 유럽에 흑사병이 돌았을 때, 중세 교회는 대재앙에 대한 민중의 불만을 해소하고자 유대인에게 책임을 뒤집어

로텐부르크 중세고문박물관에 전시된 고문 기구들

씌웠다. 그로 인해 수많은 유대인이 교회에서 자행된 "합법적 살인"의 피해자가 되었다. 그 뒤로 유럽의 중세 사회에는 각종 질병과 기근, 흉작, 자연재해 등이 이어지며 붕괴 조짐을 보였는데, 그런 문제가 생길 때마다 교회는 그 원인을 종교적으로 규명하면서 새로운 피해자들을 찾아 나섰다.

이때 손쉽게 사람들의 표적이 된 것은 가난한 사람이나 정신 질환을 앓고 있는 사람들이었다. 그리고 마녀사냥의 피해자 중 80퍼센트 정도가 여성이었는데 이는 마녀사냥이 사회적 약자들에 대한 폭력이었다는 사실을 분명하게 드러내 준다.

종교적으로 "의심스러운" 여성들은 마녀로 지목되어 자백을 강요받았다. 안타깝게도 마녀로 지목된 사람은 죽음을 면하기 어려웠다. 고문을 이기지 못해 혐의를 인정하는 사람은 물론이고 혐의를 인정하지 않는 사람도 진짜 마녀가 아니라면 하나님이 그를 살려주실 것이라는 궤변에 따라 죽임을 당했기 때문이다. 또한 마녀사냥의 희생자들이 고문에 못 이겨 다른 사람을 마녀로 지목하면 그 피의자는 어떠한 법적인 보호나 변호도 받지 못한 채 또다시 마녀로 몰리는 악순

환이 이어졌다. 그 결과 셀 수 없이 많은 사람이 억울하게 생명을 잃을 수밖에 없었다.

그런데 이런 상황에서 교회는 무엇을 하고 있었을까? 사실 중세의 수많은 "마녀"는 교회의 이익을 위해 희생된 사람들이었다고

중세고문박물관에 전시된 그림

할 수 있다. 중세 교회는 마녀사냥을 통해 사람들의 불만을 잠재우면서 수많은 위기 상황을 모면하고 동시에 사람들에게 공포심을 심어주어 권위를 유지하려고 했다. 또한 마녀로 몰린 사람들의 재산은 가차 없이 몰수되었으니 마녀사냥은 교회의 권위를 높여주면서 주머니도 두둑이 채워주는 일거양득의 "사업"이었다.

교회의 무지와 오만에서 비롯된 마녀사냥은 그리스도인들에게 너무나 부끄러운 역사로 남아 있다. 그리고 좀 더 자세히 살펴보면 마녀사냥을 이끌어간 사람들이 광기와 충동에 사로잡힌 살인마들이 아니라 지극히 정상적인 "신앙인"들이었다는 사실을 확인할 수 있다. 그들은 평범하고 무고한 여성들을 잔인하게 고문하고 화형시키면서도 양심의 가책을 느끼지 않았다. 그들은 분명히 살인죄를 저지르면서도 그것이 바로 "하나님의 뜻"이라고 믿었다. 어떻게 이런 일이 벌어질 수 있을까? 두말할 것 없이 이는 성경을 잘못 해석하고 적용한 교회의 책임이었다.

중세 스콜라 철학을 집대성한 토마스 아퀴나스(Thomas Aquinas, 1224-1274)는 "남자는 하나님의 형상으로 지음을 받았지만 여자는 그렇지 않다"고 주장했다. 이는 여성 혐오를 정당화하는 논리였으며 마녀사냥의 근거가 되었다. 또 1215년 라테란 공의회에서 로마 가톨릭은 "고해성사"를 합법화하면서 모든 사람이 반드시 사제들 앞에서 죄를 자백하고 회개할 것을 제도화했다. 고해성사는 마녀사냥의 상황에서 의심이 가는 여성들에게 자백을 강요하는 도구가 되었다. 이후 로마 가톨릭은 종교재판소를 만들고 자백을 끌어내기 위한 고문까지 허용했다.

자신에게 불편한 누군가에게 "마녀"라는 낙인을 찍어 그를 미워하는 행동을 정당화하는 것은 큰 죄다. 그런데 마녀사냥은 로마 가톨릭의 전유물이 아니었다. 개신교도 마녀사냥과 무관하지 않았다. 루터는 독일농민전쟁에서 농민들에게 등을 돌린 후 출애굽기 22:18을 인용하면서 "마녀를 죽이라"고 설교했다. 그는 마녀를 심문할 때면 고문하는 것이 효과적이라고 가르치기까지 했다. 청교도들이 대서양을 건너서 신대륙에 정착했을 때도 마찬가지였다. 그들은 북미의 인디언들을 잔인하게 학살할 때도 잘못된 성경 해석을 근거로 사용했다. 이스라엘 백성이 약속의 땅을 차지하기 위해 가나안 족속들을 진멸했듯이 자신들도 원주민을 몰아내야 한다고 주장했던 것이다. 제2차 세계대전 당시 독일의 "그리스도인" 병사들이 수많은 유대인을 수용소에서 학대하면서도 양심의 가책을 전혀 느끼지 못한 것도 비슷한 사례다.

이에 대해 사람들은 어떻게 생각할까? 그리스도인들이 성경을 잘못 해석하고 적용하는 일은 그 자체로 기독교 신앙에 대한 불신을 불러일으킨다.

냉혹한 눈으로 보면 성서에는 진리가 없을지도 모른다. 당대의 학자들이 이렇게 나서서 마녀사냥을 학문과 연관지어 옹호한 자체가 어리석음의 극치였기 때문이다(『중세의 잔혹사 마녀사냥』[이랑, 2015], 13).

그리고 오히려 마녀사냥을 반대했던 사람들이 구교나 신교의 성직자들이 아니라 오히려 소수의 의사였다는 사실은 우리에게 많은 것을 생각하게 한다. 마녀사냥을 목격한 중세의 한 의사는 다음과 같은 기록을 남겼다.

"우리가 잡아들이는 사람들은 마녀가 아니다. 대부분 우울증을 앓고 있는 아픈 사람일 뿐이다. 그런 사람들은 잡아 죽일 것이 아니라 의사의 치료를 받게 해야 한다"(『중세의 잔혹사 마녀사냥』, 66).

하나님은 십계명을 통해 "살인하지 말라"고 명령하셨다. 그리고 예수님은 형제에게 분노하는 마음까지도 다스릴 수 있어야 한다고 말씀하셨다. 그런데 예수님을 따라야 할 교회가 사랑의 본을 보이기는커녕 여러 가지 이유로 차별과 학대, 폭력과 살인을 정당화하는 죄악을 범해왔다. 중세고문박물관을 나서며 중세의 그리스도인들이 범했던 실수를 다시는 반복하지 말자고 다짐해본다.

🏷️ **선생님의 칠판** #정승민 선생님

종교재판소

　로마 가톨릭의 종교재판소는 1231년 교황 그레고리우스 9세(Gregorius IX, 1170?-1241)에 의해 처음 설치되었다. 종교재판소는 원래 이단을 색출하기 위한 기구로서 교황이 임명한 특별 재판관이 배석한 재판소를 의미했다. 특별 재판관은 이단이 발흥한 지역에 가서 이단을 찾아내 개종시키거나 처벌하는 임무를 수행해야 했다.

　그런데 종교재판에서는 피의자의 자백이 가장 확실한 증거였다. 대다수 재판에서 이단 혐의와 관련한 특별한 물증을 찾을 수 없었기 때문이다. 게다가 피의자들은 어떻게든 혐의를 벗으려고 노력했기 때문에 이단을 색출하기는 매우 어려운 일이었다. 그 결과 교황 인노켄티우스 4세(Innocentius IV, ?-1254)는 종교재판 과정에서 피의자에 대한 고문을 허용하기에 이른다.

　그 이후 종교재판은 중세 기독교를 상징한다고 여겨질 정도로 번져나갔다. 고문을 이기지 못한 피의자들이 마술이나 마법, 악마 숭배 등의 허무맹랑한 혐의까지 인정하고, 이를 사실로 받아들인 많은 사람이 충격을 받아 계속해서 이단자와 "마녀"를 색출하는 데 힘쓰는 악순환이 이어졌기 때문이다.

　사실 종교재판의 과정은 공정하지 못했다. 고발당한 피의자는 재판에 소환되기 전에 이미 유죄나 마찬가지였고 변호인의 조언을 받을 권리조차 주어지지 않았다. 피의자는 자기 죄를 고백하고 회개할지, 고백하지 않고 처벌을 받을지 결정해야 했다. 잔인한 고문에도 죄를 고백하지 않는 사람은 화형에 처했고 죄를 회개한 사람도 목숨만 유지할 뿐 모든 재산을 몰수당해야 했다.

중세 말 종교개혁의 확산을 손 놓고 볼 수 없었던 로마 가톨릭은 늘어나는 "이단"을 억제하고 종교적 통일성을 유지하기 위해서 종교재판소를 상설 기구화했다. 하지만 종교재판소는 점차 박해의 장소로 인식되었고 결과적으로 로마 가톨릭의 이미지에 좋지 않은 영향을 미쳤다. 종교재판소는 종교적인 권위를 등에 업고 제도적인 정당성을 전면에 내세웠지만 실제로는 "합법적인 살인"을 조장하고 정당화하는 권력 기구에 지나지 않았기 때문이다.

우리는 우리 사회에서 종교재판의 역사가 다시는 되풀이되지 않도록 주의를 기울여야 한다. 실제로 우리나라의 역사에서는 독재 권력에 의해 "빨갱이"로 몰려 억울하게 목숨을 잃은 사람이 많이 있다. 또한 힘없고 가난한 사람들이 사법 당국에 의해 누명을 쓰고 억울한 옥살이를 한 일도 있다. 거대 기업의 횡포로 피해자가 가해자로 뒤바뀌기도 하고 기득권에 빌붙은 언론에 의해 의인이 죄를 뒤집어쓰기도 한다.

이런 불의한 역사를 청산하기 위해서는 우리의 일상생활에서부터 남을 함부로 판단하고 정죄하는 일을 조심해야 한다. 예를 들어 친구들 사이에서 누군가가 잘못한 이야기를 들었을 때 당사자로부터 자초지종을 모두 듣기 전까지는 판단을 미루는 것이 좋다. 또 학교에서 벌어지는 왕따나 학교 폭력의 가해자들도 나름의 명분이 있는데 그런 생각에 동조하는 것도 피해자들에게는 씻을 수 없는 상처가 된다. 더 나아가 그리스도인들은 단순한 정보만을 가지고 인격 살인을 저지르는 "악플"도 제6계명의 관점에서 주의해야 한다.

이렇듯 우리가 제6계명을 온전히 지키기 위해서 할 수 있는 일들은 여러 가지가 있다. 더 나아가 우리는 우리 사회에서 일어나는 "합법적인 살인"이 무엇인지 분별하고 어떻게 하면 그것을 바로잡을 수 있는지 생각해보아야 한다. 어쩌면 이 책을 읽는 누군가에게 그것은 인생을 걸 만한 비전이나 사명이 될 수도 있을 것이다.

믿음 노트

1. 오늘날 사회에서 벌어지는 또 다른 "마녀사냥"의 행태들이 있다면 무엇인지 생각해봅시다.

2. 실제로 사람을 죽이는 일뿐만 아니라 생명의 가치를 무시하고 누군가에게 불의한 책임을 뒤집어씌우는 일도 제6계명에 저촉된다고 볼 수 있습니다. 자신이 지금 혹은 성장한 이후 우리 주변에서 벌어지는 이러한 죄를 근절시킬 수 있는 구체적인 방법은 무엇이 있을까요? 혹시 그것이 자신의 장래 희망이라면 어떻게 해야 그것을 이룰 수 있는지 기록해봅시다.

제41과

제7계명의 요구
괴테의 『젊은 베르테르의 슬픔』

제108-109문

🏷️ **그림으로 이해하기**   #크라나흐의 "젊음의 샘" (베를린 국립회화관 소장)

젊음의 샘을 찾아

앞서 제34과에서도 살펴보았듯이 대(大) 루카스 크라나흐는 루터의 동역자로서 주로 종교개혁 사상을 드러내는 그림을 그렸다. 그런데 베를린 국립회화관에 소장된 "젊음의 샘"은 그런 주제와 거리가 있어 보인다.

그림을 자세히 살펴보자. 그림의 왼편에 있는 사람들은 이제 막 젊음의 샘에 도착한 모습이다. 모두 나이가 많고 병이 들어서 마차를 타거나 누군가에게 업히고, 혹은 들것에 실리거나 부축을 받아 젊음의 샘에 찾아왔다. 그리고는 곧바로 옷을 벗고 젊음의 샘에 뛰어들 준비를 한다. 그에 반해 그림의 오른편에 있는 사람들은 젊음의 샘을 통해 젊음을 되찾은 모습이다. 그들은 이제 옷을 갈아입고 젊음을 즐길 기대에 부풀어 있는 듯하다.

하지만 사람들의 기대는 단순히 젊음을 되찾는 데에만 머무는 것 같지는 않다. 샘에 들어가기 전 노인들의 복장은 평민이나 농민의 것이지만, 샘에서 나온 사람들은 모두 값비싼 귀족의 옷으로 갈아입는다. 그들은 젊음을 되찾음과 동시에 높은 신분까지 얻게 되고 맛있는 음식과 흥겨운 음악이 준비된 연회를 즐길 수 있다.

게다가 젊음의 샘에 높이 솟아 있는 분수대 꼭대기에는 비너스와 큐피드의 조각이 세워져 있다. 아름다움과 관능의 여신인 비너스와 사랑의 매개자 노릇을 하는 그의 아들 큐피드! 이들의 존재는 젊음의 샘을 찾는 이들이 실은 사랑과 성적 쾌락을 위해 이곳에 왔다는 사실을 알려준다. 연회장에서 쌍쌍이 춤을 추거나 오른편 아래 나무 뒤에서 몰래 사랑을 나누는 남녀의 모습은 성에 대한 인간의 근원적인 욕망을 분명하게 드러내 준다. 이는 불과 얼마 전까지 죽음을 앞두었던 노파들의 행동이라고 상상하기 힘든 모습이다.

"젊음" 혹은 "영생"은 동서고금을 막론하고 많은 사람이 열망해온 것이다. 중국의 진시황(秦始皇, 기원전 259-210)은 먹으면 늙지 않는다는 불로초를 찾기 위해 특사들을 파견했다. 서양에서는 고대 그리스의 역사가 헤로도토스(Herodotos, 기원전 484?-430)가 젊음의 샘을 언급한 이후 알렉산드로스 대왕을 비롯한 수많은 권력가가 영원한 젊음을 가져다준다는 샘을 찾는 데 관심을 두었다. 오늘날에도 노화를 방지해준다는 식품이나 화장품 등의 인기는 식을 줄 모르고 사람들의 생명을 연장해준다는 생명과학기술은 눈이 부실 정도로 발전을 거듭하고 있다.

반대로 성경은 늙음에 대해 그리 부정적이지만은 않다. 물론 크라나흐의 그림은 늙었다고 해서 정욕이 사라지는 것은 아니라는 사실을 알려준다. 나이 든 사람들이 모두 현자가 되는 것도 아니다. 하지만 대개 사람은 나이가 들수록 자신의 한계를 인정하고 욕망을 제어할 수 있는 지혜를 얻게 된다. 그래서 백발은 영화의 면류관이다(잠 16:31). 공의로운 삶에 힘쓴 사람은 육신이 연약해지는 대신 경험이 쌓이면서 죄를 멀리할 힘을 얻게 된다.

십계명의 제7계명은 "간음하지 말라"는 것이다. 이 계명은 성에 대한 인간의 자연스러운 욕구를 부정하지 않으면서도 그 욕구를 함부로 발산해서도 안 된다고 선을 긋는다. 어떤 사람들은 나이가 들어 기력이 완전히 사라질 때까지 이 계명을 지키는 데 어려움을 겪는다. 하지만 하나님을 경외하고 하나님의 말씀에 순종하고자 하는 사람은 젊어서부터 이 계명을 잘 지키기 위해 유의해야 한다. 지금부터 어떻게 하는 것이 제7계명을 지키는 것인지, 어떻게 해야 이 계명을 잘 지킬 수 있는지 알아보자.

🏷️ 성경 수업

> 🚪 **마음 열기**
>
> 1. 자신이 생각할 때 "노출이 심하다"라는 평가의 기준이 무엇이라고 생각하는지, 노출이 심한 복장을 하고 다니는 사람에 대해서 어떻게 생각하는지 이야기해봅시다.
>
> 2. 남성다움, 여성다움이 무엇이라고 생각하는지 이야기해봅시다.

간음하지 말라

남자와 여자가 부모를 떠나 한 몸을 이루는 것은 지극히 자연스러운 창조의 섭리다. 하나님은 성경을 통해 결혼이 거룩한 관계여야 한다는 사실을 누누이 말씀하셨다. 간음은 결혼으로 맺어진 관계에서 벗어난 부정한 성관계를 하는 것을 말하며 "간음하지 말라"는 제7계명은 부부 관계에서 지켜야 할 최소한의 규칙이다.

그런데 예수님은 마태복음 5장의 산상수훈에서 "간음"에 대해 새롭게 정의해주셨다. 예수님은 실제로 부정한 관계를 맺는 것뿐 아니라 이성을 보고 마음에 음욕을 품는 것 자체가 간음에 해당한다고 말씀하셨다. 겉으로 드러나는 행위만이 문제가 아니다. 우리의 마음을 지키지 못하면 이미 우리는 죄에 종노릇하는 사람인 것이다.

그런데 급속도로 무너지는 우리 사회의 성도덕은 그리스도인에게도 악영향을 끼치는 것 같다. 곳곳마다 버젓이 세워져 있는 러브호텔이나 퇴폐 업소는 불륜과 음행을 부추긴다. 성매매를 금지하는 법령이 제정되어 있지만 갈수록 지능화되는 성매매를 모두 단속하기란 하늘의 별 따기다. 게다가 이혼율이 급증하면서 깨어진 가정들이 늘어나고, 결혼율은 급감하면서 행복한 가정생활을 누리는 사람들이 갈수록 줄어들고 있다. 롯이 소돔과 고모라에 거하면서 의로운 심령에 타격을 받은 것처럼, 그리스도인들도 음란한 세상 속에 살면서 성에 관한 건전한 의식에 상처를 받는다(벧후 2:6-8).

그리스도인 청소년들도 마찬가지다. 특히 대중매체와 인터넷의 발달로 인해 많은 청소년이 음란물과 저속한 성문화에 노출되어 있다. 건전한 이성 교제보다는 성적 접촉을 권장하는 듯한 미디어의 메시지에 휩쓸려 중심을 잃고 성 문제로 고민하는 청소년들도 적지 않다. 이런 상황에서 제7계명을 지킨다는 것은 어떤 의미가 있을까?

청소년은 결혼을 하지 않았기에 제7계명과 별 상관이 없다고 생각하는 사람이 있을지도 모른다. 하지만 예수님의 말씀을 기억한다면 "간음"이 우리와 밀접한 관계가 있다는 사실을 깨닫게 된다. 예수님은 실제 부정한 성행위를 하지 않아도 "음욕을 품고 여자를 보는 자마다 마음에 이미 간음하였느니라"(마 5:28)라고 말씀하셨다. 즉 예수님은 성에 대한 우리의 본성이 거룩해지기를 바라시는 것이다.

우리는 예수님의 은혜로 구원을 받았지만 우리의 본성이 즉시로 완전하게 변화되는 것은 아니다. 법적으로 하나님께 의롭다고 인정을 받았을 뿐, 여전히 우리 안에는 강력한 죄성이 남아 있다. 그리스도인도 거짓말을 할 때가 있고 누군가를 미워하기도 한다. 그리스도인도

성욕을 가지고 있으며 이를 그릇된 방법으로 해소하고 싶은 충동에 빠지기도 한다.

이에 대해 성경은 우리가 "선한 싸움"을 계속해서 해나가야 한다고 여러 차례 강조한다. 심지어 죄와 싸울 때 "피 흘리기까지" 대항해야 한다고 말씀하기도 한다(히 12:4). 이는 예수님이 간음에 대해 말씀하시며 심지어 눈을 빼고 손을 찍어버리는 한이 있어도 지옥에 가지는 말아야 한다고 강조하신 것과 맥을 같이한다. (물론 실제로 눈을 빼고 손을 잘라도 마음이 변하지 않는 한 소용이 없으니 엉뚱한 생각을 하지는 말기 바란다.)

특별히 사도 바울은 음행과 같은 성적인 죄들은 우리 몸에 직접 죄를 짓는다는 점에서 더 조심해야 한다고 말한다(고전 6:18). 우리의 몸은 하나님이 거하시는 "성전"(聖殿)이다(고전 6:19-20). 기독교는 영혼의 구원만을 말하지 않는다는 점에서 독특하다. 하나님은 우리의 몸에 복을 내리시고 부활을 통해 우리의 몸도 새롭게 하셔서 구원을 누리게 하실 것이다. 그래서 우리는 적극적으로 우리의 몸을 아끼고 보존하며 성적인 죄에서 보호해야 한다.

○ 관련 성구

3음행과 온갖 더러운 것과 탐욕은 너희 중에서 그 이름조차도 부르지 말라. 이는 성도에게 마땅한 바니라. 4누추함과 어리석은 말이나 희롱의 말이 마땅치 아니하니 오히려 감사하는 말을 하라(엡 5:3-4).

18음행을 피하라. 사람이 범하는 죄마다 몸 밖에 있거니와 음행하는 자는 자기 몸에 죄를 범하느니라. 19너희 몸은 너희가 하나님께로부터 받은 바 너희 가운데 계신 성령의 전인 줄을 알지 못하느냐? 너희는 너희 자신의 것이 아니라. 20값으로 산 것이 되었으니 그런즉 너희 몸으로 하나님께 영광을 돌리라(고전 6:18-20).

우리 청소년들이 제7계명과 관련해 염두에 두어야 하는 사항들을 구체적으로 생각해보자. 첫째, 결혼 전까지 성관계를 하지 않음으로써 하나님이 제정하신 결혼을 특별히 값지게 만들어야 한다. 둘째, 성에 대한 왜곡된 관점을 드러내는 음란물을 접하지 않음으로써 건강한 성 의식을 가져야 한다. 셋째, 성을 하나님이 허락하신 귀중한 선물로 여기며 음란하고 부정한 성적 표현들은 입에 담지 말아야 한다(엡 5:3-4). 넷째, 마음속으로 간음을 범하지 않도록 마음을 새롭게 함으로 변화를 받기 위해 성령의 능력을 구해야 한다(롬 12:2).

> ### 하이델베르크 교리문답 살펴보기
>
> **제108문** 제7계명은 우리에게 무엇을 가르칩니까?
> **답** 하나님은 모든 음란을 혐오하십니다. 우리는 반드시 마음에서부터 그것을 배척하며, 정결하고 절제된 삶을 살아야 합니다. 이것은 결혼하기 전이나 후에도 마찬가지입니다.
>
> **제109문** 하나님은 이 계명에서 간음과 같은 부끄러운 죄들만을 금하고 계십니까?
> **답** 우리의 몸과 영혼은 성령이 거하시는 성전이기 때문에 우리 자신을 정결하고 거룩하게 보존하는 것이 하나님의 뜻입니다. 그러므로 우리는 모든 음란한 행위, 몸짓, 말, 생각, 욕구 및 우리를 유혹하는 모든 더러움에서 우리를 지켜야 합니다.

교실 밖 수업   #프랑크푸르트, 가르벤하임

괴테의 흔적을 찾아

영국에 셰익스피어(William Shakespeare, 1564-1616)가 있다면 독일에는 괴테가 있다. 『파우스트』, 『젊은 베르테르의 슬픔』을 통해 유럽은 물론 전 세계에 이름을 알린 독일의 대문호 괴테는 1749년 프랑크푸르트에서 태어났다. 프랑크푸르트에 방문하게 되면 괴테의 생가인 괴테하우스(Goethehaus)를 찾아가 보자. 괴테하우스는 프랑크푸르트 중심지에 있는 뢰머베르크 광장(Römerberg Platz)에서 멀지 않은 곳에 자리하고 있다. 원래 있던 생가는 제2차 세계대전 당시 폭격으로 인해 완전히 파괴되었지만 지금은 복구되어 박물관으로 사용되고 있다.

방문지 주소
괴테 생가: Großer Hirschgraben 23-25, 60311, Frankfurt am Main
괴테 광장: Goetheplatz, 35583, Wetzlar

괴테하우스에서 괴테와 직접적인 관련이 있는 곳은 3, 4층이다. 그는 이 집에 드나들면서 『파우스트』를 구상했고 『젊은 베르테르의 슬픔』의 원고를 다듬었다. 특히 4층은 왕실 관료였던 괴테의 아버지가 사용하던 방으로 대략 2천 권의 서적이 비치되어 있다. 또한 그의 어머니는 시장의 딸이었는데, 괴테는 유력한 부모님 슬하에서 양질의 교육을 받으며 대문호

괴테하우스 내부

의 자질을 계발할 수 있었다. 괴테의 생애와 작품에 대해 미리 알아놓으면 "교실 밖 수업"을 진행하면서 더 많은 것을 느끼게 된다.

괴테가 『젊은 베르테르의 슬픔』을 본격적으로 집필했던 곳은 베츨라어(Wetzlar)였다. 라이프치히 대학교에서 법학을 공부한 괴테는 졸업 후 고등법원에서 견습생으로 근무하기 위해 베츨라어에 자리를 잡았는데, 이곳에서 약혼자가 있는 여인에게 연정을 품게 된다. 『젊은

괴테의 흔적이 서린 가르벤하임. 괴테 기념비와 벤치에 앉아 있는 괴테의 동상이 보인다.

『베르테르의 슬픔』은 이때의 경험을 바탕으로 만들어진 소설이다.

베츨라어는 프랑크푸르트에서 북쪽으로 기차를 타고 1시간가량 가면 도착할 수 있다. 베츨라어 역에서 약 2킬로미터 정도를 걸으면 가르벤하임(Garbenheim)이라는 조용한 마을에 도착하는데, 이곳이 바로 괴테가 머물렀던 장소다. 학자들은 『젊은 베르테르의 슬픔』의 주 무대인 "발하임"이 가르벤하임을 모델로 한다는 데 의견을 같이한다. 가르벤하임의 괴테 광장(Goetheplatz)에 가면 젊은 괴테가 의자에 앉아 사색하는 모습의 동상을 볼 수 있다.

가르벤하임은 너무도 조용하고 아담한 마을로서 이곳을 찾는 여행자도 많지 않다. 하지만 괴테에게 큰 명성을 안겨준 『젊은 베르테르의 슬픔』이 이곳에서의 경험을 바탕으로 한다고 생각하면 왠지 여러 가지 생각이 꼬리를 물고 밀려온다. 이어지는 "선생님의 칠판"을 통해 『젊은 베르테르의 슬픔』이 우리에게 어떤 의미가 있는지 자세히 살펴보자.

🏷️ **선생님의 칠판** #이효선 선생님

『젊은 베르테르의 슬픔』 엿보기

질풍노도 문학이 독일 문학계를 휩쓸던 18세기 중반, 20대의 괴테 역시 질풍노도와 같은 열정적이고 파란만장한 생을 살았다. 종교개혁의 나라인 독일에서는 18세기에 경건주의 운동이 확산되면서 엄격한 윤리의식이 강조되기도 했다. 하지만 절대왕정의 부조리가 드러나고 계몽주의가 붕괴하는 시대 상황 속에서 더 많은 사람이 기존 사회의 관념에 문제를 제기하며 개인의 생각과 감정의 가치를 우선시하는 현상을 막을 수는 없었다.

괴테의 『젊은 베르테르의 슬픔』은 기존의 가치관과 사회체제에 대항하는 질풍노도 문학의 대표작이다. 이 소설은 당시 사회적으로 큰 반향을 불러일으켰다. 독일뿐 아니라 유럽의 많은 젊은이가 소설에 묘사된 주인공의 옷차림을 따라 하거나 주인공처럼 윤리적으로 허용되지 않는 사랑에 열중하다가 자살로 생을 마감하기도 했다. 오늘날에도 유명인이 자살한 후 그것을 모방하는 자살

괴테

이 급증하는 현상을 "베르테르 효과"라고 할 정도다. 여기서 우리는 괴테처럼 영향력 있는 사람이나 그리스도인들이 사회에서 가져야 할 책임이 얼마나 중요한가를 되새겨보게 된다.

『젊은 베르테르의 슬픔』은 주인공 베르테르가 친구 빌헬름에게

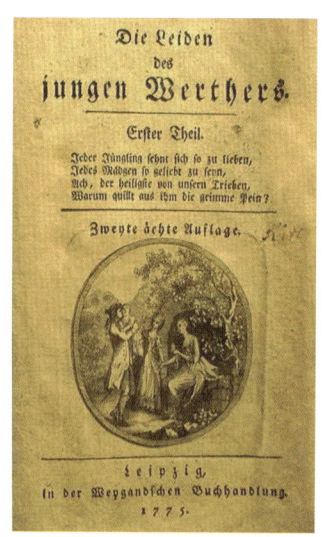

1775년에 출간된 『젊은 베르테르의 슬픔』의 표지

날짜별로 쓴 편지를 모아놓은 서간체 소설이다. 『젊은 베르테르의 슬픔』의 내용을 살펴보면서 이 작품을 어떻게 해석해야 할지 생각해보자.

소설의 주인공 베르테르는 감성이 풍부한 젊은 지식인이다. 그는 발하임에서 열린 무도회에서 로테를 만나 첫눈에 반한다. 베르테르는 로테와 친분을 쌓으면서 사랑을 키워가는데, 로테의 약혼자인 알베르트가 등장하면서 좌절감을 겪는다. 알베르트는 이지적인 인물로서 계몽주의를 상징하듯이 매사에 엄격하고 확고한 기준을 가지고 살아간다. 베르테르는 로테를 잊고자 발하임을 떠나지만 이내 로테 곁으로 돌아오고, 그녀 곁을 맴돌다가 결국에는 사랑을 고백하게 된다. 로테는 당황하여 단교를 선언하고 절망을 느낀 베르테르는 알베르트에게 빌린 권총으로 자살하고 만다.

괴테는 개인의 감정과 판단을 중시한 나머지 시공간을 초월한 절대적 윤리에 대한 무시를 미화하는 데까지 나아갔다. 많은 사람은 이를 문학사적인 관점에서 긍정적으로 평가한다. 하지만 우리는 이 작품을 대하면서 유부녀에 대한 구애와 그것의 실패로 인한 자살이 정당화될 수 있을까 하는 의문을 품게 된다. 『젊은 베르테르의 슬픔』의 한 부분을 엿보면서 좀 더 구체적으로 생각해보자.

8월 12일.
알베르트가 하늘 아래서 가장 훌륭한 사람임은 분명하다네…. 그런데 그 친구는 정말 용의주도하다고!…이번엔 아주 긴 설교를 하더군. 그래서 나는 마침내 더 이상 듣지 않고 나름의 공상에 빠졌다네. 그러다가 화들짝 놀라는 몸짓을 하며 권총의 총구를 오른쪽 눈 위의 이마에 갖다 댔네. "아니!" 알베르트는 내게서 권총을 빼앗으며 말했네. "이게 무슨 짓이오?", "총알이 없잖아요." 내가 말했네. "아니, 그렇다고 해도 그렇지요, 대체 무슨?" 그가 화급하게 대답했네. "나는 사람이 얼마나 어리석으면 총을 쏴서 스스로 목숨을 끊을 수 있는지 상상도 못 하겠어요. 그런 생각을 떠올리기만 해도 불쾌하다고요."

"당신 같은 인간들은 말입니다." 나는 큰 소리로 말했네. "뭔가 이야기를 하기만 하면 당장 '그건 바보짓이다, 그건 똑똑한 짓이다, 그건 좋다, 그건 나쁘다!' 뭐 이런 식으로 말해야 한다고 생각하죠? 그게 다 뭡니까? 어떤 행동의 속사정 같은 것을 알아보고나 하는 말인가요? 왜 그런 일이 생겼는지, 왜 그렇게 될 수밖에 없었는지 그 원인을 밝힐 줄이나 아나요? 만약 그렇게 할 줄 안다면 당신들은 그처럼 성급한 판단을 내리지는 않을 거예요."

"내 말을 인정하겠지요." 알베르트가 말했네. "어떠어떠한 행동은 그 동기가 무엇이든 간에 죄악이 될 수밖에 없다는 걸 말입니다." 나는 어깨를 으쓱하며 그의 말에 동의해주었네. "하지만 알베르트." 내가 계속해서 말했네. "여기에도 예외가 있다 이 말씀입니다. 도둑질이 죄악임은 분명하지요. 하지만 자신이나 가족이 당장 굶어 죽을 형편에서 어쩔 수 없이 도둑질을 한 사람은 동정을 받아야 하나요, 아니면 벌을 받아야 하나요? 부정을 저지른 자기 아내와 그녀의 하찮은 정부를 누가 봐도 정당한 분노의 폭발로 처단한 남편에게 그 누가 첫 돌멩이를 던질 수 있을까요? 너무나 황홀한 나머지 멈출 수 없는 사랑의 기쁨을 위해 자신을 버린 처녀에게는? 냉혈의 현학자라 할 우리의 법조차도 이런 경우엔 마음이 움직여 벌을 거두지요."

"그건 경우가 완전히 다를 때이지요." 알베르트가 응수했네. "격정에 휩쓸려 판단력을 잃은 사람은 술에 취한 사람이나 미친 사람으로 간주될 수 있으니까요."

"오, 똑똑하기 그지없는 당신들!" 나는 미소를 흘리며 소리쳤네. "열정! 도취! 광기! 당신들은 그렇게 차분하게 서 있지요. 그렇게 거리를 두고서 말입니다. 당신들 도덕군자들은 술주정뱅이를 욕하고 미친 사람을 경멸하지요. 그 곁을 마치 사제처럼 지나치며 바리새인처럼 하나님에게 감사의 기도를 드립니다. 하나님이 자기를 그들 중의 하나처럼 만들어주지 않은 데 대해서 말이죠. 나도 술에 취해 본 것이 한두 번이 아닙니다. 나의 격정은 광기에서 그리 멀리 떨어진 게 아니죠. 그렇다 해도 나는 두 가지 다 후회한 적이 없어요. 뭔가 위대하거나 불가능한 것을 이루어낸 비범한 사람들을 사람들은 예로부터 술주정뱅이라든가 미친놈이라고 불렀다는 사실을 내 나름대로 터득했기 때문이죠. 창피한 줄 아시오, 당신들 똑바른 사람들, 당신들 똑똑한 사람들이여!"

"그것 역시 당신의 망상에서 나온 것이죠." 알베르트가 말했네. "당신은 모든 걸 과장하는군요. 하지만 적어도 여기서는 당신이 틀렸어요. 지금 우리가 테마로 삼고 있는 자살을 위대한 행동과 비교하고 있으니 말이죠. 자살은 나약함의 표현에 지나지 않아요. 어쩌면 고통스러운 삶을 꿋꿋이 견뎌내는 것보다 죽는 편이 훨씬 쉬울지도 모르죠…"(『젊은 베르테르의 슬픔』[펭귄클래식, 2008], 82-84).

베르테르는 알베르트를 만나 자신의 사랑이 정당하다는 것을 논리적으로 증명하려고 한다. 베르테르는 "어떠어떠한 행동은 그 동기가 무엇이든 간에 죄악이 될 수밖에 없다"는 알베르트의 말에 동의하면서도 거기에 예외가 있을 수 있다고 주장한다. 가령 도둑질은 잘못된 행동이지만 가족이 굶어 죽는 상황에서는 기준이 달라질 수도 있다는 것이다.

하지만 이는 잘못된 행동에 대한 윤리적인 판단과 그 행동을 한 사람에 대한 평가를 혼동한 결과다. 즉 가족의 생계를 위해 도둑질을 한 사람은 관대한 평가를 기대할 수도 있겠지만 그렇다고 해서 도둑질이 옳은 행동이라고 판단할 수는 없다는 말이다. 베르테르가 유부녀를 사랑한 것, 그리고 생의 마지막을 자살로 마감한 것도 마찬가지다. 베르테르의 순수한 마음에 동정을 표할 수는 있겠지만 그런 행동 자체는 잘못된 것이 분명하다. 그래서 사회의 법도 불륜이나 자살을 방지하기 위한 장치들을 마련하고 있다.

그런데 베르테르는 "상황 윤리"의 관점, 즉 무조건적이고 절대적인 기준이 아니라 상황에 따라 유동적인 기준이 적용되어야 한다는 논리를 끝까지 고집한다.

"…인간의 본성은 말입니다." 내가 계속해서 말을 이었네. "한계가 있어요. 인간이 본성은 기쁨, 번뇌, 고통을 어느 정도까지는 견디다가 그 한계를 넘어서는 순간 파멸하고 말아요. 그러니까 여기서는 사람이 약한가, 강한가의 문제가 아니고 그 사람이 고통의 한도를 견딜 수 있느냐 없느냐의 문제입니다. 그게 도덕적인 것이든, 아니면 육체적인 것이든 말이에요. 그리고 악성 열병에 걸려 죽어가는 사람을 겁쟁이라고 부르는 것이 부적절한 것처럼 스스로 목숨을 끊는 사람을 비겁하다고 부르는 것 역시 말이 안 된다고 봐요."

"그건 터무니없는 궤변이오! 궤변!" 그러자 알베르트가 소리쳤네(『젊은 베르테르의 슬픔』, 85).

그렇다면 성경은 이에 대해 어떻게 가르칠까? 상황에 따라 도둑질, 살인, 간음, 음란, 탐욕이 "정당화"될 수 있을까? 물론 하나님은 은혜로우셔서 죄악을 덮어주신다. 하지만 역설적이게도 하나님이 죄악을 덮어주시는 이유는 하나님이 죄악을 정말 미워하시기 때문이다. 오죽하면 독생자 예수 그리스도를 희생시켜 모든 사람의 죄를 해결하고자 하셨을까? 따라서 우리는 죄를 지은 사람의 상황은 충분히 고려하되 죄 자체에 대한 절대적인 기준을 양보해서는 안 된다.

믿음 노트

1. 18세기 유럽에서는 『젊은 베르테르의 슬픔』이 큰 인기를 끌면서 베르테르의 옷차림과 행동뿐 아니라 자살까지 따라 하는 젊은이들이 생겨났습니다. 이 작품에서 베르테르에게 "공감"하는 부분은 무엇이며, 공감하지 않는 부분은 무엇인지 기록해봅시다.

2. 제7계명이 청소년에게 어떻게 적용될 수 있는지 구체적으로 생각해봅시다.

제42과

제8계명의 요구
바이마르 헌법

제110-111문

🏷️ **그림으로 이해하기** #렘브란트의 "어리석은 부자"(베를린 국립회화관 소장)

어리석은 부자

빛의 마술사 렘브란트는 어두운 방에서 손으로 감싸 쥔 촛불이 비친 사물의 명암을 이용해 주제를 부각한다. "어리석은 부자"에 묘사된 나이 많은 부자의 모습이 인상적이다. 가장 밝게 드러난 부분은 그의 얼굴이다. 광대뼈가 드러나고 미간을 찌푸린 그의 얼굴에서는 여유를 찾아볼 수 없다. 이 노인은 값진 옷을 걸치고 있지만 처진 입꼬리와 탁한 눈빛의 표정에는 지친 기색이 역력하다.

부자는 촛불을 손으로 감싸고 있다. 그로 인해 그가 응시하는 온갖 서류가 좀 더 두드러져 보인다. 이 서류들은 그의 부를 증명하고 보장해준다. 촛불이 만든 명암은 이 노인의 마음을 온통 사로잡고 있는 것이 무엇인지 짐작하게 해준다. 부자는 평생을 고생해서 돈을 모았을 것이다. 쉼 없이 피곤한 삶을 살아왔지만 그는 다른 것은 바라볼 생각조차 하지 않는다.

늦은 밤, 서류가 켜켜이 쌓인 좁은 방에서 이 부자 노인은 홀로 무엇을 하는 것일까? 실제로 부유한 사람은 이렇게 좁은 골방에서 밤늦도록 고생할 이유가 없다. 하지만 렘브란트는 어둠과 공간의 협소함을 통해 재물 외에는 아무것도 보지 못하는 그의 심리를 정확하게 짚었다. 어쩌면 렘브란트는 이 부자의 인생을 촛불에 비유하고 있는지도 모른다. 촛불이 언젠가 꺼지는 것처럼 그의 생명도 곧 사라질 것이다. 하지만 그는 주변을 볼 여유가 없다. 이쯤 되면 재물은 이 노인에게 축복이 아니라 저주가 아닐까?

십계명 중 제8계명은 "도둑질하지 말라"고 명령한다. 이 그림이 제8계명과 어떤 연관이 있을까? 아무리 비양심적인 부자라고 해도 부를 축적하는 것 자체가 도둑질은 아니라는 사실은 누구나 안다. 그림의 어리석은 부자가 도둑질을 했다는 증거는 아무것도 없다.

하지만 관점을 바꾸어서 생각해보자. 만일 이 노인에게 가족이 있었다면 그들의 삶은 어땠을까? 그의 자녀는 아버지로부터 받아야 할 사랑을 충분히 받았을까? 그의 아내는 남편으로부터 받아야 할 사랑을 충분히 받을 수 있었을까? 그의 친구나 이웃도 마찬가지다. 누군가에게 마땅히 베풀어야 할 것들을 베풀지 않으면서 살아가는 사람도 제8계명을 어기는 것이다. 그렇다면 우리가 이번 과를 통해 생각해볼 내용의 범위는 훨씬 더 넓을 것이다.

성경 수업

마음 열기

1. 죽기 전에 꼭 이루고 싶은 소망이 있다면 무엇인가요?

2. 자신이 죽었을 때 묘비에 어떤 글귀가 남기 원하나요? 그 이유는 무엇인가요?

하나님의 계명에 대하여

십계명 중 8계명은 "도둑질하지 말라"고 요구한다. 바울 역시 에베소서 4:28에서 도둑질하지 말라고 명령한다. 그런데 바울은 한 걸음 더 나아가서 자기 손으로 수고하여 선한 일을 하라는 명령을 덧

붙인다. 그렇게 함으로써 가난한 자를 도울 수 있기 때문이다. 이로 보건대 성경은 단순히 적극적으로 남의 것을 훔치는 것뿐 아니라 수동적으로 아무 일도 안 하고 다른 사람에게 도움을 주지 않는 행동도 "도둑질"로 여긴다는 사실을 알 수 있다.

그렇다면 "자기 손으로 수고하여 선한 일"을 하지 않는 사람은 어떤 사람일까? 먼저는 일하기를 싫어하는 게으른 사람을 들 수 있다. 또 뇌물을 받는 사람, 도박이나 복권을 통해 일확천금을 노리는 사람도 자기 손으로 수고하기를 싫어한다. 부동산이나 금융 투자를 통해 불로소득을 올리는 사람도 마찬가지다. 그런 사람들은 자신이 돈을 벌면 자신보다 가난한 누군가가 손해를 본다는 생각을 하지 못한다.

다른 사람의 노동을 착취하는 사람은 최악의 경우다. 일을 부려먹고 일부러 정당한 임금을 주지 않는 행위를 하는 사람은 그리스도인이라고 말할 수조차 없다. 야고보는 재물을 쌓아놓고도 품꾼에게 삯을 지급하지 않는 부자들을 저주한다. 하나님은 임금을 제대로 받지 못한 노동자의 원통함에 귀를 기울이신다. 하나님의 눈길은 어디로 향할까? 권력과 돈을 가진 사람들이 "갑질"을 통해 괴롭히는 사회적 약자들, 예를 들어 청소년 아르바이트생이나 비정규직, 외국인 노동자와 파견 근로자 등의 "을"들에게 향해 있다(약 5:1-5).

○ 관련 성구

도둑질하는 자는 다시 도둑질하지 말고 돌이켜 가난한 자에게 구제할 수 있도록 자기 손으로 수고하여 선한 일을 하라(엡 4:28).

속이는 저울은 여호와께서 미워하시나 공평한 추는 그가 기뻐하시느니라(잠 11:1).

1들으라, 부한 자들아! 너희에게 임할 고생으로 말미암아 울고 통곡하라. 2너희 재물은 썩었고 너희 옷은 좀먹었으며 3너희 금과 은은 녹이 슬었으니 이 녹이 너희에게 증거가 되며 불 같이 너희 살을 먹으리라. 너희가 말세에 재물을 쌓았도다. 4보라! 너희 밭에서 추수한 품꾼에게 주지 아니한 삯이 소리 지르며 그 추수한 자의 우는 소리가 만군의 주의 귀에 들렸느니라. 5너희가 땅에서 사치하고 방종하여 살육의 날에 너희 마음을 살찌게 하였도다(약 5:1-5).

한편 잠언 11:1은 하나님이 "속이는 저울"을 미워하신다고 말한다. "속이는 저울"은 상거래에서 교묘하게 부당한 이득을 취하기 위해 동원하는 모든 방법을 말한다. 실제로 내용물의 질량이나 성분, 등급이나 원산지를 속이는 것은 물론이고 담합을 통해 가격을 결정하거나 독과점을 꾀하며 공급을 통제하는 일도 여기에 해당한다.

또한 제8계명은 개인뿐 아니라 기업이나 공공 기관에도 엄정하게 적용되어야 한다. 물가를 책정하고 환율을 조정하며 금리나 이자율을 통제하는 등의 정책 활동은 사회에 엄청난 결과를 가져온다. 사회의 공의와 질서를 유지하고 공정한 기준을 제시해야 하는 사람들의 책임은 막중하다. 그런 책임을 맡은 그리스도인이 있다면 그 누구보다 더 정직하고 성실하게 자신의 임무를 감당해야 할 것이다.

"도둑질하지 말라"는 제8계명은 우리나라처럼 돈이 복잡하게 흘러가는 자본주의 사회에서 좀 더 눈여겨보아야 하는 계명이다. 사회에서 허용되는 거래나 투자도 성경적 관점에서는 문제가 될 수 있기 때문이다. 특히 기업의 관리자나 공장주, 경제 분야를 다루는 공무원 등의 자리에 있는 그리스도인들은 제8계명을 적극적으로 해석해야 한다. 하나님의 계명을 잘 지키는 그리스도인은 세상의 빛이 될 수 있지만 반대의 경우는 하나님의 이름에 먹칠을 하게 된다는 사실을 잘 기억하기 바란다.

○○ 하이델베르크 교리문답 살펴보기

제110문 하나님이 제8계명에서 금하시는 것은 무엇입니까?
　　답 하나님은 단지 도둑질과 강도질만 금하시는 것이 아닙니다. 남을 속여서 이익을 챙기려고 하는 모든 사악한 음모, 속임수, 거짓 저울이나 측정기, 위조지폐 제조, 고리대금도 금하십니다. 우리는 이웃을 어떤 방식으로든 기만해서는 안 됩니다. 강제하는 것뿐 아니라 합법적으로도 그렇게 하면 안 됩니다. 더 나아가 하나님은 모든 탐심, 남용, 낭비까지도 금하십니다.

제111문 하나님은 이 계명을 통해 우리에게 무엇을 요구하십니까?

답 최선을 다해 이웃의 유익을 도모하고 다른 사람들이 내게 해주기를 바라는 대로 이웃을 대하며 신실하게 일함으로써 가난한 자들을 도울 수 있어야 합니다.

교실 밖 수업 #바이마르, 프랑크푸르트

바울 교회 헌법

이번 "교실 밖 수업"에서는 민주주의 헌법의 전형으로 알려진 "바이마르 헌법"에 대해 자세히 살펴보자. 우리는 앞서 제27과에서 바이마르 공화국과 바이마르 헌법에 대해 잠시 살펴보았다. 그런데 이에 대해 자세히 알고 있는 사람은 사실 그리 많지 않다. 바이마르 공화국의 역사가 워낙 짧았기 때문이다.

하지만 바이마르 헌법은 우리나라 헌법에도 영향을 끼쳤다. 요즘 우리 사회에서는 헌법에 관한 관심이 뜨겁다. 독일의 작은 도시 바이마르에 방문해서 참된 헌법 정신이 무엇인지 생각해보자. 이와 관련해 바이마르 헌법의 전신이었던 "바울 교회 헌법"이 채택되었던 프랑크푸르트 바울 교회를 염두에 두면서 바이마르 헌법이 제정된 바이마르의 국민극장을 방문해보자.

> **방문지 주소**
> **바이마르 국민극장:** Theaterpl. 2, 99423 Weimar
> **프랑크푸르트 바울 교회:** Paulsplatz 11, 60311 Frankfurt am Main

프랑크푸르트에 있는 바울 교회는 17세기 독일 경건주의의 창시자였던 슈페너(Philipp Jakob Spener, 1635-1705)가 사역했던 교회다. 독일은 16세기에 종교개혁이 시작된 나라였다. 하지만 17세기에 벌어진 30년 전쟁(1618-1648)에서 가장 큰 피해를 본 나라도 독일이었다. 30년 전쟁의 결과 개인이 종교를 선택할 권리가 확립되었으나 독일의 국토는 황폐화했고 종교 간 갈등의 골은 매우 깊어졌으며 사람들의 마음은 메말라 있었다.

이런 상황에서 루터교 목사가 된 슈페너는 프랑크푸르트에서 신자 개인의 영적 성장을 돕기 위한 "경건 학교"를 운영하기 시작했다. 복음의 능력을 깨닫고 성령의 역사를 체험한 슈페너는 영적인 부흥을 일으키는 매개체가 되었다. 1517년에 성령의 능력이 비텐베르크에 임했다면, 150년 후에는 프랑크푸르트의 바울 교회에 임함으로써 교회와 사회를 개혁하고 신자의 윤리성을 회복하는 운동이 일어나게 된 것이다.

슈페너로부터 시작된 독일의 경건주의는 많은 그리스도인에게 큰 영향을 끼쳤다. 경건주의 운동을 통해 참된 신앙을 내면화한 많은 그리스도인이 사회에서 의미 있는 목소리를 내고, 복음을 위한 열정에 눈을 뜬 수많은 선교사가 배

프랑크푸르트의 바울 교회

출되어 각지로 흩어지기 시작했다. 감리교의 창시자 존 웨슬리(John Wesley, 1703-1791)도 이 운동의 영향을 받았다. 고아들의 아버지로 불리는 조지 뮬러, 중국 내륙 선교의 아버지 허드슨 테일러(J. Hudson Taylor, 1832-1905), 우리나라 최초의 개신교 선교사였던 귀츨라프 등도 경건주의의 영향을 받았다는 사실을 고려한다면 슈페너에 의해 전개된 경건 운동은 세계를 변화시켰다고 말할 만하다.

슈페너는 "복음의 능력이 개인에게 나타나면 사회적 변화도 뒤따른다"고 믿었고 늘 그것을 위해 기도했다. 그런 의미

국민의회가 소집된 1848년에 그려진 바울 교회의 모습

에서 역사상 최초로 여러 가지 생존권적 기본권을 보장한 "독일국 헌법"이 1849년에 프랑크푸르트 바울 교회에서 만들어졌다는 사실은 큰 의미로 다가온다. 그 때문인지 당시에 만들어진 헌법은 "바울 교회 헌법"이라는 이름으로 더 널리 알려졌다.

그렇지만 민주적 열망이 반영된 바울 교회 헌법은 제대로 적용되지 못했다. 이 책의 "머리말"이나 제27과에서 살펴보았듯이 비스마르크 같은 권력가들이 이 헌법의 주권재민 사상에 반대했기 때문이었다. 그런데도 바울 교회 헌법의 정신은 사라지지 않고 때가 이르렀을 때 다시 빛을 보게 되었다. 정확히 70년이 지나고 바이마르 공화국이 수립되었을 때 제정된 바이마르 헌법이 바울 교회 헌법에 뿌리를 두고 있었기 때문이다.

바이마르 헌법

1919년은 우리나라에서 3.1운동이 일어나고 임시정부가 수립된 해다. 같은 해 독일에서는 바이마르 공화국이 수립되었다. 독일 제국은 제1차 세계대전(1914-1918)에서 패배함으로써 역사의 뒤안길로 사라지고 독일 최초의 민주공화국이 탄생한 것이다.

1919년 2월, 20세 이상의 성인 남녀가 참여한 보통선거로 선출된 국민의회가 바이마르에서 소집되었다. 베를린은 패전의 혼란 속에서 극심한 정치적 소요에 휩싸였기 때문에 군사적 요충지였던 바이마르가 선택된 것이었다. 국민의회는 독일이 연방공화국임을 선포하고 노동자 출신의 투사인 사회민주당의 에베르트(Friedrich Ebert, 1871-1925)를 대통령으로 선출했다.

1919년 여름, 바이마르 국민극장에 모인 국민의회는 헌법을 제정했다. 1849년의 바울 교회 헌법을 바탕으로 한 바이마르 헌법은 사회민주주의에 기반을 둔 민주주의 헌법이었다. 특히 바이마르 헌법은 여성의 투표권을 보장함으로써 모든 국민이 법 앞에 평등하다는

바이마르 국민극장. 그 앞에는 바이마르를 대표하는 괴테와 실러의 동상이 서 있다.

사실을 천명했으며 국가가 국민의 생존권을 보장해야 한다는 개념을 처음으로 도입했다. 또한 개인의 재산권을 사회성 개념으로 견제함으로써 부의 재분배 문제를 법으로 다루기 시작했다. 그 결과 귀족계급의 특권은 박탈되었고 의무교육이 시행되는 등 급진적인 사회제도의 변화가 일어나게 되었다.

하지만 바이마르 헌법에도 단점이 있었다. 의회의 비례대표제는 군소 정당의 난립을 불러와서 국정 운영이 원활하지 못했다. 그에 반에 임기 7년의 대통령은 정부에서 막강한 권한을 가지고 있어서 자칫하면 독재 정부가 형성될 수도 있었다. 거기다 온건한 의회민주주의를 지향하는 정부 조직은 급진적인 혁명을 주장하는 공산주의자들이나 극우적 민족주의자들을 포용하기 어려웠다.

또한 패전의 결과로 탄생한 바이마르 공화국은 계속해서 어려운 상황을 맞닥뜨려야 했다. 연합국이 제시한 전쟁 배상금은 독일이 감당하기 벅찬 수준이었고 내부에서는 폭력 투쟁에 나선 공산주의자들과 내전을 치렀다. 그런 혼란 속에서 영향력을 유지한 지주들과 구관료, 장교 계급 등의 과거 귀족층은 군주제의 부활을 도모하며 쿠데타를 일으키기도 했다. 거기에 결정적으로 세계 대공황이 찾아오면서 바이마르 공화국은 붕괴하기 시작했고, 1933년에 나치가 득세하면서 14년간 존재했던 이상적인 헌법 역시 사라지게 되었다.

이처럼 혼란한 역사의 상황 때문에 빛이 바랬음에도 불구하고 바이마르 헌법은 현

바이마르 헌법의 표지

대 헌법의 전형이라는 평가를 받는다. 현대 복지국가의 기초가 되는 국민의 생존권 개념, 소유의 사회성 개념을 처음으로 도입했기 때문이다. 이 헌법은 유럽의 여러 나라뿐 아니라 우리나라에 이르기까지 세계 민주주의 국가에 큰 영향을 끼쳤다.

"함께" 잘사는 것이 국가적 과제로 떠오르는 이때, 우리는 바이마르 헌법을 통해 우리 헌법이 어떤 맥락에서 사회복지를 지향하는지 살펴볼 수 있다. 개인의 소유권을 절대화하는 자본주의 논리는 그 자체로 "도둑"을 만들어내는 근거가 될 수 있다. 자본주의는 생산 수단의 공공성에 대해서는 눈을 감음으로써 다른 사람에게 주는 피해를 생각하지 않게 하기 때문이다. 이에 대해 "선생님의 칠판"을 통해 좀 더 자세히 살펴보자.

선생님의 칠판 #정승민 선생님

헌법으로 세상 보기

대한민국 헌법 제1조는 "대한민국은 민주공화국이다. 대한민국의 주권은 국민에게 있고, 모든 권력은 국민으로부터 나온다"라고 되어 있다. 이는 우리나라의 이름과 국가의 형태를 밝히고 국가의 주권이 어디에서 나오는지를 명시한 것이다. 바이마르 헌법 제1조도 우리나라 헌법 제1조와 상당히 비슷하다.

바이마르 헌법 제1조

독일국은 공화국이다(Das Deutsche Reich ist eine Republik).

국가 권력은 국민으로부터 나온다(Die Staatsgewalt geht vom Volke aus).

대한민국 헌법은 1919년에 수립된 임시정부의 "대한민국임시헌장"을 계승했다. 대한민국임시헌장 제1조 역시 "대한민국은 민주 공화제로 한다"는 선언이다. 대한민국 임시정부와 독일의 바이마르 공화국은 같은 해에 수립되었는데, "독일국은 공화국이다"라는 선언과 "대한민국은 민주 공화제로 한다"는 선언은 비슷하면서도 "민주"라는 어휘에서 차이가 있다. 대한민국 임시정부가 바이마르 헌법과 달리 "민주"라는 단어를 추가한 데는 어떤 이유가 있었을까?

학자들은 이런 차이가 당시 우리나라의 민족 지도자들이 서양의 정치체제에 대해서 잘 알고 있었기 때문에 생겨났다고 본다. 구한말, 위태로운 나라를 바로 세우기 위해 밤낮없이 애쓰던 지사(志士)들은 바쁜 중에도 공부를 게을리하지 않았다. 이들의 노력으로 삼권 분립과 법치주의 정치 이론을 확립한 몽테스키외(Montesquieu, 1689-1755)의 학설도 국내에 소개되었다. 그 결과 많은 사람이 군주제나 공화제, 귀족 공화제나 민주 공화제 등을 구분할 수 있었다. 즉 임시정부가 "민주 공화제"를 표방한 것은 군주나 귀족이 아니라 국민이 주인이 되는 나라가 열리게 되었음을 천명한 것이었다.

일본이 패망하고 해방을 맞은 우리나라는 정부를 구성하고 국정을 정상화하기 위해 노력했다. 1948년 7월 17일에는 우리나라 헌법이 제정되었다. 이때부터 우리 헌법은 우리나라가 "민주공화국"임을 첫머리에서 밝혔다. 그러나 당시 한반도는 미국과 소련이라는 강대국에 의해 분할되어 신탁통치를 받는 상황이었다. 이때 북한에는 "인민

공화국"이 수립되었고 대한민국의 "민주공화국"은 북한의 "인민공화국"과 구별되는 의미를 갖기도 했다.

이런 역사를 되돌아볼 때 민주공화국인 대한민국의 정체성은 1948년 아니라 1919년 대한민국 임시정부에서부터 시작된 것이 분명하다. 그런 까닭에 우리는 대한민국이 임시정부 때부터 존재했다고 이해한다. 물론 일제의 식민 치하에서 임시정부는 영토와 주권의 측면에서 한계를 가지고 있었다. 하지만 그때도 대한민국의 국민이 일본이나 다른 국가와는 다른 정체성을 가지고 독립을 열망했다는 사실은 그 누구도 부정할 수 없다.

헌법은 국가의 최고 법규로서 국가의 조직, 구성 및 작용에 관한 근본법이다. 헌법에는 그 국가가 추구하는 가치와 정신이 선명하게 드러난다. 바이마르 헌법은 독일의 오랜 전제정치가 한계를 드러냈을 때 탄생했다. 바이마르 헌법은 국민 한 사람 한 사람의 기본권과 사회권을 보장했고 이는 국민을 존중하는 새로운 국가의 이상을 보여준 것이었다.

대한민국의 헌법도 오랜 왕정이 실패로 돌아가고 나라 전체가 이웃 나라의 식민지로 전락한 상황에서 처음 만들어졌다. 대한민국의 헌법도 바이마르 헌법 못지않게 모든 국민이 평등하며 생존권과 기본권을 가지고 있다는 것을 강조한다. 그러나 이런 헌법 "정신"이 지금 우리가 살아가는 실제 사회 속에서 유효한지는 좀 더 생각해볼 문제다.

우리나라에서는 일부 정치인들이 자신들의 권력을 유지하기 위해 헌법이 보장하는 언론, 저작, 출판, 결사, 집회의 자유를 억압하는 일이 비일비재했다. 우리의 근현대사에서 행정부는 물론이고 사법부, 국회,

검·경찰 할 것 없이 힘 있는 자들이 권력의 앞잡이 노릇을 하며 국민의 자유와 권리를 짓밟은 일이 얼마나 많았던가? 또한 일부 재벌들이나 경영자들의 사적 이익을 보장하기 위해 착취당하고 무시당한 노동자는 얼마나 많았던가?

지금도 일반 국민의 안위를 보장하기 위한 법과 제도는 제대로 시행되지 않고 번번이 좌초되고는 한다. 이런 현상을 보면 이 나라의 권력이 과연 국민으로부터 나오는 것이 맞는지 의심이 든다. 우리 헌법에서는 국민의 생존권을 보장한다. 하지만 대기업의 독점과 횡포로 인해 양극화 현상이 심화하면서 나타나는 고용 불안, 청년 실업, 임금 체불 등의 사회문제들은 많은 국민을 더는 피할 곳이 없는 낭떠러지로 밀어내고 있다. 경제적 불안이 일상화된 삶을 살아가는 많은 사람이 과거 어느 때보다도 복권이나 사행성 증권 투자 등에 관심을 쏟으며 마음을 잡지 못한다. 반면 돈이 조금이라도 있는 사람들은 더 나은 삶에 대한 탐욕에 이끌려 이런저런 투자 사업이나 부동산 투기에 열을 올린다. 과연 이것이 건강한 사회일까?

이런 사회 현상들을 염두에 두고 제8계명을 다시 생각해보자. "도둑질하지 말라"는 제8계명은 어디까지 적용되어야 할까? 이 계명은 단순히 남의 물건에 손대는 행동만을 금하는 것이 아니다. 탐심으로 인해 발생하는 온갖 부당하고 부조리한 사회적 병리 현상들도 이 계명을 벗어날 수 없다. 우리는 가난하고 연약한 사람들을 마땅히 감싸고 지켜야 할 사회적 보호망이 제대로 작동하는지 살펴보아야 한다. 정부가 사회적 정의를 실현하기 위해 각종 비리에 철퇴를 가하면서 공정한 절차를 확립하기 위해 애쓰는지도 감시해야 한다.

기업에 대해서도 마찬가지다. 기업은 부의 재분배 및 이익의 사회

환원에 적극적인 태도를 보여야 한다. 원래 우리의 제헌 헌법 제18조 제2항은 "영리를 목적으로 하는 사기업체에 있어서는 근로자는 법률의 정하는 바에 의해서 이익의 분배에 균점할 권리가 있다"고 명시할 정도로 노동자의 권리를 당연시했었다. 아쉽게도 이 조항은 박정희 시대에 헌법이 개정되면서 삭제되었다. 하지만 우리는 그 정신을 이어받아 기업 활동이 사회의 공공 자본을 바탕으로 하며 많은 사람에게 빚을 지는 것임을 잊지 말아야 한다.

헌법이 더 많은 사람의 인간다운 삶을 보장한다면 그리스도인은 그 누구보다 헌법 정신을 온전히 실현하기 위해 애써야 할 책임이 있다. 공평하고 정의로우며 약자에게 관대한 사회는 분명 교회가 하나님의 이름으로 추구해야 할 목표 중 하나다. 정의로운 국가 지도자, 국민 한 사람 한 사람의 안위를 걱정하는 위정자, 사회적 책임에 민감한 기업가들이 세워지는 것이 모두 제8계명을 통해 하나님이 인류에게 바라신 모습과 일치한다. 우리는 바이마르 헌법의 기초가 바울 교회 헌법이었으며 바울 교회는 슈페너의 기도로 세워진 교회임을 기억해야 한다. 이는 한 사람의 그리스도인이 사회를 변화시키는 시작점이 될 수 있다는 분명한 증거이기도 하다.

사회의 그늘 속에서 그리스도인의 삶을 고민하다

거리를 지나가는 고급 승용차는 갈수록 늘어가고 세상은 한층 풍요로워진 것 같은데 왜 가난에 내몰려 목숨까지 버리는 사람들이 점점 늘어만 갈까? 우리 사회의 그늘은 왜 생겨나는 것일까?

공공에 의해 통제되지 않는 자본주의의 병폐가 민낯을 드러내던 19세기, 자본주의 사회의 문제를 분석하고 그 해결책을 제시하는 일에 평생을 바친 많은 지식인이 있었다. 그 중 가장 유명한 사람은 바로 공산주의의 창시자 마르크스다. 하지만 당시에 마르크스를 능가하는 인물로 평가받던 미국의 그리스도인이 있었다. 그의 이름은 헨리 조지 (Henry George, 1839-1897)다.

헨리 조지는 하나님이 창조하신 토지는 공공재의 성격이 강하기 때문에 결코 사유화해서는 안 된다는 주장을 끊임없이 제기했다. 그에 따르면 토지 사유제는 빈곤 문제를 불러일으킬 수밖에 없다. 아무리 사회가

헨리 조지

발전하고 기술이 진보해도 거기서 창출되는 부의 상당 부분이 토지 임차료라는 명목으로 토지 소유주나 독점 사업가에게 쏠리기 때문이다. 이는 두말할 것 없이 명백한 불로소득이다.

그의 주장은 단순하면서도 명확했으며 성경을 기반으로 하는 것이었다. 자본주의 사회의 모순을 염려하는 수많은 사람이 헨리 조지의 주장에 귀를 기울였다. 실제로 그의 사상을 현실에 적용하기 위해 정치 단체를 구성한 사람도 많았다. 또한 바다 건너 영국과 아일랜드에서도 그의 목소리에 귀를 기울여 조세제도를 개혁하려는 움직임이 일어나기도 했다.

하지만 당시에 토지를 많이 소유하고 있던 귀족층이나 기업가, 로마 가톨릭교회 등은 헨리 조지의 사상을 불편하게 생각했다. 다른 조세제도는 폐지하고 토지 보유세로 일원화함으로써 여러 가지 사회문제를 해결할 수 있다는 헨리 조지의 주장을 그들이 달갑게 받아들일

리 없었다. 심지어 교황 레오 13세(Leo XIII, 1810-1903)는 가톨릭교회의 사회정의에 관한 입장을 논한 "레룸노바룸"(*Rerum Novarum*, "새로운 것들에 관하여")에도 헨리 조지의 사상에 반대하는 내용을 담았다. 이에 대해 헨리 조지는 "교황에게 보내는 공개서한"을 통해 정중하게, 하지만 매우 날카롭게 교황청이 내놓은 회칙의 한계를 지적했다. 그 중 몇 가지 내용을 살펴보자.

교회의 모든 배려가 지상의 현실적 삶에 속하는 것을 무시하면서까지 오로지 영혼의 구원에만 전적으로 쏠려 있다면 그것은 더 이상 교회가 아닙니다.

양식이 부족한 것은 하나님이 임무를 다하지 않으시기 때문이 아닙니다. 노동 의욕을 가진 인간이 가난이라는 저주에 빠지는 것은 하나님이 마련하신 물자의 원천에 잘못이 있어서도 아니고, 약속하신 양식이 지상에 풍부하게 존재하지 않기 때문도 아닙니다. 인간이 불경스럽게도 창조주의 자비로운 의도를 거스르면서 토지를 사유 재산으로 만들고 관대한 하나님이 모든 인간을 위해 마련하신 토지에 배타적 소유권을 설정한 후, 이를 극소수에게 부여했기 때문입니다.

기독교는 만인이 형제라고 가르칩니다. 인간의 진정한 이해관계는 조화의 관계이지 대립의 관계는 아니라고 가르칩니다. 인생의 황금률처럼 남에게 대접받고자 하는 대로 남을 대접하라고 가르칩니다. 그런데 노동의 생산물과 생산과정에 과세하는 제도로부터, 그리고 누군가는 팔고, 누군가는 사야 할 물건의 가격을 올리는 결과로부터 "보호무역"

이라는 이론이 나왔습니다. 이 제도는 복음을 부인하고 예수께서 정치 경제학을 모르실 거라고 전제하며 국가 번영의 법은 하나님의 법과 같지 않다고 주장합니다. 이 이론은 국가 간 불화를 정당화하며, 적대적 관세 전쟁을 확대하라고 부추깁니다. 번영을 위해서는 다른 나라 국민의 생산에 제약을 가해야 한다고 가르치면서도 다른 나라 국민이 자기 나라 국민에게 그렇게 하는 것은 바라지 않습니다.

헨리 조지는 톨스토이(Lev Nikolayevich, Graf Tolstoy, 1828-1910)를 비롯한 수많은 지식인과 작가에게 영향을 주었다. 톨스토이는 헨리 조지의 사상에 기초하여 사회가 개혁되기를 꿈꾸며 토지 문제를 주제로 여러 소설을 썼다. 시간을 내서 톨스토이의 단편 소설집과 장편 소설인 『부활』을 읽어보기 바란다.

우리 사회가 눈부시게 발전할수록 그 아래에는 더 짙은 그늘이 드리워지는 것 같다. 금수저 흙수저 논란, 양극화, 세계 1위의 자살률, 노인 빈곤, 고용 불안, 3포 세대 혹은 5포 세대라고 불리는 청년 문제가 쉴 새 없이 우리의 양심의 문을 두드린다. 천국만을 소망하며 이 땅의 문제에 관심을 끄는 태도는 기독교 신앙과 거리가 멀다. 우리는 오히려 사회문제를 깊이 고민하며 이를 해결하기 위한 교회의 사명을 이야기했던 헨리 조지처럼 이 땅에 하나님의 뜻이 이루어지기를 기도하며 실천하는 그리스도인이 되어야 할 것이다.

믿음 노트

1. 바이마르 헌법과 우리의 헌법에서 기억해야 할 성경적 가치는 무엇입니까?

2. 제8계명이 제대로 지켜지는 사회의 모습은 어떨까요? 이를 위해 우리 자신과 사회, 국가 차원에서 개선되어 할 부분은 무엇이라고 생각하나요?

제43과

제9계명의 요구
실러의 『빌헬름 텔』

제112문

🏷️ **그림으로 이해하기**   #렘브란트의 "요셉을 고소하는 보디발의 아내"(베를린 국립회화관 소장)

억울한 요셉

"요셉을 고소하는 보디발의 아내"는 베를린 국립회화관에 소장된 렘브란트의 그림이다. 그림 중앙에는 한 여인이 분노한 듯한 표정으로 가슴에 손을 올리고 무언가를 설명하고 있다. 그녀 곁에 서 있는 남편은 근심스러운 표정으로 아내의 이야기를 듣고 있다. 원래 이 사건을 기록한 창세기 39장에서는 요셉이 보디발의 아내를 두고 도망갔지만, 렘브란트는 극적 효과를 살리기 위해 그림 왼편에 요셉을 배치했다.

성경의 이야기를 잘 모른다면 요셉이 보디발의 아내에게 나쁜 짓을 한 것으로 보일 수도 있다. 그러나 사실은 그 반대다. 요셉을 유혹하고 그것이 실패하자 요셉에게 누명을 뒤집어씌운 것은 보디발의 아내다. 요셉의 모습을 자세히 살펴보자. 그는 자신의 무죄를 항변하듯 한 손을 들고 있다. 그의 시선은 하늘에 계시는 하나님을 바라보는 듯하다. 이 사건 이후에 요셉이 어떤 일을 겪게 되는지는 창세기 39-50장의 내용을 참고하기 바란다.

요셉이 누명을 쓰고 억울한 일을 당한 데에는 두 가지 원인이 있다. 첫째, 보디발의 아내가 한 거짓말 때문이다. 그녀는 요셉이 말을 듣지 않자 자신의 지위를 이용해 요셉을 사지로 몰아넣었다. 둘째, 사건의 진실을 알아보려고 하지 않은 보디발 때문이다. 보디발은 요셉이 얼마나 충직하게 자신을 섬겼는지 알고 있었다. 어쩌면 그는 자기 아내가 그런 여자였다는 사실도 알고 있었을지 모른다. 하지만 그는 비겁하게 진실을 외면함으로써 갈등을 회피하고 요셉을 감옥으로 보내버렸다.

보디발과 그의 아내는 노예인 요셉의 주인이다. 그림에서도 나타나듯이 그들은 부유하고 권력이 있으며 신분이 높은 강자다. 반면 형들에게 미움을 받고 이집트로 팔려온 요셉은 이방인이자 노예다. 요셉은 절대적인 약자로서 강자들이 지배하는 구조 속에서 거짓과 편의를 위해 희생당할 수밖에 없었다.

렘브란트의 그림은 우리에게 여러 가지 질문을 던지는 듯하다. 우리가 요셉과 같은 처지에 있다면 불이익을 당해도 하나님만 바라보면서 죄를 이겨낼 수 있을까? 또 우리는 보디발의 아내처럼 탐욕을 부리며 거짓말로 약자를 괴롭히지는 않는가? 혹은 보디발처럼 억울하게 희생당하는 사람들을 보면서도 침묵함으로써 희생자들의 아픔을 더 크게 만들지는 않는가?

세상은 악하다. 이 그림이 보여주는 것처럼 권력과 탐욕, 거짓이 지배하는 구조는 예나 지금이나 변함없이 존재한다. 그 안에서 요셉처럼 힘없고 순수한 사람들은 피해를 볼 수밖에 없다. 그런데 하나님은 이런 세상 속에서 "네 이웃에 대하여 거짓 증거하지 말라"(출 20:16)고 말씀하신다. 이 말씀이 오늘 우리에게 어떤 의미가 있는지 생각해보자.

성경 수업

마음 열기

1. "선의의 거짓말"에 대해 어떻게 생각하는지 이야기해봅시다.

2. 자신이 가장 많이 하게 되는 거짓말은 무엇인가요? 왜 그런 거짓말을 하게 되나요?

인생의 유일한 행복

제9계명은 "거짓 증거"에 관한 것으로서 많은 사람이 이 계명이 거짓말을 금한다고만 생각한다. 물론 일차적으로는 그런 단순한 해석도 틀리지 않다. 하지만 성경을 살펴보면 그것보다 훨씬 더 넓은 범위를 생각해야 한다는 사실을 알 수 있다.

첫째, "거짓 증거"에는 누군가에게 상처를 주거나 비방하는 말이 포함된다(시 15:3). 누군가를 욕하고 저주하는 말이 정확하게 "사실"과 일치하는 경우는 많지 않다. 그 사람이 실제로는 그렇지 않지만 자기 관점에서 잘못 해석해서 내뱉는 말들도 "거짓"에 해당한다. 보통 청소년들이 즐겨 쓰는 "욕설"은 어떨까? 그 욕설의 본뜻을 안다면 함부로 입에 담지 못할 말들이 대다수다. 그런 욕설을 하나님의 형상을 닮아 창조된 다른 사람에게 쏟아내는 모습은 그리스도인에게 어울리지 않는다. 따라서 욕설과 함께 저주, 악담, 이간질, 중상모략 등도 제9계명에 저촉된다는 사실을 기억하자.

둘째, 잠언 31:8-9은 침묵하는 것도 거짓에 포함될 수 있다고 말

○ 관련 성구

그의 혀로 남을 허물하지 아니하고 그의 이웃에게 악을 행하지 아니하며 그의 이웃을 비방하지 아니하며(시 15:3).

거짓 증인은 벌을 면하지 못할 것이요, 거짓말을 하는 자도 피하지 못하리라(잠 19:5).

8너는 말 못 하는 자와 모든 고독한 자의 송사를 위하여 입을 열지니라. 9너는 입을 열어 공의로 재판하여 곤고한 자와 궁핍한 자를 신원할지니라(잠 31:8-9).

한다. 우리는 말 못 하는 장애가 있는 사람을 위해, 연약하고 가난한 자들이 경험하는 불의와 어려움에 대해 입을 열어야 한다. 옳고 그른 것에 대해 침묵하지 말고 목소리를 냄으로써 그들의 아픔과 억울함을 반드시 풀어주어야 한다. 제9계명은 궁극적으로 불의 앞에서 당당히 정의를 선포하는 적극적인 행동과 연결된다. 교회도 마찬가지다. 교회는 사회의 불의에 대해 침묵하지 말고 끝까지 문제를 제기하며 참된 정의가 무엇인지 말할 수 있어야 한다. 눈과 귀를 열어 진실을 보고 들으며, 입을 열어 하나님의 뜻을 전하는 것이 참된 그리스도인의 역할 중 하나다.

셋째, 사법 정의가 올바로 서도록 힘써야 한다. 제9계명은 거짓 "증거"에 대한 것인데 원래 "증거" 혹은 "증언"이란 법정에서 사용하는 용어다. 사법 정의가 올바로 서는 것은 매우 중요하다. 억울한 사람들이 정의에 호소하면서 실제로 그 억울함을 풀 수 있는 최후의 공간이 바로 법정이기 때문이다. 법정에서조차 돈과 권력에 따라 판결이 왜곡되고 거짓이 진실로 둔갑한다면 그 사회는 얼마나 암울하겠는가? 유전무죄 무전유죄, 곧 돈이 있으면 무죄이고 돈이 없으면 유죄라는 말이 사실로 통한다면 그로 인해 억울한 일을 당하는 사람이 얼마나 많겠는가?

넷째, 누군가에게 피해를 주는 거짓이 허용되는 문화가 바뀌어야 한다. 국회 청문회나 정치 현장은 물론이고 사회 곳곳에서 거짓말이 넘쳐나는 현상은 매우 걱정스럽다. 거짓말, 특히 다른 사람에게 피해를 주는 거짓말이 쉽게 용납되면 안 된다. 이에 관해 그리스도인들이 책임을 진다는 마음으로 제9계명을 철저히 지켜야 한다.

○○ 하이델베르크 교리문답 살펴보기

제112문 제9계명은 우리에게 무엇을 요구합니까?

답 다른 사람에 대해 거짓 증언을 하거나 다른 사람의 말을 왜곡하면 안 됩니다. 또 누군가를 비방하거나 모독해서도 안 되고, 직접 듣지 않은 일을 가지고 성급하게 정죄하거나 정죄를 허용해서도 안 됩니다.

오히려 나는 거짓말과 위증을 거부해야 합니다. 거짓말과 위증은 악마의 일이며 하나님의 무서운 진노 아래 있는 것입니다.

더 나아가 법정이나 어떤 곳에서도 진리를 사랑하고, 정직하게 진리를 고백하며, 이웃의 명예와 평판을 보호하고 증진하기 위해 내가 할 수 있는 일을 해야 합니다.

🏷 교실 밖 수업 # 바이마르

명사수 빌헬름 텔

『빌헬름 텔』은 앞서 살펴본 『도적 떼』의 저자인 실러의 생애 마지막 희곡이자 대표작이다. 악질 태수 게슬러가 빌헬름 텔에게 아들의 머리에 사과를 얹어놓고 활을 쏘게 한 장면은 잊으려야 잊을 수 없는 명장면으로 우리 머릿속에 새겨져 있다. 연극 "빌헬름 텔"은 1804년에 초연되었는데 그 장소는 앞서 몇 번 살펴보았던 바이마르의 국민극장이었다. 따라서 이번 "교실 밖 수업"은 앞의 내용들과 연계해 진행하면 좋을 것이다.

그런데 원래 빌헬름 텔은 독일이 아니

방문지 주소
국민극장: Theaterplatz 2, Weimar
실러 박물관: Schillerstrasse 12, Weimar

『빌헬름 텔』의 배경이 된 스위스의 알트도르프

라 스위스의 신화적 인물이다. 『빌헬름 텔』이 다루는 주요 사건인 외세에 대한 저항 운동 역시 독일이 아니라 스위스를 배경으로 한다. 하지만 당시 빌헬름 텔 이야기는 스위스뿐 아니라 독일에서도 인기가 많았다. 괴테도 스위스를 여행하면서 빌헬름 텔의 이야기를 소재로 서사시를 쓰려고 계획할 정도였다. 당시 인기 있던 희곡 작가였던 실러도 빌헬름 텔 이야기가 기록된 『스위스 연대기』에서 큰 감명을 받았고, 괴테의 조언을 참고하여 『빌헬름 텔』을 쓰게 되었다.

　실러는 스위스의 작은 마을 알트도르프(Altdorf)를 『빌헬름 텔』의 배경으로 삼았다. 실제로 알트도르프에 가면 마을 광장에 세워진 빌헬름 텔의 동상을 볼 수 있다. 또한 『빌헬름 텔』에 등장하는 크고 아름다운 호수도 멀지 않은 곳에 있다. 그리고 빌헬름 텔 박물관도 있으니 스위스를 여행할 계획이 있다면 꼭 한번 방문해보기 바란다.

　그렇다면 "자유의 시인" 실러가 『빌헬름 텔』을 쓰게 된 배경은 무엇일까? 앞서 살펴보았듯이 괴테와 실러는 질풍노도 문학의 대표적인 작가들로서 문학을 통해 기존의 엄격한 이성 중심적 사회에 대해

『빌헬름 텔』의 저자인 실러(우)와 그의 친구 괴테(좌)

저항했다. 즉 그들은 획일화된 사회에서 인간 본연의 감정과 개성을 강조하는 도구로서 문학을 사용한 것이다. 이처럼 예술에는 새로운 시대에 대한 사람들의 열망이 응축되어 나타난다. 이는 프랑스 혁명을 앞두고 귀족 사회를 풍자하는 "세비야의 이발사"나 "피가로의 결혼" 같은 오페라가 인기를 끌었던 것에서도 잘 드러난다.

프랑스에서는 1789년 대혁명의 결과 시민의 권리가 확대되었고 개인의 자유가 시대적 화두로 떠올랐다. 대혁명 이후의 프랑스는 왕정이 무너지고 국민 투표에 의해 공화정이 시작되었다가 다시 총재 정부가 구성되는 대격변을 겪고 있었다. 하지만 독일은 여전히 군주제가 유지되는 연방 국가였다. 독일의 중심인 프로이센 왕국은 프랑스 혁명의 기운이 유럽에 퍼지는 것을 차단하기 위해 대불 동맹에 참여해 프랑스와 전쟁을 벌이기도 했다.

하지만 독일에도 인간의 자유와 존엄을 존중하는 사회가 도래하기를 바라는 많은 사람이 있었다. 앞서 살펴본 대로 하이네는 자유를 노래하다가 프랑스로 망명해야 했다. 베토벤도 프랑스 혁명의 정신에 깊이 매료되었으며 혁신적인 음악을 통해 새로운 시대정신을 표현한 음악가였다. 괴테나 실러도 독일 사회가 변화되기를 꿈꾸며 여러 가지 작품을 통해 사람들에게 영감을 불어넣었다.

그런데 실러에게는 고민이 있었다. 프랑스 혁명 과정에서 매우 많은 사람이 피를 흘린 것에 대한 안타까움 때문이었다. 구시대의 모순이 분명하더라도 너무 급진적인 변화는 사회를 혼란으로 몰아넣는다. 그런 혼란 속에서 또다시 억울한 사람들이 생겨나고 새로운 시대정신의 빛이 바래는 사태가 벌어지면 어떻게 할 것인가?

당시 빌헬름 텔의 이야기는 프랑스에서도 인기를 끌었다. 그런데 프랑스 사람들은 빌헬름 텔이 태수를 처단했다는 사실에 초점을 맞추었다. 그들은 자신들이 악덕 군주였던 루이 16세(Louis XVI, 1754-1793)를 단두대에서 처형한 것에 대한 정당성을 이 이야기에서 찾을 수 있었다. 하지만 실러는 빌헬름 텔 이야기에 다음과 같은 대사들을 넣음으로써 혁명에도 절제가 필요함을 역설했다.

> 레딩: 동지들! 칼로 맞서기 전에 우선, 우리의 탄원을 왕에게 들려줍시다. 정의를 위해 쓰일 때도 폭력은 끔찍한 것입니다. 신은 인간의 힘으로는 어쩔 수 없을 때만 도와주십니다.
>
> 발터 퓌르스트: 불가피한 일은 어쩔 수 없지만 그 이상은 안 됩니다. 태수들과 그 하수인들을 쫓아내고, 견고한 성을 공격해야 할 것입니다. 하지만 가능하면 피를 흘리지 않도록 합시다. 칼을 쥐고도 절제할 줄 아는 민족은 두려워해야 마땅한 존재니까요.

또한 실러는 빌헬름 텔이 태수를 죽인 이유가 정당방위였음을 강조하고, 빌헬름 텔이 폭력 투쟁을 위해 모인 무리와 결별하는 설정을 통해 독자들이 혁명의 방법론에 관해 고민하게 했다. 실러가 독일도 혁명적인 변화를 맞이해야 한다고 생각한 것은 분명하다. 하지만 그는 프랑스 혁명보다 한 단계 높은 차원에서 그런 변화가 일어나기를 바랐다. 그래야만 억울한 사람의 희생을 최소화할 수 있기 때문이었다.

🏷️ 선생님의 칠판 #이효선 선생님

▍빌헬름 텔과 우리

『빌헬름 텔』이 우리에게 주는 교훈은 무엇일까? 역사가 시작된 이래로 인간 사회에는 지배층과 피지배층 사이의 갈등이 늘 있었다. 물론 정의로운 통치를 펼친 이상적인 지도자들도 가끔 있었다. 하지만 대다수 지도자는 그렇지 않았다. 그래서 우리는 역사의 어느 페이지를 펼쳐도 신음하는 피지배자들의 모습을 어렵지 않게 발견할 수 있다.

소수의 지배층과 다수의 피지배자! 그런데 인간 사회가 칼로 무 자르듯이 두 계층으로 양분되지는 않는다. 최고층과 최하위층 사이에는 여러 가지

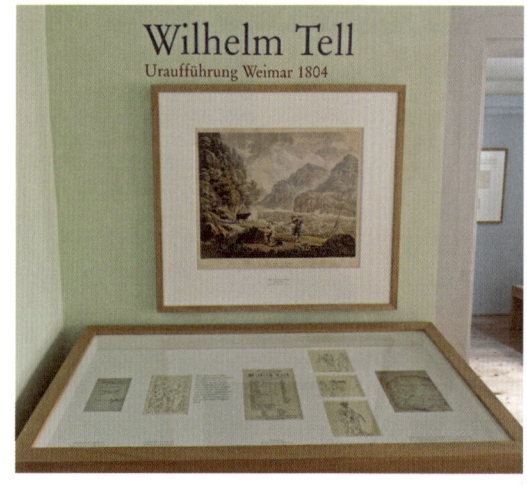

실러 박물관에 비치된 『빌헬름 텔』 초연 기념 자료들

층위를 이룬 집단이 존재한다. 그중에는 지배층에 대한 건전한 비판 기능을 수행해야 하는 집단이 있기 마련이다. 또 그런 집단이 존속되어야만 그 사회 전체가 건강하게 유지될 수 있다.

그런데 그런 기능을 일차적으로 감당해야 하는 관료, 성직자, 지식인들은 늘 위협과 유혹에 시달린다. 진실을 말함으로써 지배층의 문제를 드러내면 안정적인 삶을 포기해야 하는 상황이 발생하는 반면, 아첨과 권모술수를 통해 지배층에 협력하면 편안한 삶을 누릴 수 있기 때문이다. 훌륭한 지도자는 쓴소리에 귀를 기울이지만 타락한 지배자 주변에는 언제나 아첨하는 무리가 모여들기 마련이다.

혁명적인 변화를 꿈꾼 실러도 이런 부분에 대해 고민한 듯하다. 당시 프랑스는 가톨릭 사회였지만 성직자들은 루이 16세 주변에서 권력과 온갖 이권을 탐하고 있었다. 그 결과 권력에 기생하던 교회들도 프랑스 혁명의 과정에서 루이 16세와 함께 공격당할 수밖에 없었다. 이는 종교개혁의 나라인 독일에서도 마찬가지였다. 여전히 엄격한 군주제가 시행되는 독일에서 자유주의 혁명을 반기지 않는 군주에 빌붙은 관료들과 성직자들은 적극적으로 혁명을 지연시켰다.

이와 관련해 『빌헬름 텔』의 한 장면을 살펴보자. 아팅하우젠 남작은 자유를 위해 오스트

알트도르프에 있는 빌헬름 텔 기념상

리아에 대항하기를 바라는 고령의 귀족이고, 루덴츠는 그의 조카로서 조국을 배반하고 폭군 게슬러와 야합해서 권력과 명예를 얻으려는 인물이다.

아팅하우젠: 무장을 했구나. 알트도르프의 성[게슬러의 성]으로 가려는 것이냐?

루덴츠: 네 숙부님. 속히 가야 합니다.

아팅하우젠: 너를 알아볼 수가 없구나. 비단옷을 자랑하고, 공작 깃을 달고 우쭐거리며, 자포를 어깨에 걸치고 있으니 말이다. 농부들을 경멸스러운 눈초리로 쳐다보고, 그들의 다정한 인사를 부끄럽게 생각하는구나.

루덴츠: 농부들이 마땅히 지녀야 할 명예는 기꺼이 인정해줍니다만, 그들이 멋대로 취하는 권리는 인정하지 않는 것뿐입니다.

아팅하우젠: 온 나라가 포악한 왕 아래에서 신음하고 있다. 폭군의 폭력을 참아내느라 건실한 사람들이 온통 근심뿐이야. 이렇게 사람들이 모두 고통받고 있는데, 너만 상관하지 않는구나. 너는 네 고향 사람들과 떨어져 나라의 적과 한편이 되어 우리의 고통을 조롱하고 경박한 쾌락을 좇고, 군주의 총애만 받으려고 애쓰는구나.

루덴츠: 네, 이 나라는 가혹한 압박을 받고 있어요. 하지만 왜 그렇죠 숙부님? 황제를 섬기라는 말 한마디면 이 억압이 단숨에 사라지고 황제도 이 땅을 자비롭게 대할 텐데요.

아팅하우젠: 이런 소리를 네 입에서 들어야 한다니….

루덴츠: 숙부님께서는 이곳에서 어떤 지위를 지니고 계십니까? 저 목

부(牧夫)들을 통치하는 것보다 더 큰 야망은 없으십니까? 그렇습니까? 왕을 섬기고 왕의 찬란한 진영에 가담하는 것이 자신의 하인들과 똑같은 자격으로 농부들과 함께 법정에 앉아 있는 것보다는 더 바람직한 선택이 아닐까요? 우리를 농부 귀족이라 부르며 놀리는 이방인들의 조롱이 골수에 사무칩니다. 견딜 수가 없어요. 주위의 귀족 청년들이 합스부르크의 깃발 아래 몰려들어 명예를 얻고 있는데, 여기 제 상속지에 한가로이 드러누워 변변찮은 일상에 청춘을 소비하는 것을….

아팅하우젠: 눈먼 놈. 헛된 화려함에 유혹되다니. 조국을 경멸하다니. 네 선조들의 유구한 전통을 수치스러워하다니…. 가거라. 가서 네 자유로운 영혼을 팔아넘겨라. 봉토를 받고 군주의 노예가 되거라.

루덴츠: 왕에게 저항해봤자 소용없는 일입니다. 세상은 그의 것인데, 우리 혼자서 고집스럽게 버티고 뻗대면서 그가 우리 주위에 강력하게 둘러쳐 놓은 땅의 사슬을 끊어놓겠다는 것입니까? 숙부님. 이런 난시에는 강력한 지도자의 편에 서는 것이 선행이자 현명하고 신중한 선택입니다. 상속권을 지닌 강력한 주인을 위해 공로를 세우는 것만이 미래를 위한 씨를 뿌리는 일입니다.

아팅하우젠: 네가 그렇게 똑똑하냐? 자유라는 귀중한 보석을 지키기 위해 생명과 재산을 걸고 영웅적인 힘으로 싸웠던 고결하신 선조들보다 네가 더 잘 판단한다고 생각하느냐? 오스트리아의 지배가 얼마나 우리를 괴롭히고 있는지. 노예가 되느니 자유를 위해 싸우는 것이 희생을 줄이는 길이야!

『빌헬름 텔』의 배경이 된 시기 이전의 스위스는 원래 동맹 관계의 주(州)들이 자치 사회를 이루어 평화와 자유를 누리고 있었다. 하지만 합스부르크 왕가가 지배하는 오스트리아가 스위스를 침공함으로써 평화가 깨지고 말았다. 그때부터 스위스 사람들은 침략군의 폭압에 저항하며 자유를 쟁취하기 위해 끊임없이 싸웠고 마침내 승리함으로써 자치권을 확보할 수 있었다.

하지만 역사의 격변 속에서 루덴츠처럼 강자의 편에 서려고 하는 사람들이 있기 마련이다. 그런 사람들은 권력을 탐하며 자신의 행복을 위해 공동체의 안위를 헌신짝처럼 내팽개친다. 우리 역사에서도 마찬가지였다. 구한말에 나라를 팔아먹은 을사오적과 친일파들은 조국을 배신하고 일제와 야합했다. 그들은 대대손손 많은 재산을 가지고 잘살았지만 우리 민족은 그들 때문에 큰 고통을 당할 수밖에 없었다.

제2차 세계대전 당시 독일에 점령당한 프랑스의 상황도 비슷했다. 적군의 수중에 넘어간 프랑스에서 수많은 프랑스인이 나치 독일에 동조하며 앞잡이가 되었다. 그런데 4년 뒤, 독일은 패망하고 프랑스는 자유를 되찾았다. 그때 전쟁 중에 임시정부를 이끌었던 드골 (Charles de Gaulle, 1890-1970)은 그동안 독일에 부역했던 프랑스인들을 가차 없이 처단했다. 그중 언론인과 종교인에 대해서는 매우 엄격한 기준이 적용되었는데, 드골은 그 이유에 대해 "언론과 종교는 그 사회의 양심의 척도이기 때문이다"라고 밝혔다.

이제 시선을 우리 사회로 돌려보자. 우리의 현대사에서 "과거 청산"은 늘 중요한 주제였다. 우리는 여지껏 일제의 잔재들도 청산하지 못했다. 물론 오랜 시간이 지난 지금, 일제의 잔재를 청산하자는 것이 피의 숙청을 하자는 이야기는 아니다. 그러나 최소한 언론계, 종교계의 정직한 평가와 반성은 분명하게 이루어져야 한다. 왜냐하면 드골의 말처럼 언론과 종교는 그 사회의 양심의 척도이기 때문이다.

우리나라는 유독 권력층에 속한 그리스도인들이 많다. 그러나 과연 기독교가 우리 사회의 양심의 척도라고 자부할 수 있을까? 일제 강점, 남북 분단, 군부 독재, 민주화 운동, 촛불 혁명의 현장에서 그리스도인들이 진실의 편에 섰는지 잘 돌아보아야 한다. 우리 그리스도인들이 진짜 바라야 하는 것은 편안한 삶과 교회의 양적인 증가가 아니다. 거짓을 배척하고 진실을 말함으로써 사회 속에서 정의와 양심의 기준이 되는 것이야말로 제9계명의 진정한 실천이라 할 것이다.

믿음 노트

1. 『빌헬름 텔』 이야기를 정리해보고 신앙적으로 어떤 교훈을 얻었는지 이야기해봅시다.

2. 우리가 제9계명을 잘 지키려면 어떤 노력을 기울여야 할지 구체적으로 기록해봅시다.

제44과

제10계명의 요구
페티의 그림

제113-115문

🏷️ **그림으로 이해하기** #페티의 "골리앗의 머리를 든 다윗"(드레스덴 구거장미술관 소장)

다윗과 골리앗

이번 과를 끝으로 십계명을 모두 살펴보게 된다. 십계명 공부를 마무리하면서 우리가 마음속에 반드시 붙잡아야 할 개념이 하나 있다. 그것은 바로 하나님이 우리에게 십계명을 주신 "목적"이다. 하나님은 우리가 열 가지 계명을 모두 지켜서 천국에 가기를 바라신 것일까? 아니면 그것보다 더 높은 차원의 다른 목적을 염두에 두셨을까?

산상수훈에서 예수님이 살인이나 간음에 대해 하신 말씀을 생각한다면 우리는 십계명을 모두 지키기는커녕 그중 하나라도 제대로 지킬 수 있을지 의문이다. 그렇다면 하나님이 우리에게 십계명을 요구하신 이유는 좌절감을 안겨주시기 위해서인가?

하나님이 연약한 우리에게 십계명을 주신 목적에 관해 페티의 그림만큼 좋은 영감을 주는 그림도 없을 것 같다. 소년 다윗이 거대한 장수 골리앗을 상대한 이야기는 매우 유명하다. 블레셋과 전쟁을 벌일 당시 이스라엘은 아직 철기가 제대로 보급되지 않았고 중앙집권제도 자리 잡지 못한 상태였다. 반면 상대인 블레셋은 "전사"(戰士)의 나라로 알려질 만큼 군사 강국이었다.

더군다나 블레셋의 골리앗은 특출난 용사였다. 그의 거대한 체격이 뿜어내는 살기는 웬만한 사람이 감당하기 어려울 정도였다. 또한 그는 어릴 때부터 전장을 누비며 경험을 쌓은 베테랑이었다. 이에 맞서 싸울 이스라엘 대표로 나서는 사람은 아무도 없었다. 그런데 이때 잠시 전장을 방문한 목동 다윗이 골리앗과 싸우겠다고 나섰다. 다윗은 골리앗이 이스라엘의 하나님을 모독하는 모습을 앉아서 보고만 있을 수 없었다. 다윗은 이 싸움이 자신과 거인 골리앗의 싸움이 아니라고 믿었다. 다윗은 골리앗에게 다음과 같이 선포했다.

45…"너는 칼과 창과 단창으로 내게 나아 오거니와 나는 만군의 여호와의 이름 곧 네가 모욕하는 이스라엘 군대의 하나님의 이름으로 네게 나아가노라. 46오늘 여호와께서 너를 내 손에 넘기시리니 내가 너를 쳐서 네 목을 베고 블레셋 군대의 시체를 오늘 공중의 새와 땅의 들짐승에게 주어 온 땅으로 이스라엘에 하나님이 계신 줄 알게 하겠고 47또 여호와의 구원하심이 칼과 창에 있지 아니함을 이 무리에게 알게 하리라. 전쟁은 여호와께 속한 것인즉 그가 너희를 우리 손에 넘기시리라"(삼상 17:45-47).

다윗의 눈에 이 대결은 골리앗과 자신의 대결이 아니라 골리앗과 하나님의 대결이었다. 물론 하나님은 다윗의 믿음에 응답하셨고 다윗을 대신해서 싸우셨다. 앞의 그림을 자세히 살펴보자. 소년 다윗의 오른손에 들려진 칼, 왼손에 들려진 골리앗의 머리! 둘 다 소년의 힘으로 들기에는 턱없이 크고 무겁다. 그러나 하나님이 소년 다윗과 함께 하실 때 골리앗조차 다윗을 당해낼 수 없었다.

죄 앞에 선 우리의 운명도 마찬가지다. 우리의 힘으로는 죄에 맞설 수도 없고 이길 수도 없다. 우리는 십계명 중 단 한 계명도 온전히 지킬 수 없는 연약한 존재다. 그러나 우리의 연약함을 알고 그 싸움을 하나님께 맡긴다면 우리는 승리할 수 있다.

하나님을 의지하는 것! 이것이 바로 하나님이 십계명을 우리에게 주신 목적이다. 우리의 힘으로는 계명을 지킬 수 없다. 하나님의 도우심이 없이는 한순간도 계명대로 살아갈 수 없다. 그래서 우리에게는 예수님이 필요하다. 성령을 통해 우리에게 죄를 이길 힘을 주시는 예수님을 바라보자.

🏷️ **성경 수업**

> 📂 마음 열기
>
> 1. 십계명을 제1계명부터 정리해봅시다.
>
> 2. 요즘 자신이 가지고 싶은 것이 있다면 무엇인가요? 그것을 가지고 싶은 이유는 무엇인가요?

제10계명이 요구하는 것

야고보서 2:8-11은 율법의 속성과 인간의 한계를 잘 설명해준다. 십계명을 비롯한 율법의 핵심은 하나님과 이웃을 사랑하라는 명령이며 이 핵심에 다양한 계명들이 연결되어 있다. 따라서 어느 한 계명이라도 어기는 사람은 그 계명의 궁극적 목적인 "사랑"을 훼손함으로써 모든 계명을 어기는 것이 된다.

하지만 우리가 계명을 모두 지키지 못하는 것 자체가 문제는 아니다. 사도 요한은 "우리가 죄가 없다고 말하면 스스로 속이고, 또 진리가 우리 속에 있지 아니할 것"(요일 1:8)이라고 말한다. 우리는 본질적으로 죄인이다. 오히려 "만일 우리가 우리 죄를 자백하면 그는 미쁘시고 의로우사 우리 죄를 사하시며 우리를 모든 불의에서 깨끗하게 하실 것"(요일 1:9)이다.

결국 십계명은 우리에게 "거울"과 같은 역할을 한다. 우리가 십계명을 들여다보며 우리의 죄를 깨닫고 하나님께 우리 죄를 고백할 때,

○ 관련 성구

8너희가 만일 성경에 기록된 대로 "네 이웃 사랑하기를 네 몸과 같이 하라" 하신 최고의 법을 지키면 잘하는 것이거니와 9만일 너희가 사람을 차별하여 대하면 죄를 짓는 것이니 율법이 너희를 범법자로 정죄하리라. 10누구든지 온 율법을 지키다가 그 하나를 범하면 모두 범한 자가 되나니 11"간음하지 말라" 하신 이가 또한 "살인하지 말라" 하셨은즉 네가 비록 간음하지 아니하여도 살인하면 율법을 범한 자가 되느니라(약 2:8-11).

7그가 빛 가운데 계신 것 같이 우리도 빛 가운데 행하면 우리가 서로 사귐이 있고 그 아들 예수의 피가 우리를 모든 죄에서 깨끗하게 하실 것이요. 8만일 우리가 죄가 없다고 말하면 스스로 속이고 또 진리가 우리 속에 있지 아니할 것이요. 9만일 우리가 우리 죄를 자백하면 그는 미쁘시고 의로우사 우리 죄를 사하시며 우리를 모든 불의에서 깨끗하게 하실 것이요(요일 1:7-9).

하나님은 우리 죄를 용서하신다. 또한 우리에게 죄를 이길 힘을 주시고 우리가 하나님의 형상을 닮은 하나님의 자녀로 변화되도록 인도해주신다. 사도 요한은 이런 상태를 일컬어 "빛 가운데 행한다"고 표현한다.

십계명 중 마지막 계명은 "네 이웃의 집을 탐내지 말라"고 명령한다. "탐심" 자체를 버려야 한다는 말씀이다. 인간에게 탐심은 매우 자연스러운 본성에 가깝다. 좋은 물건을 가지고 싶어 하고 다른 사람이 가진 것을 부러워하는 마음은 누가 알려주지 않아도 어릴 때부터 생겨난다. 아무리 마음을 다잡고 금욕 생활로 다스려도 이런 마음은 사라지지 않는다.

이것을 극복할 방법은 단 하나, 우리의 소망을 하나님께 두어야 한다. 하나님께 소망을 둔다면 탐심은 자연스럽게 사라진다.

하나님에 대한 소망이 없는 사람은 온갖 종류의 탐심에 사로잡힌다. 태양 빛을 본 사람은 작은 촛불에 일희일비하지 않지만 단 한 번도 태양 빛을 보지 못한 사람은 촛불을 두고 다투게 된다. 마찬가지로 하나님의 영광을 아는 사람은 이 세상의 영광에 대해 초탈할 수 있다. 하지만 하나님을 잘 알지 못하는 사람은 다른 것에서 만족을 찾기 위해 헛되이 몸부림친다.

따라서 탐내지 말라는 말씀은 단순히 남의 물건을 빼앗고 싶은 마음과 씨름하라는 의미가 아니다. 오히려 우리의 근본적인 소망이 어디에 있는지, 우리의 시선이 어디로 향하는지 살펴보고 온전한 믿음 안에 거하라는 격려다.

내가 산을 향하여 눈을 들리라. 나의 도움이 어디서 올까? 나의 도움은 천지를 지으신 여호와에게서로다(시 121:1-2).

○○ 하이델베르크 교리문답 살펴보기

제113문: 제10계명에서 하나님이 요구하시는 것은 무엇입니까?

답: 아무리 사소한 생각이나 욕망이라도 하나님의 계명에 맞지 않는다면 마음에서 버려야 합니다. 오히려 항상 전심으로 모든 죄를 미워하고 의로운 것이라면 무엇이든지 기뻐해야 합니다.

제114문: 하나님께 회심한 사람들은 이 계명들을 완벽히 지킬 수 있습니까?

답: 아닙니다. 이 세상에서는 아무리 경건한 사람이라 할지라도 아주 조그마한 순종을 시작할 뿐입니다. 하지만 그들은 순전한 마음으로 몇몇 계명뿐만 아니라 모든 계명에 순종하는 삶을 살기 시작합니다.

제115문: 이 세상에서 아무도 십계명을 완벽하게 지킬 수 없다면 하나님은 십계명을 왜 그렇게 엄하게 명하셨습니까?

답: 첫째, 우리 인생을 통해 우리가 죄에 물든 사람임을 점점 더 깨달음으로써 그리스도의 죄 용서와 의로움을 더 간절하게 찾게 하기 위해서입니다.

둘째, 이 세상이 지나고 완전함에 이르기까지 성령의 은혜를 구하며 하나님께 기도함으로써 우리가 하나님의 형상을 따라 점점 더 새로워지고자 하는 분투를 멈추지 않게 하기 위해서입니다.

🏷️ **교실 밖 수업** #뷔츠부르크, 헤른후트

세상에서 가장 위대한 그림

앞서 "그림으로 이해하기"에서 소개한 "골리앗의 머리를 든 다윗"을 그린 페티는 다양한 주제의 종교화를 그렸다. 그중에서 역사를 바꾼 위대한 그림이 독일 뷔르츠부르크의 레지덴츠에 소장되어 있다. 페티의 이름은 피카소(Pablo Picasso, 1881-1973), 미켈란젤로, 고흐(Vincent van Gogh, 1853-1890) 같은 화가에 비해 생소한 것이 사실이다. 하지만 그의 그림이 불러일으킨 사건들을 살펴보면 그가 역사에 얼마나 큰 영향력을 미쳤는지 알게 된다.

뷔르츠부르크 레지덴츠 입구

습작 "에케호모"(1605)

걸작 "에케호모"(1610)

페티의 그림은 이번 과뿐 아니라 앞서도 여러 차례 소개되었다. "잃어버린 동전 비유"(제4과), "사모스의 아리스타르코스"(제9과), "잃은 양의 비유"(제21과), "악한 종의 비유"(제32과), "손님 없는 잔치"(제35과)가 모두 페티의 작품이었다. 이번 "교실 밖 수업"도 페티의 그림을 살펴보면서 진행해보자.

위에 있는 두 그림은 모두 페티의 작품인데 제목이 똑같이 "이 사람을 보라"라는 의미의 "에케호모"(*Ecce Homo*)다. 왼쪽의 습작은 독일 뷔르츠부르크의 레지덴츠에 소장되어 있고, 오른쪽의 걸작은 세계적으로 유명한 이탈리아 피렌체의 우피치 미술관에 소장되어 있다.

이 두 그림은 소장된 장소만 놓고 본다면 비교가 안 될 정도로 큰 차이가 있다. 걸작 "에케호모"는 우피치 미술관에서 세계적인 르네상스 명화들과 어깨를 나란히 하고 있다. 물론 우피치 미술관에는

방문지 주소

뷔르츠부르크 레지덴츠:
Residenzplatz 2, 97070 Würzburg

헤른후트 교회와 박물관:
Comeniusstraße 6, 02747 Herrnhut

모라비아 기도 탑: Berthelsdorfer Allee 2, 02747 Herrnhut

워낙 유명한 그림이 많아서 페티의 그림이 그렇게 시선을 끌지는 않는다. 반면 습작 "에케호모"는 헐값으로 팔려서 뒤셀도르프에 소장되어 있다가 뷔르츠부르크의 레지덴츠로 왔다. 지금도 사람들이 별로 주목하지 않는 복도에 걸려 있을 뿐이다.

그런데 습작 "에케호모"는 교회 역사에 큰 흔적을 남겼다. 이 그림이 뒤셀도르프에 걸려 있을 때 이 그림을 본 친첸도르프 백작(Graf von Zinzendorf, 1700-1760)이 자신의 방탕함을 청산하고 하나님께로 돌아섰기 때문이다. 그는 회개한 후 앞서 살펴보았던 슈페너의 경건주의 운동을 계승하고 모라비아 교회를 이끄는 동시에 다양한 개신교 분파를 포용하는 운동을 펼침으로써 전 세계 기독교에 큰 영향을 끼쳤다.

친첸도르프 백작이 영지로 가지고 있었던 헤른후트(Herrnhut)는 체코와 폴란드 국경에서 가까운 독일의 작은 마을이다. 당시 체코와 폴란드 지역에서 박해를 당한 경건한 개신교도들이 국경을 넘어 독일에 와서 난민이 되었다. 원래 그 지역에는 후스(Jan Hus, 1372-1415)의 종교개혁을 계승한 보헤미아 형제단이 비밀리에 명맥을 유지하고 있었는데, 로마 가톨릭의 박해가 심해지자 그중 많은 사람이 개신교 지역인 독일로 탈출한 것이었다.

친첸도르프는 그들이 자신의 영지에 정착해서 신앙 공동체를 형성할 수 있게 돕고 그들과 함께 새로운 형태의 교회를 세웠다. 그들이 세운 헤른후트 공동체—헤른후트는 "주님이 보호하시는 곳"이란 뜻이다—는 모라비아 교회의 모태가 되었고 경건주의를 지향하는 여러 공동체의 구심적 역할을 했다. 지금도 헤른후트 중심에는 모라비아 교회가 있으며 그 교회 안에는 그들의 역사와 선교 활동을 기념하는 작은 박물관이 있다. 이 박물관에서 모라비아 교도의 아버지인 친첸도르프 백작과 감리교의 창시자인 존 웨슬리의 흉상을 볼 수 있는데, 이는 웨슬리가 모라비아 교도들에게 감명을 받아 신앙적인 도약을 이룬 사건을 떠올리게 한다.

웨슬리와 **친첸도르프**

모라비아 교회로부터 멀지 않은 곳에 기도 탑이 있다. 교회에서 이 기도 탑으로 가는 길옆으로는 모라비아 교도들의 묘지가 있으며 친첸도르프 백작도 이 묘지에 잠들어 있다. 기도 탑 꼭대기에 올라가면 멀리 국경 너머로 체코와 폴란드에 속한 작은 산들이 보이는데, 모라비아 교도들은 이 기도 탑에서 자신들이 떠나온 조국을 위해 24시간 쉬지 않고 릴레이 기도를 했다고 한다. 한국교회가 흔히 하는 릴레이 기도가 바로 이들로부터 전수되었다는 사실을 알 수 있다.

친첸도르프와 모라비아 교도들은 그리스도와의 사귐 속에서 모든 일상생활을 해나가기 위해 애썼다. 그들에게 공동 생산과 공동 소비, 공동 육아, 매일의 예배는 신앙의 표현이었다. 그들이 이런 삶을 살 수 있었던 것은 자신들의 소망을 하나님께만 두었기 때문이었다. 그들은 비록 조국을 등지고 떠나왔지만 "실제로 우리는 하늘에 있는 진정한 집이 있으니, 어찌 이것과 비교할 수 있으랴?"라고 말하며 하나님 나라에 대한 소망을 품고 살았다. 그 소망이 강렬했기 때문에 그들

모라비아 기도 탑에서 바라보는 광경. 길을 따라 기도 탑으로 올라가는 도중에 친첸도르프의 무덤을 볼 수 있다.

의 삶은 "탐심"과 거리가 멀 수밖에 없었다.

페티의 습작 "에케호모"가 영향을 끼친 사람은 친첸도르프뿐만이 아니었다. "내 너를 위하여"(찬송가 311장), "나의 생명 드리니"(찬송가 213장), "영광을 받으신 만유의 주여"(찬송가 331장), "주 없이 살 수 없네"(찬송가 292장) 등 수많은 찬송가를 쓴 프란시스 하버갈(Francis R. Havergal, 1836-1879) 여사도 독일에서 유학하던 중 페티의 그림을 보고 회심을 경험했다. 영국으로 돌아온 그녀는 평생 하나님을 찬송하는 시인의 삶을 살았다. 그녀의 묘비에는 "그 아들 예수의 피가 우리를 모든 죄에서 깨끗하게 하실 것이요"(요일 1:7)라는 구절이 새겨져 있다.

우리가 페티의 그림을 감상한 수많은 사람의 모든 사연을 아는 것은 아니다. 하지만 이처럼 역사에 남은 사람들의 이야기를 살펴보면 습작과 걸작이라는 평가가 역설적이라는 생각이 든다. 페티의 걸작으

영국 아스틀리(Astley)의 베드로 교회에 잠든 하버갈 여사의 무덤

로 평가받는 작품은 세계적인 미술관에 소장되었지만 명화들의 그늘에 가려 있다. 반대로 별다른 주목을 받지 못한 습작은 여러 사람을 변화시켜서 우리에게까지 간접적인 영향을 주었다.

이처럼 우리도 세상에서 성공하여 좋은 평가를 받는 것에 집착하며 산다면 하나님과 상관없는 인생을 살게 될 것이다. 그러나 하나님께만 소망을 둔다면 세상에서는 "습작"과 같은 천대를 받는다 하더라도 위대한 영향력을 발휘하는 삶을 살 수 있을 것이다. 독자들이 세상에 대한 탐심을 버리고 친첸도르프, 모라비아 교도, 하버갈 여사처럼 소망을 하나님께 두고 그분이 기뻐하시는 삶을 살게 되기를 진심으로 소망한다.

믿음 노트

1. 자신이 아는 사람 중 십계명을 잘 지키기 위해 노력한 사람은 누가 있나요? 위인이나 부모님, 선생님, 친구 등을 포함해서 이야기해봅시다.

2. 제10계명을 잘 지키기 위해 우리가 힘써야 할 것은 무엇일까요?

제45과

기도에 관하여
"환희의 송가"

제116-119문

🏷️ **그림으로 이해하기** #크라나흐의 "제단 앞의 엘리야"(드레스덴 구거장 미술관 소장)

참된 기도

참된 기도가 무엇인지 가장 극명하게 보여주는 사건을 성경에서 꼽으라면 어떤 것이 있을까? 우리는 열왕기상 18장에 기록된 엘리야와 바알 사제들의 대결을 눈여겨보아야 한다. 엘리야는 북이스라엘의 아합 왕이 우상을 숭배하며 폭압적인 통치로 많은 백성을 억압할 때 하나님의 말씀을 받아 전한 예언자다. 하나님은 우상숭배에 빠진 북이스라엘에 벌을 내리셔서 오랜 가뭄이 들게 하셨는데, 이는 농사를 관장한다는 바알과 아세라를 겨냥하신 것이었다.

많은 날이 지나고 3년째가 되었을 때 하나님은 엘리야에게 아합 왕을 찾아가라고 말씀하셨다. 엘리야는 하나님의 말씀에 따라 바알과 아세라를 섬기는 사제들을 불러놓고 과연 어떤 신이 비를 내릴 수 있는 능력이 있는지 겨루기로 했다. 오랜 기근으로 민심이 흉흉한 상태였기 때문에 이 대결에서 지는 쪽은 화를 면치 못할 운명이었다.

먼저 태양신 바알을 섬기는 선지자 450명과 풍요의 신 아세라를 섬기는 선지자 400명이 미친 듯이 "기도"하기 시작했다. 그들은 온종일 "기도"를 올려드렸지만 아무런 응답이 없었다. 자신들의 정성이 부족하다고 느꼈는지 그들은 목소리를 높이고 정해진 규율에 따라 칼과 창으로 자기 몸에 상처를 내가면서 신의 응답을 촉구하기 시작했다. 하지만 그들의 간절한 부르짖음이 무색하게도 응답은 오지 않았다.

그다음은 엘리야의 차례였다. 엘리야는 무너진 제단을 다시 쌓고 그 위에 제물을 올린 뒤에 물을 잔뜩 들이부었다. 그리고 하나님께 기도했다.

36…엘리야가 나아가서 말하되 "아브라함과 이삭과 이스라엘의 하나

님 여호와여! 주께서 이스라엘 중에서 하나님이신 것과 내가 주의 종인 것과 내가 주의 말씀대로 이 모든 일을 행하는 것을 오늘 알게 하옵소서. 37여호와여! 내게 응답하옵소서! 내게 응답하옵소서! 이 백성에게 주 여호와는 하나님이신 것과 주는 그들의 마음을 되돌이키심을 알게 하옵소서" 하매(왕상 18:36-37).

이 짧은 기도에 즉시 응답이 임했다. 엘리야가 하나님의 이름을 부를 때 하늘에서 불이 내려와 번제물과 나무와 돌과 흙을 태우고 제단 주변 도랑에 둘러친 물까지 없애버린 것이다. 이에 모든 백성이 엎드려 야웨가 하나님이심을 고백했다.

무엇이 이렇게 다른 결과를 낳았는가? 기도란 "정성"의 문제가 아니며 말을 얼마나 많이 반복하느냐의 문제도 아니다. 엘리야와 바알 사제들의 결정적 차이점은 그들이 "누구의 뜻"에 따라 "누구"에게 기도했는가에 있었다.

예수님도 기도에 관해 말씀하시며 말을 많이 한다고 해서 하나님이 더 잘 들으시는 것이 아니라고 지적하셨다(마 6:7). 이방인들은 말을 많이 해야 신이 응답한다고 생각한다. 하지만 예수님이 마태복음 6장에서 강조하신 기도의 핵심은 말을 많이 하거나 정성을 다하는 행위에 있지 않았다. 하나님은 그의 백성에게 필요한 모든 것을 먼저 아시는 분이시다. 따라서 기도의 핵심은 매 순간 하나님을 바라보고 하나님과 함께 걷는 것 자체에 있다. 즉 지금 이 순간에도 우리가 하나님의 눈동자 앞에 거하고 있다는 인식, 그것이 "기도"의 본질이다. 그런 의미에서 우리는 "쉬지 말고 기도하라"(살전 5:17)는 명령을 지킬 수 있게 된다.

이번 과에서는 참된 기도에 대해 생각해보자. 그리고 우리가 하나님께 드리는 기도가 바알 사제들의 기도에 가까운지, 아니면 엘리야가 드린 기도에 가까운지 돌아보자.

🏷️ 성경 수업

🚪 마음 열기

1. 하나님께 기도해서 응답받은 것과 응답받지 못한 것이 있다면 이야기해봅시다.

2. 자신의 삶에서 기도가 얼마만큼의 중요도를 갖는지 이야기해봅시다.

기도에 관하여

어떤 사람에게는 기도가 부담스럽고 힘들게 느껴질지도 모르지만 예수님은 기도가 우리의 "특권"이라고 말씀하셨다. 마태복음 7:7에서 예수님은 우리에게 "구하라, 그리하면 너희에게 주실 것이다"라고 약속하셨다. 그리고 이어서 반문하시기를 나쁜 사람도 자기 자식에게는 좋은 것을 주려고 하는데 하물며 하늘에 계신 아버지께서 구하는 자에게 좋은 것으로 주시지 않겠느냐고 하셨다. 그렇다! 기도가 우리에게 특권인 이유는 하나님이 우리의 "아버지"이시기 때문이다. 그것도 하나님은 매우 좋으신 아버지가 아니신가?

○ 관련 성구

그런즉 너희는 먼저 그의 나라와 그의 의를 구하라. 그리하면 이 모든 것을 너희에게 더하시리라(마 6:33).

너희가 내 안에 거하고 내 말이 너희 안에 거하면 무엇이든지 원하는 대로 구하라. 그리하면 이루리라(요 15:7).

6아무것도 염려하지 말고, 다만 모든 일에 기도와 간구로, 너희 구할 것을 감사함으로 하나님께 아뢰라. 7그리하면 모든 지각에 뛰어난 하나님의 평강이 그리스도 예수 안에서 너희 마음과 생각을 지키시리라(빌 4:6-7)

그러나 하나님은 모든 사람의 모든 기도에 긍정적으로 응답하시는 것은 아니다. 우리가 드리는 기도가 그대로 이루어지려면 먼저 충족되어야 할 조건이 있다. 예수님은 우리가 예수님 안에 거하고 우리 안에 예수님의 "말씀"이 거하면 우리가 구하는 대로 이루어질 것이라고 말씀하셨다(요 15:7). 우리가 인간적인 욕망이나 허영심이 아니라 하나님의 말씀에 근거한 기도를 드릴 때, 또 우리가 하나님과의 친밀한 관계 속에서 하나님의 뜻이 무엇인지 온전히 분별하면서 거기에 맞는 기도를 드릴 때 하나님은 우리가 구하는 모든 것을 아낌없이 주신다(마 6:33).

우리는 여기서도 기도의 핵심이 무엇인지 다시 한번 확인할 수 있다. "구하고 받는 과정" 자체가 아니라 하나님과 동행하는 삶, 하나님의 말씀을 생활 속에서 되새기는 신앙이 핵심이다. 그런 삶과 신앙 속에서 하나님은 우리의 기도에 속히 응답하시고 우리의 모든 필요를 채워주신다.

그렇다면 이제 우리는 빌립보서 4:6-7을 받아들일 수 있다. 하나님과 동행하는 사람은 아무것도 염려하지 않을 수 있다. 하나님이 우리의 모든 생각과 상황을 친히 알고 계시는데 염려는 해서 무엇한단 말인가? 아무리 상황이 좋지 않더라도 하나님의 선하심을 믿으며 염려를 내려놓고 감사한 마음으로 하나님과 동행하는 것, 그것이 바로 "기도"하는 삶의 모습이다.

○○ 하이델베르크 교리문답 살펴보기

제116문 그리스도인은 왜 기도해야 합니까?

답 하나님이 요구하시는 감사의 삶 중에서 가장 중요한 부분이 바로 기도이기 때문입니다. 게다가 하나님은 당신의 은혜와 성령을 주시되, 끊임없이 진심 어린 마음으로 갈망하며 그런 은사를 구하고 그로 인해 감사하는 자에게만 주십니다.

제117문 하나님의 뜻에 합당하며 하나님이 응답하시는 기도는 어떤 것입니까?

답 하나님의 말씀에 의지해서 겸손한 마음으로 확신 속에서 드리는 기도입니다.

제118문 하나님은 우리가 하나님께 무엇을 구하라고 명하셨습니까?

답 우리 주 그리스도께서 우리에게 가르쳐주신 기도가 알려주듯이 우리의 몸과 영혼에 필요한 모든 것을 구해야 합니다.

제119문 주님이 가르쳐주신 기도는 무엇입니까?

답 하늘에 계신 우리 아버지여, 이름이 거룩히 여김을 받으시오며 나라가 임하시오며 뜻이 하늘에서 이루어진 것 같이 땅에서도 이루어지이다. 오늘 우리에게 일용할 양식을 주시옵고 우리가 우리에게 죄 지은 자를 사하여준 것 같이 우리 죄를 사하여주시옵고 우리를 시험에 들게 하지 마시옵고 다만 악에서 구하시옵소서. 나라와 권세와 영광이 아버지께 영원히 있사옵나이다. 아멘.

🏷️ 교실 밖 수업 #베를린

"환희의 송가" 다시 듣기

베토벤의 교향곡 9번 "합창"은 1824년 오스트리아 빈에서 초연되었다. 하지만 원래 베토벤이 기대했던 초연 장소는 자신의 조국인 독일의 수도 베를린이었다. 만약 그랬다면 "합창"의 하이라이트인 "환희의 송가"가 독일의 대표적 문학가인 실러의 시에 곡을 붙인 것인 만큼 독일인들에게 더 큰 감동을 안겨줄 수 있었을 것이다. 베를린에서 베토벤의 교향곡을 들어볼 기회가 있다면 기꺼이 들어보자. 특히 "합창"을 감상한다면 "환희의 송가"가 울려 퍼질 때 온몸을 감싸는 전율을 느낄 수 있을 것이다.

실러의 시 "환희의 송가"는 1785년에 처음 쓰였다. 그때 유럽에서는 인간의 자유와 평등을 주장하는 사상이 들불처럼 퍼져나가며 이상 사회에 대한 갈망이 커지고 있었다. 결국 1789년에는 프랑스 혁명의 불길이 타올랐고 유럽 전역은 자유주의 혁명으로 진통을 겪어야 했다. 그 즈음 독일의 학생들은 인류의 화합과 동지애를 노래한 실러의 시를 곡조에 맞춰 부르기 시작했다. 이에 실러는 "환희의 송가"를 1803년에 약간 수정해서 다시 발표했고 얼마 지나지 않아 1805년에 눈을 감았다.

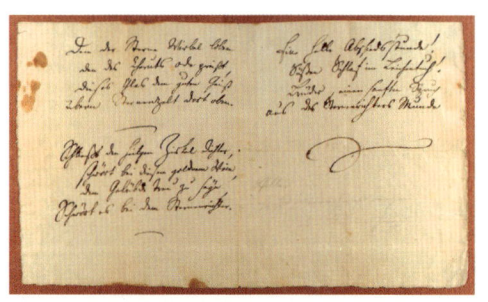

실러의 "환희의 송가" 자필 원고

그런데 실러는 이 시가 실패작이라고 생각했다. 인류의 화합과 평화를 노래한 이 시는 지극히 비현실적이기에 예술적 가치가 떨어진다고 생각한 것이었다. 실러는 누구보다 현실 정치의 한계를 잘 알고 있었다. 프랑스 혁명의 기운을 막기 위해 유럽 왕족들은 동맹을 결성해 프랑스와 전쟁을 벌였다. 그 와중에 프랑스에서 자유주의 투쟁의 영웅으로 떠오른 나폴레옹은 1804년에 어이없게도 전권을 장악하고 황제에 등극했다. 이런 상황에서 실러가 노래한 인류애와 화합이란 주제는 뜬구름 잡는 이야기로서 현실과 거리가 먼 몽상에 가깝게 보일 만 했다.

1804년의 베토벤

동시대를 살았던 베토벤도 이상과 현실의 괴리를 잘 알고 있었다. 게다가 그는 납중독으로 점차 청력을 잃어가는 처지였다. 하지만 그는 청년 시절 실러의 "환희의 송가"를 접하며 느꼈던 감동을 잊지 않았다. 그때 베토벤은 언젠가 실러의 시에 곡을 붙여 인류의 하나 됨을 음악으로 표현하겠다고 결심했었다. 그 후 1810년대 중반부터 베토벤은 청력을 거의 완전히 상실했지만 절망이나 우울증에 빠져들지 않고 이 시에 곡을 붙이려고 노력했고 마침내 결실을 보았다.

1824년에 교향곡 9번 "합창"의 초연이 마무리되었을 때, 지휘자였던 베토벤은 자신의 뒤에 자리한 수많은 청중이 우레와 같이 손뼉을 치며 환호하고 있다는 사실을 모를 정도로 청력을 잃은 상태였다. 그 순간은 비현실적으로 보이는 인류의 화합과 평화를 노래한 실러의 잊힌 꿈이, 절망적인 상황으로 빠져들던 베토벤의 마음속에 수십 년간 머물면서 마침내 위대한 예술 작품으로 승화된 순간이었다.

가혹한 현실이 갈라놓았던 이들을
신비로운 그대의 힘으로 다시 결합시키는도다.
그리고 모든 인간은 형제가 되노라.
그대의 부드러운 날개가 머무르는 곳에
백만 인이여, 서로 포옹하라!
전 세계의 입맞춤을 받으라!
형제여! 별의 저편에는 사랑하는 아버지가 계신다.
억만의 사람들이여, 엎드려 빌겠는가?
세계의 만민이여, 창조주가 계심을 알겠는가?
별들이 수놓아져 있는 천공의 저편에서 사랑하는 주님을 찾으라.

"환희의 송가"의 가사를 살펴보자. 이 곡은 실패한 듯 보이는 인류의 화합을 이룰 사명이 우리에게 있음을 일깨우고, 그것을 위해 창조주 하나님께 엎드려 빌 수밖에 없음을 노래한다. 베토벤과 실러의 열망이 반영되기라도 한 것처럼 이 곡은 1985년에 유럽연합(EU)의 찬가로 채용되어 인류애의 상징이 되었다.

이번 "교실 밖 수업"의 배경인 베를린은 현대사를 배경으로 인류애에 대해 생각해볼 수 있는 최적의 장소다. 프리드리히 거리에 있는 체크포인트 찰리와 린덴 거리에 있는 유대인 박물관을 방문해보자.

체크포인트 찰리는 과거 동·서독 사이에 설치된 검문소 중 가장 유명한 검문소였다. 제2차 세계대전이 끝나자 승전국들은 독일에 대한 분할 통치를 결정했다.

방문지 주소

체크포인트 찰리: Friedrichstraße 43-45, Berlin〈www.mauermuseum.de〉

유대인 박물관: Lindenstraße 9-14, Berlin〈www.juedisches-museum-berlin.de〉

그 결과 동베를린에는 소련군이, 서베를린에는 미국 중심의 연합군이 주둔했다. 점령군들은 시민들의 왕래를 통제하기 위해 체크포인트 찰리 같은 검문소들을 만들었고, 동독 정부가 시민들의 탈출을 막기 위해 베를린 장

오늘날의 체크포인트 찰리

벽을 설치하자 양측 병력이 대치하는 검문소는 냉전의 상징이 되었다. 체크포인트 찰리 바로 옆에 있는 장벽 박물관(Museum Haus Am Checkpoint Charlie)에서는 동·서독의 분단 상황에 대해 더 자세한 자료들을 확인할 수 있다.

유대인 박물관은 체크포인트 찰리에서 그다지 멀지 않은 곳에 있다. 체크포인트 찰리가 민족 분단의 상징이라면 유대인 박물관은 타국인에 대한 독일인들의 반감과 반목을 상징한다. 이 박물관에서는 중세 시대부터 유럽 곳곳에 흩어져 삶을 이어온 유대인들의 역사를 살펴볼 수 있다. 나라를 잃고 타지에 정착한 유대인들은 늘 차별과 고통을 겪어야 했다.

유대인 박물관에서 가장 인상적인 전시물은 쇠로 된 마스크들이다. 두꺼운 철판을 일일이 오리고 찢어 만든 1만 개의 얼굴을 들여다보라. 무

유대인 학살을 형상화한 쇠 마스크

표정한 듯한 눈빛의 얼굴들은 분명 절규하고 있다. 이 얼굴들은 유대인들은 물론이고 어떤 이유로든 억압받아야 했던 수많은 사람의 고통을 대변한다.

인류 역사에서 분단과 차별, 고통이 없었던 순간이 있었을까? 오늘날 독일을 대표하는 도시 베를린은 아름다운 모습을 자랑한다. 하지만 그 역사를 들여다보면 상상하기도 어려운 아픔과 슬픔이 그 이면에 서려 있음을 알게 된다. 인류의 화합과 평화를 위한 기도를 담았던 "환희의 송가"가 베를린에서 초연되었더라면 참 좋았을 것 같다.

🏷️ 선생님의 칠판 #이효선 선생님

| 기도하라

"환희의 송가"가 노래하듯이 백만 인이 서로 껴안고 입을 맞추는 것, 그것은 하나님의 사랑을 통해서만 이루어질 수 있는 꿈이다. 베토벤과 실러는 인류의 화합과 동지애를 갈망하며 기도한 끝에 최고의 교향곡으로 꼽히는 음악을 만들 수 있었다. 이는 기도의 위대한 힘을 상징적으로 보여주는 것 같다.

우리는 역사에서 화합과 화해를 위해 간구하던 사람들의 기도가 이루어진 순간들을 볼 수 있다. 앞으로 제47과에서 자세히 살펴보겠지만 베를린 장벽은 라이프치히 기도회를 통해서 허물어지기 시작했다. 전후 독일은 유대인 학살 희생자 추모비 앞에서 무릎을 꿇고 두 손을 모은 빌리 브란트(Willy Brandt, 1913-1992) 총리의 기도 덕분에 주변 나라들과 관계를 개선하고 다시 일어설 수 있었다.

제2차 세계대전이 끝난 지 70년이 지났지만 우리 민족은 여전히 그 전쟁 때문에 분단된 국가에서 살아가고 있다. 그러나 우리는 7천만 동포가 서로 껴안고 입 맞추기를 갈망하며 기도하기를 멈추지 말아야 한다. 언젠가는 우리의 기도가 응답되어 한반도에서도 "환희의 송가"가 울려 퍼질 것이기 때문이다.

베토벤은 1798년, 서른 살이 되기 전에 찾아온 청각장애 때문에 여생을 고통과 씨름하며 살아가야 했다. 하지만 1785년에 읽은 실러의 "환희의 송가"를 17년간 마음에 품었던 그는 1812년부터 교향곡 "합창"을 구상하며 "환희의 송가"에 곡을 붙이기 시작했다. 그리고 마침내 1824년에 위대한 교향곡 "합창"이 완성되었다. 귀가 들리지 않는 음악가가 내놓은 걸작을 통해 많은 사람이 커다란 영감을 얻었다. 베토벤은 온 세상 사람들에게 고뇌를 통해서만 환희에 이를 수 있으니 끊임없이 하나님을 바라보라는 메시지를 전해주었다.

기도란 내가 무엇을 붙드는 것이 아니라 오히려 나의 부족함을 알고 하나님께 맡기는 것이다. 우리의 삶은 고통과 고난의 연속이다. 하지만 계속해서 높은 꿈을 꾸고 좌절 속에서도 하나님을 바라보아야 한다. 하나님은 우리의 기도에 응답하는 분이시기 때문이다.

믿음 노트

1. 베토벤의 "환희의 송가"가 어떻게 만들어졌는지 정리해보고 거기서 얻을 수 있는 교훈은 무엇인지 이야기해봅시다.

2. 이번 과를 통해 여러분이 "기도"에 대해 새롭게 깨달은 사실은 무엇입니까?

제46과

하늘에 계신 우리 아버지
베토벤의 삶과 음악

제120-121문

🏷 그림으로 이해하기 #켐퍼의 "고뇌하는 루터" (에르푸르트 구시청사 소장)

주문인가 대화인가

에르푸르트 구시청사에는 루터의 생애를 생생하게 표현한 에두아르트 켐퍼(Eduard Kämpffer, 1859-1926)의 그림들이 있다. 그중에서 "고뇌하는 루터"는 1505년에 루터의 친구가 갑작스럽게 벼락에 맞아 죽은 사건을 배경으로 한다. 이 사건으로 인해 루터는 깊은 충격에 빠져 인생의 무상함을 절감하게 되었다. 그는 곧 법학도의 길을 포기하고 수도원으로 들어갔다. 이 사건에 대해서는 앞서 제23과에서 자세히 다루었다.

이때 루터의 마음은 어땠을까? 그는 하나님이 어떤 분이시라고 느꼈을까? 갑작스레 싸늘한 주검으로 변해버린 친구의 모습을 보면서 루터는 하나님이 "무서운 신(神)"이라고 확신한 듯하다. 이는 그가 그 사건 이후 구원을 얻기 위해 무려 12년간 고행과 금욕을 동반한 수도사 생활에 철저하게 임한 것을 보면 알 수 있다.

하지만 결국에 루터는 고행이나 노력으로 점철된 행위가 구원의 근거가 될 수 없다는 사실을 깨달았다. 그는 성경을 통해 사람의 모든 죄를 능가하는 하나님의 은혜와 그에 대한 믿음이 기독교 신앙의 핵심임을 알게 되었다. 이제 루터에게 하나님은 무서운 신이 아니라 자비로운 아버지로 나타나셨다.

앞서 우리는 십계명에 대해 자세히 살펴보았다. 하나님을 무서운 신으로 이해하는 사람들에게 십계명은 천국에 가기 위해 반드시 지켜야 하는 조건처럼 느껴질 것이다. 하지만 하나님이 선하신 "아버지"이심을 믿는 자들에게 십계명은 어떻게 사는 것이 하나님의 뜻에 맞는지를 알려주는 구체적인 생활 지침이다.

기도도 마찬가지다. 하나님을 무서운 신으로 인식하는 사람들에게 기도는 의무 사항이고 예수님이 가르쳐주신 "주기도문"도 그저 "주문"처럼 느껴질 뿐이다. 그러나 반대로 하나님을 아버지로 인식한다면 기도는 일종의 "대화"가 된다.

자신이 "기도"를 어떻게 인식하고 있는지 돌아보자. 기도 시간이 부모님께 도움을 요청하거나 중요한 일을 상의하듯이, 때로는 응석을 부리며 안기듯이, 하나님 앞에 나아가는 시간인가? 아니면 앞의 그림처럼 무서움에 떨며 머리를 쥐어뜯는 시간인가?

예수님은 제자들에게 기도를 가르쳐주시면서 맨 처음 구절로 "하늘에 계신 우리 아버지여" 하면서 하나님을 부르셨다. 이는 우리가 기도할 때 하나님 앞에서 어떤 마음으로 있어야 하는지를 정확하게 알려주는 중요한 구절이다. 하나님은 우리에게 주목하시고 우리의 기도에 귀를 기울이시는 우리 아버지이시다. 이번 과를 공부하면서 자신이 하나님을 어떻게 인식하고 있는지 점검해보는 시간을 가져보기 바란다.

🏷️ 성경 수업

> 🚪 **마음 열기**
>
> 1. 자신이 부모님께 가장 많이 요구하는 것은 무엇인지, 또 어떤 방식으로 요구하는지 이야기해봅시다.
>
> 2. 자신이 하나님께 가장 많이 기도하는 것은 무엇인지 나누어봅시다. 그리고 하나님이 그 기도를 듣고 계시다고 생각하는지도 이야기해봅시다.

하늘에 계신 우리 아버지

예수님 시대의 이스라엘 백성은 철저한 유일신 신앙을 가진 민족으로서 성전과 회당을 중심으로 신앙을 이어가고 있었다. 하지만 더 크게 보면 당시 이스라엘은 로마의 속주로서 그리스-로마 문화권에 속해 있었다. 이스라엘 땅에도 로마 황제를 기념하고 숭배하는 도시들이 세워졌고 여기저기에 우상을 숭배하는 신전들과 원형경기장이 들어섰다.

예수님의 행적을 기록한 복음서에는 대제사장들, 사두개파, 바리새파 같은 종교 그룹들이 등장한다. 이들은 모두 로마의 지배 아래서 유일신 신앙을 지켜나가기 위해 나름의 전략을 구사했다. 하지만 이때 세상에 오신 예수님은 성경에 대한 새로운 해석과 그에 따른 혁신적인 실천으로 그들의 문제점을 들추어내셨다. 예수님은 율법의 근본 정신이 하나님에 대한 온전한 신뢰와 사람들에 대한 연민과 긍휼, 자비로 나타나야 함을 몸소 보여주셨다.

이러한 예수님의 가르침과 삶은 특히 당시 이스라엘 민중에게 큰 영향을 끼친 바리새파 사람들 입장에서는 매우 껄끄러운 것이었다. 바리새파 사람들은 이스라엘이 율법을 온전히 지키지 못해서 이방 민족의 식민 통치를 받고 있다고 생각했다. 그런데 그들은 율법의 근본 정신보다는 눈에 보이는 실천 사항에 관심이 많았다. 그들은 심지어 제사장들에게 해당하는 정결례를 일상생활에서도 지키려고 노력하기도 했다.

하지만 문제는 그들이 자신들의 실천을 스스로 자랑스럽게 여기면서 거기에 미치지 못하는 사람들을 배제하고 공격하기를 마다치 않았다는 것이었다. 그들의 정죄 때문에 소외되고 상처를 받은 사람들, 스스로 하나님에게서 떨어져 나갔다고 느끼던 많은 사람이 예수님께 나아왔다. 예수님은 그런 사람들을 물리치지 않고 품어주셨다. 그들은 예수님이 말씀해주시는 하나님 나라 이야기에 매료되었다.

어떻게 보면 바리새파 사람들의 신앙은 그리스-로마의 신앙과 다를 바가 없었다. 그리스-로마 신화에서 제우스, 포세이돈, 아폴론 등 여러 신은 각각의 영역을 다스리며 인간과 "거래"를 한다. 즉 인간이 신들에게 잘하면 신들도 인간에게 자비를 베풀고, 인간이 신들의 비위를 상하게 하면 신들도 인간에게 고통을 안겨준다. 그리스-로마의 신앙에서 신들은 초월적 능력이 있을지는 몰라도 인간과 철저하게 실리를 "주고받는"(give and take) 존재일 뿐이다.

하나님을 올바로 알지 못하는 사람은 하나님도 제우스처럼 인간과 거래를 하신다고 생각하기 쉽다. 바리새파 사람들을 비롯해 예수님 당시의 많은 유대인도 그렇게 생각했던 것 같다. 그런데 예수님은 그들에게 기도를 가르치시며 맨 처음에 "하늘에 계신 우리 아버지"를 부르라고 말씀하셨다. 이 말씀을 들은 유대인들의 마음은 어땠을까? 예수님은 이 표현을 통해 어떤 말씀을 하고 싶으셨던 것일까?

하나님은 전능한 분이시지만 그의 자녀들에게 무서운 분이 아니시다. 하나님은 우리가 무엇인가를 바쳐야만 응답해주시는 그런 신은 더더욱 아니시다.

○ 관련 성구

11"너희 중에 아버지 된 자로서 누가 아들이 생선을 달라 하는데 생선 대신에 뱀을 주며 12알을 달라 하는데 전갈을 주겠느냐? 13너희가 악할지라도 좋은 것을 자식에게 줄 줄 알거든 하물며 너희 하늘 아버지께서 구하는 자에게 성령을 주시지 않겠느냐?" 하시니라(눅 11:11-13).

공중의 새를 보라! 심지도 않고 거두지도 않고 창고에 모아들이지도 아니하되 너희 하늘 아버지께서 기르시나니 너희는 이것들보다 귀하지 아니하냐(마 6:26).

너희는 다시 무서워하는 종의 영을 받지 아니하고 양자의 영을 받았으므로 우리가 아빠 아버지라 부르짖느니라(롬 8:15).

제46과 하늘에 계신 우리 아버지 | 제120-121문 **341**

하나님은 예수님을 통해 친히 우리의 "아버지"가 되어주셨다. 예수님은 유대인들이 하늘의 하나님이 아버지로서 그들을 책임지고 도와주기를 기뻐하신다는 사실을 알기 원하셨다. 당시 사람들에게 이 말씀은 혁명적인 선언이나 다름없었다.

"관련 성구"에 있는 말씀들을 주의 깊게 살펴보기 바란다. 그리고 자신이 하나님을 어떤 분이라고 생각하는지 생각해보라. 하나님은 전지전능하시지만 언제든지 화를 낼 준비가 된 무서운 신인가, 아니면 자애로운 우리의 아버지이신가? 참된 기도는 바로 질문에서부터 시작된다.

○○ 하이델베르크 교리문답 살펴보기

제120문 왜 그리스도는 우리에게 하나님을 "우리 아버지여"라고 부르도록 명하셨습니까?

답 우리가 기도할 때 맨 처음에 하나님을 어린아이처럼 경외하고 신뢰하는 마음을 갖도록 하기 위해서입니다. 이는 우리의 기초가 되어야 합니다. 그리스도를 통해 우리의 아버지가 되시는 하나님은 우리가 믿음으로 구할 때, 이 세상의 아버지들이 하는 것보다 훨씬 더 잘 들어주시는 분입니다.

제121문 왜 "하늘에 계신"이란 말이 첨가되었습니까?

답 이 말은 우리가 이 세상의 방식으로 하나님의 권위를 생각하지 않게 하고 오히려 그의 전능하심에 의지해 우리의 몸과 영혼이 필요로 하는 모든 것을 구하게 합니다.

🏷️ **교실 밖 수업** #본

베토벤의 고난과 소망

본(Bonn)은 그리 크지 않지만 독일이 통일되기 전에는 서독의 행정 중심지로서 수도 역할을 한 도시다. 제2차 세계대전에서 패한 독일은 주요 도시들이 모두 폐허가 될 정도로 심각한 타격을 입었지만, "라인강의 기적"이라고 불리는 사회 재건을 이루어내며 불과 한 세대 만에 다시 경제 대국으로 성장하였다. 이때 라인강 변에 자리한 본은 라인강의 기적을 이끈 주요 도시 중 하나였다.

본은 니체(Friedrich Nietzsche, 1844-1900)나 마르크스 같은 인물들이 공부한 곳으로도 유명하다. 하지만 우리가 이번 "교실 밖 수업"에서 본에 방문해 살펴볼 인물은 베토벤이다. 본은 음악의 성인, 악성(樂聖) 베토벤의 고향이다. 기차역에서

방문지 주소
본 뮌스터 광장: Münsterpl., 53111 Bonn
베토벤하우스: Bonngasse 20, 53111 Bonn

본의 뮌스터 광장에 세워진 베토벤의 동상

잠시 걸어가면 나타나는 본 성당 광장에는 베토벤의 동상이 우뚝 서 있다. 그리고 거기서 멀지 않은 곳에 베토벤의 생가인 베토벤하우스 (Beethoven-Haus)가 있다. 베토벤하우스 자체는 작고 볼품없지만 베토벤의 명성에 이끌린 수많은 사람이 이곳을 보기 위해 몰려든다.

베토벤의 생애는 그의 음악만큼이나 극적이다. 베토벤의 할아버지는 쾰른의 선제후가 운영하는 궁정 합창단에서 음악 감독까지 지낸 인물이었다. 그의 아버지도 궁정 합창단의 가수였으나 알콜 중독 증상을 보이며 가세가 기울기 시작했다. 그의 아버지는 어린 베토벤이 음악적 재능을 보이자 제2의 모차르트가 되기를 기대하며 베토벤을 다그쳤다. 그는 늦은 밤에 술을 먹고 집에 돌아와 잠자던 베토벤을 깨워 밤새 연습을 시키기도 했다. 또 베토벤을 신동으로 알리기 위해 나이를 속여 연주회를 열었으며 베토벤이 벌어들인 돈으로 술을 사 먹기 바빴다.

베토벤의 생가

베토벤은 11세 때 학교를 그만두고 보조 연주자로 활동하기 시작했다. 아버지의 과도한 기대에는 미치지 못했지만 베토벤에게는 확실히 재능이 있었다. 그의 재능이 점차 빛을 발하자 그의 주변에는 그를 도우려는 사람이 많아졌다. 베토벤은 다양한 스승으로부터 피아노와 오르간, 바이올린, 화성학과 대위법, 성악 작곡을 배울 수 있었다. 그뿐 아니라 여러 합창단과 악단에서 다양한 직책으로 음악 활동을 할 수 있

오스트리아 빈 외곽의 하일리겐슈타트에 자리한 베토벤 기념관. 그의 흉상과 친필 유서 사본이 보인다.

었고 귀족들의 후원을 받아 다른 도시로 음악 여행을 다닐 수도 있었다.

하지만 그의 삶은 순탄치 않았다. 베토벤은 18세가 되었을 때부터 가족의 생계를 책임져야 했고 철없는 동생들 때문에 평생 경제적 부담에 시달려야 했다. 또한 혁명의 시대를 살아간 베토벤은 20대 초반이던 1792년에 고향인 본을 떠나야 했다. 본이 프랑스 혁명군의 침공에 위협을 받았기 때문이었다. 한편으로 그는 음악가들이 궁정과 교회의 후원을 받아 생활하던 전통이 점차 사라지면서 연주회와 저작권 등에 신경을 써야 했다.

그런데 그렇게 고단한 삶을 살아간 그에게 찾아온 가장 절망적인 고통은 28세라는 젊은 나이에 청력을 잃기 시작한 것이었다. 귀가 들리지 않는 음악가라니 이것이 가당키나 한 말인가? 베토벤이 29세에 작곡한 "비창 소나타"에는 이런 고통스러움이 드러나는 듯하다. 또 31세 때에는 귀가 들리지 않는 절망 속에서 사랑하는 여인에게 "월광 소나타"를 바쳤지만 그녀가 다른 백작과 결혼해 떠나버리는 아픔을 겪었다.

귀가 들리지 않는다는 절망감, 사랑하는 여인에게 선택받지 못했다는 상실감, 두 동생의 무관심과 착취 속에서 건강이 악화된 베토벤은 32세의 나이에 자신이 죽을지도 모른다고 생각하고 유서를 남겼다. 그것이 바로 "하일리겐슈타트 유서"다. 그 내용의 일부를 살펴보자.

⋙———— 카를과 요한에게

나의 형제들, 내가 고집불통이며 염세적인 인간이라며 잘도 떠벌리며 다니는 녀석들아. 내가 왜 그렇게 살아왔는지 너희는 잘 모를 거야. 나는 지금까지 가슴 깊은 곳에서 우러나오는 선행을 매우 좋아했고 그것을 내 의무로 여겼단다. 그런데 너희들도 한번 생각해봐라. 내 상황이 얼마나 비참했는지. 무능한 의사들 때문에 내 병은 점점 나빠졌고, 나아지겠지 하는 희망으로 2년을 속아왔단다.

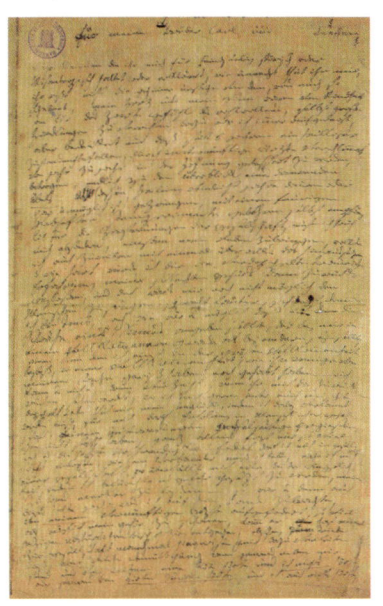

하일리겐슈타트 유서

너희들도 알다시피 나는 열정적이고 사교적인 성격이었잖니. 그런데 이렇게 젊은 나이에 사람들에게서 떨어져 외롭게 살아야 하는 이유를 아니? 나는 신체의 장애를 마음으로 극복하려고 노력도 해보았다. 그렇지만 사람들에게 "더 크게 말해주세요. 잘 안 들리거든요. 조금만 더 크게!"라고 말할 수는 없었다. 누구보다 좋은 귀를 갖고 있어야 할 내게 닥친 운명이었단다. 사람들과 같이 있으면 귀가 들리지 않는다는 사실을 들키지 않으려고 태연한 척하기도 했다. 그런데 자꾸 불안해질 뿐이었다. 어쩌다 사람들의 모임에 끼고 싶어 갔다가 옆에서 연주하는 플루트 소리도, 노래하는 소리도 듣지 못할 때의 그 굴욕감이란, 가슴이 무너지는 것 같았단다.

나를 붙드는 것은 예술, 바로 그것뿐이었단다. 나는 내 속에서 움트는 모든 것을 내놓기 전에 이 세상을 떠날 수는 없을 것 같다. 그래서 나는 비참하고 비참한 이 목숨, 조금이라도 갑작스러운 어떤 변화에도 건강한 상태에서 최악의 상태로 바뀔 수 있을 만큼 매우 민감한 이 몸을 유지해왔단다. 그것은 바로 "인내"였어. 나는 그것을 안내자로 삼아야 했고 또 그렇게 해야 한단다.

…이제 나는 기꺼이 죽음 앞으로 나아간다. 내가 예술을 위한 나의 재능을 모두 펼쳐 보일 기회를 얻기 전에 죽음이 찾아온다면, 나의 운명의 신이 아무리 가혹해도 내게는 죽음이 너무 일찍 다가오는 것이리라. 나는 죽음이 더 늦게 오기를 바라마지않는다. 그렇지만 죽음이 일찍 다가오더라도 나는 행복할 것이다. 죽음은 나를 끝없는 고통에서 벗어나게 해주지 않겠는가? 언제든지 오라! 나는 용감하게 네 앞으로 나설 것이다. 잘 있거라. 내가 죽더라도 나를 완전히 잊지는 말아다오. 나는 너희들에게 그렇게 요구할 만하지 않니? 나는 너희들을 행복하게 해주려고 자주 생각했기 때문이란다. 부디 행복하길 바란다.

하일리겐슈타트에서, 1802년 10월 6일
_루트비히 판 베토벤

베토벤은 무슨 이유에서인지 이 유서를 형제들에게 보내지 않고 보관하고 있었다. 유서의 내용으로 미루어 보건대 죽음 앞에서도 용감하게 맞선 의지와 열망으로 인해 그는 점차 죽음에 대한 염려에서 벗어날 수 있었던 듯하다. 그 이후 베토벤은 청각 장애를 받아들이고 오히려 새로운 음악에 열정을 쏟음으로써 위대한 음악가가 되었다. "비 온 뒤에 땅이 굳어진다"는 속담처럼 시련을 겪으면서 더 강해진 것이었다.

야고보는 "너희 중에 고난 당하는 자가 있느냐? 그는 기도할 것이요"(약 5:13)라고 말한다. 기도는 고난 가운데서 새로운 길을 열어주는 열쇠다. 우리가 기도할 수 있는 이유는 우리의 기도에 귀를 기울이시는 "하늘에 계신 우리 아버지"가 계시기 때문이다. 기도란 내가 무엇을 붙드는 것이 아니라 나의 부족함을 알고 하나님께 맡기는 행위라는 사실을 기억하기 바란다. 우리의 삶은 고통과 고난의 연속이더라도 우리가 기도할 수 있다면 계속해서 앞으로 나아갈 수 있다.

선생님의 칠판 #김성민 선생님

청력을 잃은 사건은 베토벤에게 청천벽력 같은 충격과 절망을 안겨주었을 것이다. 그러나 베토벤이 그런 끔찍한 고통 속에서 고뇌를 통해 성숙하지 않았다면 그의 음악은 어떻게 되었을까? 베토벤에게 질병이 찾아오지 않았다면 인간적으로는 다행스러운 일이었겠지만 우리가 아는 악성 베토벤은 존재하지 않았을 것이다.

시간을 내서 베토벤의 교향곡들을 감상해보자. 지금 많은 이들에게 사랑받는 그의 작품들은 대개 그가 청각 상실의 운명을 받아들인 후 만든 것들이다. 베토벤이 1804년에 완성한 교향곡 3번 "영웅"은 인간의 의지를 강하게 표현하는 것으로서 유례없는 규모를 자랑했다. 이어서 1808년에는 명실공히 최고의 작품중 하나인 베토벤 교향곡 5번 "운명"을 완성했다. 강렬하면서도 서사적인 이 교향곡은 인간의 시련과 고뇌, 그 가운데서도 누리는 평온함, 열정, 환희를 느끼게 한다.

그 이전까지 베토벤의 음악은 뛰어나기는 했지만 새로운 것은 아니었다. 그러나 이제 자신의 불행한 운명을 걸림돌이 아니라 디딤돌로 승화시킨 베토벤은 음악을 도구 삼아 생생한 삶의 철학을 분출하는 음악가가 되었다. 베토벤이 1808년에 작곡하기 시작한 교향곡 6번 "전원"의 선율은 평온하게 느껴진다. 그리고 앞서 제45과에서 살펴본 대로 그가 말년에 작곡한 교향곡 9번 "합창"은 끊임없는 고뇌 속에서도 희망을 놓지 말고 하나님을 바라보아야 할 것을 이야기해준다.

어떻게 이처럼 강렬하면서도 아름다운 음악이 청력을 회복할 수 없는 비극에 빠진 음악가의 상황과 어울릴 수 있다는 말인가? 베토벤은 자신에게 닥친 고통스러운 운명을 새로운 방향의 시작으로 인식했음이 분명하다. 인생의 호된 시련을 딛고 내면의 소리에 귀를 기울인 베토벤은 여전히 고통의 굴레 속에 살아가는 우리에게 "고통을 이겨내라"고 외치는 듯하다.

우리의 아버지이신 하나님은 우리를 보호하고 양육하시지만 우리를 무균실 혹은 온실 속의 화초처럼 키우시는 것이 아니다. 오히려 강한 햇빛과 비바람 속에서, 더위와 추위를 이겨내고 또 찬 이슬과 된서리를 맞아가면서 강한 개체로 성장하게 하신다. 사람은 누구나 크고 작은 고통을 안고 살아간다. 고통은 하나님이 우리에게 당신의 "성품"(character)을 새겨 넣으시는 과정이다. 사도 바울의 고백대로 우리는 환난 중에도 즐거워한다. "이는 환난은 인내를, 인내는 연단(character)을, 연단은 소망을 이루는 줄"(롬 5:3-4) 알기 때문이다. 환난과 고통은 하나님이 지금 우리를 온전한 "캐릭터"로 만들어가는 과정임을 믿음으로 고백하자.

믿음 노트

1. 자신에게 닥친 어려운 일이나 고통이 있다면 무엇인지, 그 의미는 어떤 것인지 인생 전체를 염두에 두면서 생각해봅시다.

2. 하나님이 "하늘에 계신 우리 아버지"임을 기억하며 삶의 모든 것을 내어놓고 기도하는 삶을 살기 위해서는 어떻게 해야 할까요?

제47과

첫 번째 간구
라이프치히 통일 기도회

제122문

🏷️ **그림으로 이해하기** #렘브란트의 "감옥 속의 바울"(슈투트가르트 시립 미술관 소장)

영광

"영광"이란 말은 어떤 느낌을 주는가? "영광"이라는 말에서 무엇이 연상되는가? 앞의 그림을 살펴보라. 감옥에 갇힌 바울의 모습은 영광스러운가? 두꺼운 책을 무릎에 올려놓은 바울은 무언가를 쓰던 중 생각에 잠겨 있다. 그의 눈빛은 여전히 생기가 넘치지만, 백발의 노인이 볼품없는 옷을 입고 바닥에 돌이 드러난 허름한 방에 앉아 있는 모습이 영광스러워 보이지는 않을 것이다.

그러나 바울은 감옥에 갇혔을 때 에베소 교인들에게 쓴 편지에서 다음과 같이 이야기했다.

> 그러므로 너희에게 구하노니 너희를 위한 나의 여러 환난에 대하여 낙심하지 말라. 이는 너희의 영광이니라(엡 3:13).

어떻게 바울의 환난이 우리의 영광이 된다는 말인가? 아무래도 우리는 무엇이 진짜 "영광"인지 그 개념을 다시 정립해야 할 것 같다.

바울은 에베소서뿐 아니라 빌립보서, 골로새서, 빌레몬서를 감옥에 갇힌 상태에서 기록했다. 이 중 빌레몬서 1:1에서 바울은 자신을 다음과 같이 소개한다.

> 그리스도 예수를 위하여 갇힌 자 된 바울(Paul, a prisoner of Christ Jesus)….

바울은 자신이 다른 이유가 아니라 "예수를 위하여" 갇혔다고 말한다. 그런데 영어 성경을 보면 그 의미가 좀 더 세밀해진다. 한글 성경만 보면 바울은 예수님을 전하다가 감옥에 갇힌 것이 분명하다. 하지만 그리스어 성경의 원래 의미를 잘 살린 영어 성경은 바울이 "그리스도 예수의 포로"라고 말한다. 즉 바울은 한글 성경에서는 "감옥에" 갇힌 것으로 묘사되어 있지만 영어 성경에서는 "그리스도 예수에게" 갇힌 것이다. 따라서 이 짧은 소개말에는 "내가(바울이) 진짜 갇힌 곳은 예수 그리스도이며, 감옥도 내가 그리스도에게 사로잡히는 것을 막을 수 없다"는 의미가 담겨 있다.

바울은 예수 그리스도를 만나고 세상에서 누리던 부귀, 영화, 권력을 모두 "배설물"처럼 여겼다(빌 3:8). 그리고 "푯대를 향하여 그리스도 예수 안에서 하나님이 위에서 부르신 부름의 상을 위하여 달려간다"(빌 3:14)고 고백했다. 바울이 바라본 영광은 이 땅의 것이 아니었다. 오직 예수님께 붙들린 바 되어 그분께 갇히는 것이 그의 영광이었다.

바울은 기독교 역사에서 위대한 족적을 남겼다. 그는 초기 교회의 선교사로서 여러 곳을 여행하며 교회를 세웠고 13권의 신약성경을 기록함으로써 기독교 신앙의 기초를 확고하게 만들었다. 그는 비록 가난하고 멸시받는 생활을 이어가다가 끝내는 감옥에서 참수형으로 삶을 마감했지만 하나님은 그런 바울의 삶을 통해 영광을 받으셨다.

이제 처음의 질문으로 돌아가 보자. 감옥에 갇힌 바울의 모습은 영광스러운가? 영광이란 사람들의 부러움을 받는 상태, 상황, 조건과는 전혀 상관이 없다. 영광이란 오히려 하나님의 계획과 의도에 대한 화답 혹은 찬양과 연관된다. 온 우주에 충만한 하나님의 영광은 우리의 삶 가운데서 하나님이 계획하신 뜻이 그대로 이루어지는 것을 통해 드러난다.

🏷️ 성경 수업

📖 마음 열기

1. 자신의 인생에서 가장 영광스러웠던 순간은 언제인가요?

2. 십계명 중 제3계명은 무엇인가요?

주기도문의 첫 번째 간구

하나님은 거룩한 분이시다. 하나님은 영광과 존귀와 권능을 받으시는 것이 합당하다(계 4:11). 이는 사람이 인정하든 인정하지 않든 변함없는 사실이다. 사람이 어떻게 한다고 해서 하나님의 영광이 생기거나 사라지는 것이 아니다. 하나님은 본시 영광스러우시다. 영광의 하나님은 당신의 뜻대로 온 세상 만물을 주장하시며 역사를 이끌어가신다.

그런데 예수님은 주기도문의 첫 번째 간구에서 "이름이 거룩히 여김을 받으시오며"라고 기도하셨다. 이는 우리가 하나님의 이름이 거룩히 여김을 받도록 해야 한다는 말씀이다. 성경은 "하나님께 영광을 돌리라"라고 명령한다(대상

○ 관련 성구

이는 만물이 주에게서 나오고 주로 말미암아 주에게로 돌아감이라. 그에게 영광이 세세에 있을지어다. 아멘(롬 11:36).

그러므로 형제들아! 내가 하나님의 모든 자비하심으로 너희를 권하노니 너희 몸을 하나님이 기뻐하시는 거룩한 산 제물로 드리라. 이는 너희가 드릴 영적 예배니라(롬 12:1).

그[가룟 유다]가 나간 후에 예수께서 이르시되 "지금 인자가 영광을 받았고 하나님도 인자로 말미암아 영광을 받으셨도다"(요 13:31).

16:29; 시 96:8; 고전 6:20; 계 14:7 등). 또한 하나님께 영광을 돌리지 않는 자들을 책망한다(단 5:23; 행 12:23). 따라서 하나님의 이름이 "거룩히" 여김을 받으신다는 것은 하나님이 세상에 있는 모든 것과 "구별" 되어야 한다는 의미다. 그렇게 될 때만 하나님의 "영광"이 제대로 드러난다.

예수님은 "너희 빛이 사람 앞에 비치게 하여 그들로 너희 착한 행실을 보고 하늘에 계신 너희 아버지께 영광을 돌리게 하라"(마 5:16)라고 명령하셨다. 하나님의 영광은 본래 초월적이며 변하지 않는 것이지만 우리는 하나님이 우주 만물의 통치자라는 사실을 믿고 인정함으로써 하나님께 영광을 "돌릴" 수 있다(롬 11:36). 반대로 우리의 잘못으로 말미암아 하나님의 이름이 세상에서 모독을 받을 수도 있다.

하나님의 이름이 거룩히 여김을 받으시게 하려면 구체적으로 무엇을 해야 할까? "그러므로"라고 시작하는 로마서 12:1은 로마서 11:36 바로 뒤에 이어진다.

> 그러므로 형제들아! 내가 하나님의 모든 자비하심으로 너희를 권하노니 너희 몸을 하나님이 기뻐하시는 거룩한 산 제물로 드리라. 이는 너희가 드릴 영적 예배니라(롬 12:1).

하나님이 세상의 통치자가 되셔서 영광을 받으신다. "그러므로" 우리는 우리의 몸을 하나님이 기뻐하시는 거룩한 산 제물로 드려야 한다. 이것이 바로 우리가 드려야 하는 영적 "예배"다. 진정한 예배란 정해진 시간과 장소에서 미리 짜인 "형식"에 따라 드려지는 종교의식을 의미하지 않는다. 오히려 우리의 모든 삶이 하나님의 통치 아래에 있다는 사실을 믿으며 그분의 주권 앞에 굴복하는 삶 자체가 진정한 예배다. 우리는 우리의 현재 신분이나 처지, 상황이나 상태와 관계없이 우리의 삶이 하나님의 손안에 있음을 인정하고 그분께 순종해야 한다. 그런 삶이 하나님께 영광이 된다.

요한복음 13:31에서 예수님은 무엇이 하나님의 이름을 거룩하게 하는지를 극적으로 보여주셨다. 가룟 유다는 유월절 만찬을 진행하다 말고 예수님을 팔아넘길 마음을 먹고 밖으로 나갔다. 이 배신으로 말미암아 예수님은 곧 사람들에게 잡혀서 죽음으로 내몰릴 것이다. 하지만 하나님은 이것을 통해 영광을 받으신다. 어떻게 이런 일이 가능한가? 우리는 여기서도 하나님의 계획이 이루어지는 것, 하나님의 뜻이 관철되는 것이 하나님께 영광이 된다는 사실을 기억해야 한다.

성경의 가르침은 우리에게 중요한 깨달음을 준다. 좋은 성적이나 준수한 외모, 남들보다 탁월한 재능과 업적이 있어야 하나님께 영광을 돌릴 수 있는 것이 "절대" 아니다. 세상의 모든 금은보화가 하나님의 것인데 금메달을 따야 하나님이 영광을 받으신다는 것은 말이 되지 않는다. 오히려 하나님이 나 자신을 포함한 세상 그 무엇보다 소중한 분이시라는 사실이 확인될 때, 하나님이 고통과 어려운 환경 속에서도 당신의 선한 계획을 이루어가신다는 사실을 믿고 고백할 때 하나님의 이름은 거룩히 여김을 받으신다.

○○ 하이델베르크 교리문답 살펴보기

제122문 첫 번째 간구는 무엇입니까?
답 "이름이 거룩히 여김을 받으시오며"입니다. 이는 우리가 무엇보다 하나님을 올바르게 알고 그분의 능력과 지혜, 선하심과

의로움, 자비와 진리가 드러나도록 그분이 행하시는 모든 역사 안에서 하나님을 존중하고 영광을 돌리며 찬양하게 해달라는 간구입니다.

또한 우리의 삶과 생각, 말과 행동을 올바르게 함으로써 하나님의 이름이 우리로 말미암아 모독 대신 영광과 찬양을 받게 해달라는 간구입니다.

교실 밖 수업 #라이프치히

통일의 길을 연 평화 기도회

앞서 살펴본 대로 제2차 세계대전에서 패한 독일은 승전국에 의해 동서로 분할되었다. 하지만 민족 분단 후 50년이 채 지나지 않아 1989년에 동·서독은 베를린 장벽을 허물고 극적으로 통일을 이루어냈다. 독일의 통일이 우리에게 주는 교훈은 무엇일까? 이데올로기 경쟁 속에서 분단되었던 동독과 서독의 통일은 경제, 정치, 외교, 국방 같은 힘의 논리로만 이루어진 것이 아니었다. 독일 통일의 역사에서 빼놓을 수 없는 사건이 바로 라이프치히의 니콜라이 교회에서 시작된 "평화 기도회"였다.

하나님이 세상을 바꾸시는 방법은 놀랍다. 아프리카를 변화시킨 리빙스턴(David Livingstone, 1813-1873), 인도 대륙을 변화시킨 윌리엄 캐리(William Carrey, 1761-1834), 웨일스 대부흥 운동으로 영국과 세계를 뒤흔들었던 젊은이 17명의 이야기를 들어보았는가? 하나님은 권력과 돈을 가진 사람이 아니라 기도하는 사람들을 통해 역사를 이끌어가신다. 그 증거를 라이프치히(Leipzig)의 니콜라이 교회에서도

니콜라이 교회

찾을 수 있다. 라이프치히에서 "이름이 거룩히 여김을 받으시오며"라는 간구의 의미를 되새겨보자.

라이프치히는 중세 시대부터 독일 동부의 중심적인 도시였다. 라이프치히에는 바흐, 멘델스존(Felix Mendelssohn, 1809-1847), 슈만, 바그너 같은 음악가의 흔적들이 남아 있다. 또한 라이프치히 대학교는 역사와 전통을 자랑하는 명문으로서 괴테, 피히테(Johann Gottlieb Fichte, 1762-1814), 뫼비우스(August Ferdinand Möbius, 1790-1868), 메르켈(Angela Dorothea Merkel, 1954-) 등 수많은 위인을 배출했다.

> 방문지 주소
>
> **니콜라이 교회:** Nikolaikirchhof 3, 04109 Leipzig

라이프치히의 구시가지는 번잡한 쇼핑 지역으로서 차량 운행이 제한된다. 앞서 제16과에서 바흐의 삶과 음악을 살펴보며 방문했던 토마스 교회에서 니콜라이 교회까지의 거리는 약 500미터 정도밖에 되지 않는다. 그 사이를 걷는 동안에도 다양한 볼거리들을 만날 수 있다. 토마스 교회에서 한 블록만 걸어가면 괴테의 『파우스트』와 관련된 "아우어바흐 켈러"가 자리하고 있다(제50과를 보라). 그리고 그 맞은편에는 라이프치히의 역사를 정리해놓은 역사 박물관이 보인다. 거기서 두 블록 떨어진 곳에 니콜라이 교회가 있다.

니콜라이 교회는 1539년부터 루터가 설교한 것으로도 널리 알려졌다. 그러나 현대에 들어서 니콜라이 교회는 1980년대에 진행된 "월요 평화 통일 기도회"로 전 세계의 이목을 끌었다.

동독 내의 교회들, 특히 니콜라이 교회는 정치 문제에 대해 자유롭게 토론할 수 있는 장소였다. 그전부터 이곳에서는 늘 동독의 사회주의 체제에 대한 토론이 벌어지곤 했다. 다양한 의견이 오가던 중 정권에 대한 불만을 행동으로 표현하려는 사람들이 생겨났고 이들은 교회 밖으로 나가 폭력 시위를 벌이기에 이르렀다. 자유로운 종교 활동을 보장한다고 선전하던 동독 정부도 거리로 나온 시위대를 보고 만 있지는 않았기에 갈수록 분위기가 험악해졌다.

이때 비폭력을 지향하며 통일을 향한 열의를 평화 기도회로 나타내고자 한 사람들이 나섰다. 그들은 1982년 어느 월요일부터 오후 5시에 니콜라이 교회에 모여 기도하기 시작했다. 처음에는 그다지 많은 사람이 모이지 않았다. 하지만 시간이 지날수록 점점 많은 사람이 몰려들었다. 기도회에 참여하는 사람들은 기도 제목을 적은 카드와 촛불을 교회 입구에 놓았다.

1989년 10월의 평화 행진

　기도회를 하는 중에도 "바보처럼" 기도만 하지 말고 개혁을 위해 실제 거리로 나서야 한다는 의견을 제시하는 사람들이 있었다. 그러나 매주 월요일 5시 기도회는 수년 동안 이어졌다. 처음에는 통일이 주된 기도 제목이었지만 점차 독일의 정치, 경제, 사회, 문화 전반에 대한 기도가 드려졌다. 기도회를 주도하는 사람들은 성경의 가르침대로 기도를 중심에 두고 절대로 폭력을 행사하지 않겠다는 뜻을 세웠다.
　그렇게 시간이 흘러 1989년 9월 4일에는 교회 안팎을 가득 메운 약 2천의 시민들이 기도회에 참여했다. 그들은 평화와 소망의 상징인 촛불을 들고 있었기에 교회 밖 거리는 촛불이 넘실거렸다. 그날, 시민들은 기도회가 끝났는데도 교회를 떠나지 않고 교회 앞 광장에 모였다가 거리 행진을 시작했다. 재야인사 70명이 체포된 이 날의 행진이 바로 그 유명한 "평화 행진"의 시작이었다.
　동독 정부는 강경하게 대응하며 시위대를 무력으로 진압했다. 하

평화 행진 기념 명판

지만 월요일마다 더 많은 사람이 기도회에 몰려들었다. 1989년 10월 9일에는 이 평화 행진에 7만 명이 참여했다. 그리고 그다음 주에는 동독 전역에서 시위가 일어났다. 이때는 군인과 경찰들이 시위대와 함께하기도 했다. 그리고 한 달 뒤인 11월 9일, 마침내 민족 분단의 상징인 베를린 장벽이 시민들에 의해 무너져내렸다.

지금도 니콜라이 교회 앞 광장에는 1989년 10월 9일의 평화 행진을 기념하는 명판이 놓여 있다. 라이프치히 평화 통일 기도회와 독일 통일 과정에서 보여준 교회의 역할은 우리에게 많은 것을 생각하게 한다. 본회퍼 목사가 강조했던 것처럼 그리스도인들은 사회 속에서의 책임과 사명을 감당해야 한다. 그의 가르침대로 독일의 그리스도인들은 세상에 대해 담을 치거나 스스로 고립되지 않았다. 오히려 통일을 위한 평화 기도회를 주도하고 비폭력 평화 행진이 성공할 수 있도록 중심 역할을 수행했다.

독일 그리스도인들의 이런 움직임은 단회적으로 끝나지 않았다. 그들은 수년 동안 베를린 장벽이 허물어질 때까지 소망을 잃지 않고 기도를 쉬지 않았다. 사실 이 기도회는 지금까지 이어지고 있다고 한다. 독일의 그리스도인들은 통일이라는 큰 과업이 이루어졌지만 정치, 경제, 사회, 문화의 전 영역에서 하나님의 영광이 드러나기를 소망하며 기도를 이어가는 것이다.

🏷️ **선생님의 칠판** #정승민 선생님

평화 기도회, 그리고 촛불

독일의 역사를 살펴보면 위기의 순간에 교회가 등장해 사회에 중요한 변화를 이끌어낸 사례들을 볼 수 있다. 독일의 개신교는 로마 가톨릭의 면죄부 판매와 성직매매, 교회와 권력의 야합으로 사회가 혼란스러울 때 탄생했다. 1517년에 루터에 의해 시작된 종교개혁은 종교운동일 뿐 아니라 중세 사회의 문제들을 다루는 사회운동이기도 했다.

또한 17세기에 벌어진 30년 전쟁으로 독일의 전 국토가 황폐해지고 국민의 윤리의식이 무너졌을 때는 경건주의 운동이 일어났다. 경건주의 운동은 사회 규범을 바로잡음으로써 독일인들이 다시 시작할 수 있는 기틀을 마련해주었다. 앞서 살펴본 대로 경건주의 운동의 중심지였던 바울 교회에서는 이후에 "바울 교회 헌법"이 작성되었고 이는 민주주의 헌법의 전형이라는 평가를 듣는 "바이마르 헌법"의 모델이 되었다.

히틀러의 나치가 독일 전역을 집어삼켰을 때 목숨을 걸고 거기에 저항하는 그리스도인들이 있었다. 고백교회를 이끈 목회자들은 "바르멘 선언"을 통해 교회가 정권에 대해 어떤 태도를 보여야 하는지 밝힘으로써 나치의 전제주의에 경종을 울렸다. 그리고 공산주의 치하에서도 밝게 타올랐던 니콜라이 교회의 촛불은 베를린 장벽을 허무는 거대한 불길이 되었다. 이처럼 독일 사회에 어둠이 드리웠을 때마다 교회는 분연히 일어나 사회적 책임을 다함으로써 사람들이 나아갈 길을 제시해주었다.

그렇다면 우리나라는 어떨까? 기독교가 전해진 뒤 우리나라는 질곡의 세월을 겪어왔다. 왕조가 무너지고 식민 지배를 받았으며 동족상잔의 비극을 겪은 것도 모자라 분단 상황에서 신음해야 했다. 그런 민족의 고통 속에서도 부와 권력을 틀어쥔 자들은 사회 전체를 좌지우지해왔다. 그리고 그런 상황은 오늘까지 계속되고 있다. 그동안에 한국교회는 무엇을 했을까?

물론 한국의 초기 교회는 평등사상을 전파하고 구시대의 악습을 타파하는 데 큰 역할을 했다. 또한 외세의 수탈과 침략에 저항하는 구심점으로 자리 잡기도 했다. 하지만 한국교회는 점차 보수적이고 권력 친화적인 성향을 보이며 사회의 변화를 이끌어내기보다는 안정을 추구하는 모습을 보여왔다. 세상 사람들이 볼 때 권력과 기득권 주변을 맴돌면서 세상 사람들을 정죄하는 인상을 풍기는 것이 한국교회의 자화상일지도 모른다.

지금 사회는 시민의 힘으로 변화되어가고 있다. 광화문에서 피어난 촛불은 각성된 시민사회의 힘을 보여주며 새로운 역사의 시작을 알렸다. 하지만 교회는 "촛불"을 뒤따르기 급급하거나 그 반대편에 서서 꿈쩍도 안 하는 모습이다. 과연 이런 한국교회가 사회를 이끌 만한 역사의식과 윤리관을 제시할 수 있을까? 촛불을 일으켰던 독일 교회와 비교하면 한국교회가 가야 할 길이 멀게만 느껴진다.

촛불 집회가 한창이던 광화문 광장

한국교회는 하나님의 뜻을 거스르는 잘못된 권위에 맞서 개혁을 외칠 수 있을까? 교회가 세상에 이상적인 사회의 모형을 제시할 수 있을까? 니콜라이 교회의 평화 기도회와 달리 권력을 칭송하는 조찬 기도회나 구국 기도회는 사회로부터 지탄의 대상이 된다. 이런 현실 속에서는 우리가 아무리 입으로 "하나님의 영광"을 외친다고 해도 하나님의 이름이 "거룩히" 여김을 받으실 수 없다.

광화문에서 1인 시위 중인 정승민 선생님

2,000년 전 로마 제국에서 박해받던 그리스도인의 수는 아무리 많게 잡아도 전체 인구의 5퍼센트 미만이었다. 그러나 그들은 "거짓말하지 않는 사람들", "사기를 치지 않는 사람들", "관용을 베푸는 사람들"이라는 사회적인 평판을 얻었다. 18세기 영국의 감리교인에게는 "보증 없이도 돈을 빌려줄 수 있는 사람들"이라는 수식어가 따랐다. 하나님의 이름이 거룩하게 되기 위해서는 우리가 교회에서 입으로만 떠들 것이 아니라 사회의 윤리적 본보기가 되기 위해 힘써야 한다는 사실을 기억하자.

믿음 노트

1. 그리스도인이 사회에서 하나님의 영광을 위해 할 수 있는 일에는 무엇이 있을까요? 생각나는 대로 나누어봅시다.

2. 그리스도인들이 소망을 잃지 않고 끝까지 기도해야 할 기도 제목이 있다면 무엇인지 적어봅시다.

제48과

두 번째 간구
포츠담 선언

제123문

🏷️ 그림으로 이해하기   #브뤼헐의 "예수가 설교하는 갈릴리 해변"(뮌헨 알테 피나코테크 소장)

하나님 나라가 가까이 왔다

대(大) 얀 브뤼헐(Jan Bruegel de Oudere, 1568-1625)은 시원한 갈릴리 호수를 배경으로 복음서의 한 장면을 그림에 담아냈다. 제목대로 이 그림은 갈릴리 해변에서 설교하시는 예수님의 모습을 묘사한다. 그런데 예수님을 찾기가 쉽지 않다. 신경써서 잘 찾아보면 그림의 한가운데 있는 배에 올라서신 분이 예수님 같기는 하다. 그림의 제목대로라면 예수님이 좀 더 크게 그려져야 하지 않았을까?

예수님은 사람들에게 "하나님 나라"(천국) 복음을 전하셨다. 예수님이 처음에 선포하신 메시지의 주제는 "하나님 나라가 가까이 왔다"는 것이었다(마 4:17; 막 1:15). 또한 예수님은 하나님 나라에 대한 많은 비유를 가르치시며 무엇보다 "먼저 하나님 나라를 구하라"고 가르치셨다. 예수님이 말씀하신 "하나님 나라"는 어떤 곳일까? 죽은 후에 착한 사람이 가게 된다는 사후 세계의 낙원을 의미할까? 그렇지 않다. 하나님 나라란 하나님이 왕으로 찬양을 받으시며 다스리시는 곳이다. 그곳은 나의 마음이 될 수도 있고 우리 가정이나 교회가 될 수도 있으며 국가나 사회의 한 영역이 될 수도 있다.

브뤼헐은 의도적으로 예수님과 예수님의 말씀을 듣는 청중들을 작게 그렸다. 예수님의 설교를 듣는 깨알 같은 군중들은 그림의 중앙에 있지만 우리의 시선을 끌지는 않는다. 그 대신 우리의 시선을 잡아끄는 것은 그림의 아래 부분에 배치된 다양한 사람들의 모습이다. 그들은 막 잡아 올린 생선을 분류해서 팔거나 사람들과 이야기를 나누고 물고기를 잡기 위해 다시 배에 오르는 등 분주한 모습이다.

이 그림이 말하는 것처럼 예수님의 말씀을 경청하며 하나님 나라에 관심을 두는 사람은 역사의 중심에 있지만 눈에 잘 띄지는 않는다.

사람들의 관심은 하루하루 이어지는 생계 활동과 일상생활에 머물 때가 많다. 다른 종교를 믿거나 교회를 핍박하는 사람들만 하나님 나라와 상관없이 사는 것이 아니다. 너무 바쁜 나머지 다른 일들에 온통 정신이 팔려서 하나님을 왕으로 인정하고 찬양하는 일에 무심한 사람들도 하나님 나라와 거리가 멀다. 이번 과를 통해 하나님 나라가 우리 가운데 임한다는 것이 무엇인지 살펴보자.

🏷️ 성경 수업

> 📖 **마음 열기**
>
> 1. 자신이 국적을 선택할 수 있다면 어느 나라의 국적을 선택하겠습니까? 그 이유는 무엇인가요?
>
> 2. "천국"이라는 말을 생각할 때 가장 먼저 떠오르는 것은 무엇입니까?

▎나라가 임하시오며

　복음서에 따르면 세례 요한과 예수님은 유대인들에게 가르침을 베풀 때 "천국"(kingdom of heaven) 즉 "하나님 나라"(kingdom of God)가 가까이 왔다고 선포했다. 여기서 "천"(天, 하늘)은 유대인들이 하나님을 지칭할 때 사용하는 상징어로서 물리적인 하늘과 직접적인 연관은 없다. 누가복음은 예수님의 사역을 개략적으로 설명하면서 다음과 같이 기록한다.

> 그 후에 예수께서 각 성과 마을에 두루 다니시며 하나님의 나라를 선포하시며 그 복음을 전하실새 열두 제자가 함께 하였고(눅 8:1).

즉 "하나님 나라의 선포"는 예수님의 모든 사역을 집약하여 설명할 수 있는 개념이다. 예수님은 하나님 나라에 대해 많은 가르침을 베푸셨고 하나님 나라가 임할 때 벌어지는 일들을 실제로 시연해 보임으로써 자신에게 나아오는 자들이 하나님 나라를 맛볼 수 있게 해주셨다.

그렇다면 하나님 나라는 구체적으로 무엇을 말하는 것일까? 예수님은 하나님 나라가 우리 안에 있다고 말씀하셨다(눅 17:21). 또 마태복음 13장의 비유들을 통해 하나님 나라의 다양한 측면에 대해 가르쳐 주셨다. 여기서 구체적인 사례들을 모두 다룰 수는 없지만 하나님 나라가 무엇인지 정리하자면 다음과 같다.

첫째, 하나님이 다스리시는 "영역"을 말한다. 우리는 이곳에 들어가기를 힘써야 한다. 둘째, 하나님의 다스리심을 받는 "백성"이다. 하나님의 통치에 참여한 자들은 그 자체로 한 나라가 된다. 셋째, 하나님의 "통치" 자체도 하나님 나라라고 볼 수 있다. 그의 통치를 인정하고 받아들이는 사람은 이미 하나님 나라에 들어가 있는 것이다.

○ 관련 성구

그런즉 너희는 먼저 그의 나라와 그의 의를 구하라. 그리하면 이 모든 것을 너희에게 더하시리라(마 6:33).

이르시되 "때가 찼고 하나님의 나라가 가까이 왔으니 회개하고 복음을 믿으라" 하시더라(막 1:15).

또 그들에게 이르시되 "내가 진실로 너희에게 이르노니 여기 서 있는 사람 중에는 죽기 전에 하나님의 나라가 권능으로 임하는 것을 볼 자들도 있느니라" 하시니라(막 9:1).

하나님 나라의 통치자는 하나님 한 분이시다. 그러나 마귀는 항상 하나님을 대적하며 하나님 나라를 위협한다. 마귀는 특히 하나님 나라의 백성들인 우리의 삶의 영역에서 하나님 나라가 이루어지는 것을 방해하며 협박과 회유를 일삼는다. 원수 마귀가 다스리는 이 세상은 하나님이 아니라 돈이나 쾌락, 성공이나 명예, 외모나 자존심 따위를 최고의 가치로 삼는다.

그런데 하나님은 "우리를 흑암의 권세에서 건져내사 그의 사랑의 아들의 나라로 옮기셨다"(골 1:13). 우리는 이제 원수 마귀에게 종노릇할 필요가 없으며 하나님을 왕으로 섬기는 거룩한 삶을 살 수 있는 존재가 되었다. 주기도문 중 "나라가 임하시오며"라는 기도는 우리와 상관없는 어떤 정권이 수립되기를 구하는 것이 아니다. 오히려 하나님 나라가 우리의 인격과 삶 속에 임하기를 먼저 기도하라는 의미다.

하나님 나라는 장차 완성될 미래적 사건이기도 하지만 지금 이 순간에 하나님을 왕으로 높여드리는 모든 자에게 임하는 현재적 실재이기도 하다. 하나님의 백성으로서 하나님의 보호하심을 받고 그의 다스림 가운데 거하기를 원하는가? 그렇다면 예수님이 가르쳐주신 것처럼 기도하면 된다.

하나님, 저의 삶을 다스려주시고 왕이 되어주세요. 하나님의 말씀에 순종하기 원합니다. 오직 하나님만이 제 삶의 주인이 되셔서 당신의 뜻대로 저를 인도해주세요.

○○ 하이델베르크 교리문답 살펴보기

제123문 두 번째 간구는 무엇입니까?
답 "나라가 임하시오며"입니다. 이는 하나님이 말씀과 성령으로 우리를 통치하셔서 교회를 보존하시고, 마귀와 하나님을 대적하는 모든 세력을 물리쳐 주시고, 우리가 존재하는 곳에 하나님이 왕으로 계시기를 간구하는 것입니다.

교실 밖 수업 #포츠담

포츠담 선언의 현장을 찾아서

포츠담은 베를린 남서쪽에 자리한 작고 아담한 도시로서 베를린 중앙역에서 기차로 30여 분 정도 걸리는 곳이다. 포츠담은 한때 프로이센 왕국의 수도 역할을 할 정도로 독일 동부에서 중요한 도시였다. 이 작은 도시가 우리에게도 큰 의미가 있는 것은 제2차 세계대전의 승전국들이 전후 질서를 논한 "포츠담 회담"이 이곳에서 열렸기 때문이다. 미국, 소련, 영국의 수뇌부는 이곳에서 일본의 식민지였던 우리나라를 분할 통치하기로 결의했다. 남북 분단으로 인한 우리의 비극적인 역사가 시작된 곳이 바로 포츠담이다.

승전국들은 원래 독일의 수도인 베를린에서 정상회담을 하려 했다. 하지만 당시 베를린은 계속된 공습으로 변변한 건

방문지 주소

체칠리엔호프 궁전: Im Neuen Garten 11, 14469 Potsdam
〈www.spsg.de/schloesser-gaerten/objekt/schloss-cecilienhof〉

체칠리엔호프 궁전. 정원의 붉은 별 모양의 꽃은 아직도 포츠담 회담 당시 소련 측이 심어놓은 모양 그대로다.

물 하나 남지 않을 정도로 폐허가 되어버린 상태였다. 어쩔 수 없이 베를린 주변에 있는 장소들을 물색한 결과 포츠담에 파괴되지 않고 남아 있던 체칠리엔호프 궁전(Schloss Cecilienhof)이 회담 장소로 선정되었다. 포츠담 시에서도 한적한 곳에 자리한 체칠리엔호프 궁전은 "궁전"이라기보다는 "대저택"에 가까울 정도로 규모가 그리 크지 않다. 어쩌면 그래서 전쟁 통에도 파괴되지 않았을지 모른다.

체칠리엔호프 궁전은 호수를 끼고 있는 큰 공원으로 둘러싸여 있다. 우거진 숲속에 자리한 이 궁전에서 1945년 7월 26일, 미국 대통령 트루먼(Harry S. Truman, 1884-1972)과 영국 총리 처칠(Sir Winston Churchill, 1874-1965), 소련의 서기장 스탈린(Joseph Stalin, 1879-1953)이 만나 일본에 대한 전후 처리 지침을 논의했다.

포츠담 회담이 열렸을 때 일본은 동맹국인 독일이 이미 항복을 선언했음에도 여전히 전쟁을 계속하려고 했다. 이에 연합국은 포츠담 회담을 통해 일본에 항복을 요구하고 전후 일본과 일본의 식민지를 어떻게 관리할 것인지를 논의했다. 물론

왼쪽부터 스탈린, 트루먼, 처칠

일본은 끝내 포츠담 선언을 무시함으로써 핵폭탄 공격을 받기에 이른다.

그런데 제2차 세계대전을 승리로 이끎으로써 국제적 위상이 높아진 소련은 전후 영향력을 확대하고자 한반도로 남하하려는 야욕을 드러냈다. 다급해진 미국은 소련에 한반도 분할 통치를 제안했고 미국과의 큰 갈등이 생기지 않기를 바란 소련이 이를 수락함으로써 38선이 생겨났다. 그 후로 우리나라에서 벌어진, 아니 지금도 벌어지고 있는 민족적 비극을 생각한다면 이곳을 방문할 이유는 충분한 듯하다. 실제로 이곳을 찾는 한국인 방문객들이 많아서 궁전 측에서도 한국어를 지원하는 오디오 가이드를 제공한다. 독일에서 몇 안 되는 한국 친화적인(?) 이곳에서 우리의 역사를 되짚어 보는 시간을 가져보자.

포츠담 회담이 열린 방. 미국, 영국, 소련의 국기가 테이블 위에 꽂혀 있다.

관람 경로를 따라 이동하면

당시 회담이 열린 방에도 들어갈 수 있다. 이 방은 스탈린, 트루먼, 처칠이 둘러앉아서 협상을 벌인 역사의 현장이다. 오디오 가이드에 귀를 기울이면 당시 상황이 눈앞에 펼쳐지는 것 같다. 포츠담 회담에서는 전후 처리 문제뿐 아니라 국제연합(UN)의 탄생도 논의되었다. 현대 세계를 주무른 거대 권력들의 각축장에서 하나님 나라는 어떻게 드러났는지 살펴보자.

🏷️ **선생님의 칠판** #정승민 성생님

> ### 세계 평화를 위해

1939년에 발발한 제2차 세계대전은 1945년에 막을 내렸다. 전쟁이 막바지에 이르면서 종전 및 전후 세계 질서에 대한 중요한 협의가 세 차례 이루어졌다. 카이로 회담, 얄타 회담, 그리고 포츠담 회담이 그것이다.

먼저 카이로 회담은 1943년 11월 22-26일, 12월 2-7일로 나누어 두 차례에 걸쳐 개최되었다. 노르망디 상륙작전이 논의된 이 회담에서는 일본에 대한 공동 대응도 처음으로 논제가 되었다. 회담의 주체는 미국, 영국, 중국이었으며 회담 결과 "카이로 선언"이 발표되었다. 카이로 선언은 일본령 태평양 제도의 박탈, 중국 영토의 반환, 점령지에서의 일본군 구축(驅逐), 한국의 자유 독립 보장 등을 명시했다.

얄타는 크림 반도에 있는 도시다. 이곳에서 1945년 2월 4-11일에 미국, 영국, 소련의 대표가 모여 얄타 회담을 열었다. 그들은 전후 독일을 분할해서 점령한다는 원칙을 재확인했다. 또한 일본 제국과 상호 불가침 조약을 맺고 있던 소련이 대일전에 참전하는 대가로 러일 전쟁에서 상실한 영토를 되돌려주기로 비밀리에 합의했다.

1945년 5월 7일 독일이 항복한 이후, 연합군 대표들은 포츠담 회담을 통해 일본에 무조건 항복을 요구했다. 사실 이때까지만 해도 소련은 실리를 저울질하며 대일 항쟁에 소극적이었다. 하지만 미국이 히로시마에 핵폭탄을 떨어뜨린 후에는 적극적으로 전쟁에 뛰어들었다. 1945년 8월 9일, 불가침 조약을 파기한 소련은 일본에 선전포고를 하고 만주국을 공격하기 시작했다. 일본이 항복한 시점에 소련은 만주국을 점령하고 한반도로 진출해 청진까지 들어온 상태였다.

이런 회담들이 우리나라에 미친 영향을 생각하면 역사의 주인공은 강대국들인 것 같다는 생각이 든다. 하지만 어떤 강대국도 영원하리라는 법은 없다. 우리나라를 둘러싼 강대국들의 위세도 언제까지나 그대로일 수 없다. 강대국들도 이 사실을 알기 때문에 다양한 국가 간 협력을 통해 세계의 평화를 유지하고자 했다. 그 결과 탄생한 것이 국제연합이다. 국제연합의 목적에 대해 국제연합헌장 제1조 1항은 "국제평화와 안전을 유지"하는 것이라고 밝힌다. 국제연합이 처음으로 내린 중요한 결정은 한국전쟁에 국제연합군을 투입하는 것이었다. 그때 만일 국제연합군이 한반도에 들어오지 않았다면 어떻게 되었을까? 우리나라는 과거 어느 때보다 더 끔찍한 역사를 겪고 있을지도 모른다.

그런데 1946년 1월 10일부터 열린 국제연합의 첫 총회 장소는 영국 런던에 있는 감리교 센트럴 홀이었다. 이곳에는 국제연합의 첫 총회를 기념하는 명판이 있는데 거기에는 "하나님께 영광을 돌리고 세상의 평화를 위해 기도하며"(To the Glory of God and in Prayer for Peace on Earth)라고 쓰여 있다. 약육강식의 비정한 논리가 지배하는

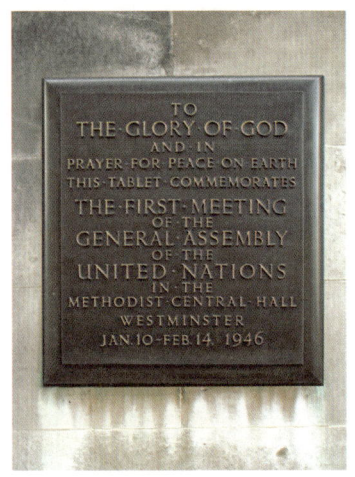

세계 최초로 국제연합 총회가 열린 런던 감리교 센트럴 홀의 명판

국제사회의 현실 속에서 평화를 염원하는 여러 나라의 대표들이 처음 모인 자리에 이런 문구가 남아 있다는 사실은 우리에게 많은 것을 생각하게 한다.

하나님 나라는 인간의 눈에 보이지 않지만 세계 역사의 가장 깊은 곳에서 지금도 계속 이어지고 있다. 인류 역사의 마지막 영광 가운데 오실 예수 그리스도가 통치하시는 하나님 나라다. 이 사실을 기억하며 하나님께 영광을 돌리고 하나님 나라가 임하기를 바라며 기도하자.

믿음 노트

1. 제2차 세계대전 직후의 우리나라 역사를 되짚어보면서 어떻게 하면 세계 평화가 이루어질 수 있을지 논의해봅시다.

2. 하나님께 영광을 돌리고 하나님 나라가 우리의 삶 속에 임하기를 구하는 사람의 삶은 어떤 모습일지 생각해봅시다.

제49과

세 번째 간구
그림 형제의 삶

제124문

🏷️ **그림으로 이해하기**   #루벤스의 "사복음서의 기자들"(포츠담 궁전미술관 소장)

하나님의 뜻대로

루벤스의 그림 중 "사복음서의 기자들"은 복음서를 기록한 마태, 마가, 누가, 요한을 묘사한다. 이 작품은 에스겔이 환상으로 본 생물들의 모습을 토대로 한다. 에스겔 1:4-14은 하나님의 보좌를 모시는 네 생물을 묘사하는데 이 생물들의 얼굴은 네 개씩이고 사람, 사자, 소, 독수리의 모양이다.

에스겔이 본 생물들은 성경의 "묵시"에 등장하는 상징으로서 초기 교회 교부들은 이를 사복음서 기자들과 연결시켰다. 앞의 그림을 잘 살펴보면 날개가 달린 천사가 있고 네 명의 인물이 등장하는데 왼쪽 사람 밑에는 소의 얼굴이, 맨 오른쪽에 있는 사람의 위에는 독수리가 등장한다. 그리고 오른쪽에서 두 번째 인물 밑에는 사자의 모습이 보인다. 에스겔이 본 생물들의 얼굴 모양이 모두 나타나는 것이다.

루벤스의 자화상

로마 가톨릭의 전통에 따르면 이 네 명의 인물은 왼쪽부터 누가(소), 마태(사람), 마가(사자), 요한(독수리)이다. 루벤스는 가톨릭 신자였기 때문에 이 순서를 따랐다. 하지만 개신교는 보통 마가와 마태에 해당하는 생물을 바꾸어서, 즉 마태가 사자에 해당하고 마가가 사람에 해당한다고 이해한다. 이는 아우구스티누스(Aurelius Augustinus, 354-430)의 견해를 따른 것이다.

이처럼 의견이 분분하지만 여기서 중요한 것은 가톨릭과 개신교 중에서 누가 옳으냐가 아니다. 천사 주변에 모인 마태, 마가, 누가는 하나님의 "계시"에 집중하면서 복음서를 기록한다. 이들이 기록한 복음서는 비슷한 관점을 공유한다고 해서 "공관복음"이라고 불린다. 공중을 응시하는 요한은 이들 곁에 따로 서 있지만 하나님의 계시에 집중하기는 마찬가지다. 이들은 모습도 다르고 각자 가진 재능도 달랐지만 하나님의 뜻에 따라 자신에게 맡겨진 사명을 감당했다.

이 그림은 우리에게 중요한 교훈을 전해준다. 이번 과에서 다루는 주기도문의 세 번째 간구는 "뜻이 하늘에서 이루어진 것 같이 땅에서도 이루어지이다"다. 즉 하나님의 뜻이 이 땅에서도 이루어지게 해달라는 간구다. 이 간구는 어떻게 응답될까? 이 그림은 이 질문에 대한 핵심적인 답을 제시한다. 하나님은 반드시 사람을 통해 일하신다! 네 명의 기자가 없었다면 사복음서는 기록되지 못했다고 해도 과언이 아니다.

하나님의 뜻이 이 땅에서 실현되기를 바라는 사람은 많다. 하지만 하나님이 반드시 사람을 통해 일하신다는 사실을 기억하는 사람은 많지 않다. 하나님의 뜻이 이루어지기를 바란다면 하나님께 시선을 집중하고 그분의 명령에 따라 자신에게 주어진 사명을 감당해야 한다. 우리에게 주어지는 사명은 꼭 복음서를 기록하는 것처럼 위대한 과업이 아닐 수도 있다. 공부나 청소, 운동이나 봉사, 사람들을 만나고 기도하는 것 등도 하나님이 우리에게 맡기신 일들일 수 있다. 우리는 무엇이 하나님의 뜻인지 분별하고 하나님께 능력을 구하는 가운데 그것을 열심히 이루어가야 한다. 그런 작은 순종들이 모여 하나님의 뜻이 이 땅에서 이루어진다는 사실을 잊지 말자.

🏷️ 성경 수업

> 🚪 **마음 열기**
>
> 1. 외국 혹은 우리나라의 전래동화 중에서 기억에 남는 이야기는 무엇인가요?
>
> 2. 훌륭한 뜻을 세우고 그 뜻이 이루어지도록 최선을 다해 살아간 사람을 알고 있다면 소개해봅시다.

▌뜻이 이루어지이다

주기도문의 세 번째 간구는 하나님의 뜻이 이루어지기를 구하며 드리는 기도다. 하늘에서는 하나님의 뜻이 이미 이루어졌다. 전능하신 하나님에게는 불가능한 일이 없기 때문이다. 그런데 우리는 하나님의 뜻과 계획이 이 땅 위에서 온전히 실행될 수 있게 해달라고 기도해야 한다. 앞서 언급했듯이 하나님은 당신의 자녀들을 통해 일하시기 때문이다.

이에 대해 예수님은 우리에게 "자신의 십자가를 지고 나를 따르라"(마 16:24)라고 말씀하신다. 홀로 모든 일을 하실 수도 있는 하나님이 우리를 부르시고 우리가 감당해야 할 십자가를 하나씩

○ 관련 성구

이에 예수께서 제자들에게 이르시되 "누구든지 나를 따라오려거든 자기를 부인하고 자기 십자가를 지고 나를 따를 것이니라"(마 16:24).

너는 진리의 말씀을 옳게 분별하며 부끄러울 것이 없는 일꾼으로 인정된 자로 자신을 하나님 앞에 드리기를 힘쓰라(딤후 2:15).

하나님이 우리를 구원하사 거룩하신 소명으로 부르심은 우리의 행위대로 하심이 아니요, 오직 자기의 뜻과 영원 전부터 그리스도 예수 안에서 우리에게 주신 은혜대로 하심이라(딤후 1:9).

맡기신다. 예수님을 따르는 것은 무엇보다 하나님이 우리에게 요구하신 계명들을 지키는 것이다. 즉 앞서 공부했던 십계명을 지키는 것이 우리가 우선으로 받들어야 할 하나님의 뜻이다.

또한 디모데후서 2:15은 우리가 진리의 말씀을 옳게 분별해야 한다고 말한다. 여기서 "분별하다"로 번역된 그리스어는 원래 똑바로 길을 간다는 의미를 담고 있다. "모든 길은 로마로 통한다"라는 격언이 있듯이 고대 근동에서 똑바로 난 길은 제국의 통치 수단인 "왕의 길"이었다. 로마 황제의 통치력은 로마에서 제국령 각 식민지로 이어진 도로망을 따라 이동하는 병력과 물자로 실체화되었다. 그것과 마찬가지로 우리는 하나님의 말씀에 따름으로써 하나님의 뜻을 이 땅 위에 실현해가야 한다.

하나님의 뜻을 이루어갈 당신의 소명은 무엇인가? "소명"(call)이란 하나님의 부르심이다. 우리는 하나님이 우리를 어디로 부르셨는지 깨달아야 한다. 그것을 깨달을 때 어떤 목적을 가지고 살아갈지가 분명해진다. 하나님은 우리를 부르실 때 우리의 행위를 기준으로 하지 않으시고 하나님의 뜻과 영원 전부터 그리스도 예수 안에서 우리에게 주신 은혜를 바탕으로 우리를 불러주셨다(딤후 1:9). 그 거룩한 부르심에 반응하며 하나님의 뜻을 이루어가는 삶을 살아가자.

○○ 하이델베르크 교리문답 살펴보기

제124문 세 번째 간구는 무엇입니까?

답 "뜻이 하늘에서 이루어진 것 같이 땅에서도 이루어지이다"입니다. 이는 우리와 모든 사람이 자기 자신의 의지 대신 하나님의 뜻, 유일하게 선한 그 뜻에 망설임 없이 순종하게 해달라는 간구입니다.

또한 모든 사람이 자신의 직무와 부르심에서의 책임을 하늘의 천사들처럼 기꺼이 신실하게 감당하게 해달라는 간구입니다.

교실 밖 수업 #장크트마테우스 교회 묘지

그림 형제의 소명과 하나님의 뜻

『그림 동화집』의 공동 저자인 "그림 형제"는 야코프 그림(Jacob Grimm, 1785-1859)과 동생 빌헬름 그림(Wilhelm Grimm, 1786-1863)을 일컫는다. 그림 형제는 과거 독일의 마르크 지폐에도 새겨졌을 만큼 독일인들의 사랑을 받는다. 그들이 잠들어 있는 베를린의 장크트마테우스 교회 묘지는 요르크 거리(Yorckstraße) 지하철역과 가깝다. 묘지 입구에는 그림 형제가 묻힌 무덤의 위치를 알려주는 약도도 있다.

> **방문지 주소**
> 장크트마테우스 교회 묘지:
> Großgörschenstraße 12-14, 10829 Berlin

그림 형제는 전 세계 사람들에게 알려진 수많은 이야기를 책으로 남겼다. 이 책의 제1권 서문에서 다룬 『하멜른의 피리 부는 사나이』를 비롯해 『신데렐라』, 『브레멘 음악대』,

장크트마테우스 교회 묘지의 입구

그림 형제

『헨젤과 그레텔』, 『백설 공주』, 『라푼젤』 등이 모두 그림 형제의 작품이다. 그런데 엄밀히 말하면 그림 형제는 이런 동화들을 직접 창작한 것이 아니라 구전으로 내려오는 이야기들을 집대성해서 편찬한 것이었다. 여기에 독일인들이 그림 형제를 사랑하는 이유가 있다. 그들이 평생 심혈을 기울인 작업은 단순한 돈벌이가 아니라 독일의 말과 문화를 보존하고 가꾸는 일이었기 때문이다.

그런데 흥미롭게도 그림 형제는 독일의 루터교 신자가 아니었다. 그들은 "하이델베르크 교리문답"과 같은 노선에 선 독실한 칼뱅주의자들이었다. 그들은 칼뱅주의의 "직업소명설"에 따라 자신들이 하는 일을 통해서도 하나님의 뜻이 이루어지기를 바라고 소망했다. 이번 "교실 밖 수업"에서는 그림 형제가 어떻게 이 땅에 하나님의 뜻이 실현되도록 노력했는지 살펴보자.

독일에서 그림 형제와 관련된 장소는 매우 많다. 그들이 태어나고 자라고 공부한 도시들과 교수 활동을 하며 재직한 학교마다 그들을 기리는 동상이나 기념 명판, 박물관이 있다. 그중 베를린은 그림 형제가 왕립 과학 아카데미의 교수로 있으면서 말년을 보낸 도시다. 베를린의 장크트마테우스 교회 묘지에 찾아가 가족과 함께 나란히 묻힌 그림 형제의 무덤 앞에서 그들의 삶과 신앙에 대해 생각해보자.

그림 형제는 1807년부터 1857년까지 무려 50년간 독일에 전해 내려오는 민담, 전승, 설화들을 수집해서 이야기책으로 출간했다. 우리나라의 전래동화에서 잘 드러나듯 전래동화는 대개 권선징악(勸善懲惡)을 주제로 순화되는 경향이 있다. 하지만 그림 형제는 어떤 교훈을 강조하기 위해 이야기를 인위적으로 재구성하

그림 형제의 무덤

는 것이 아니라 최대한 원래 이야기의 형태를 보존하려고 노력했다.

우리가 지금까지 공부한 내용을 되짚어보면 그림 형제가 활동했던 19세기의 독일은 그야말로 격동의 시간을 보내고 있었다고 할 만하다. 18세기 중반에 시작된 산업혁명은 유럽 각국의 공업화 경쟁을 부추겼고 같은 시기에 싹튼 자유주의 혁명 사상은 유럽 각국에서 민족주의가 출현하는 근거가 되었다. 하지만 수많은 공국으로 분열되어 있던 독일은 19세기 중반에 비스마르크가 등장하기까지 공업화와 민족주의적 중앙집권화가 뒤처질 수밖에 없었다.

그에 비해 이웃 나라인 영국이나 프랑스는 명예혁명이나 프랑스 대혁명을 거치면서 혼란 속에서도 시민들의 권리가 자리를 잡아가고 강력한 중앙집권제를 바탕으로 국력이 막강해지고 있었다. 그 상태라면 인간의 가치와 유토피아적 이상이 두드러진 혁명의 시기에 구체제에서 벗어나지 못하고 있던 독일이 유럽 사회에서 이류 국가로 전락하는 것은 시간문제였다.

그런 시대 상황 속에서 그림 형제는 독일어권에 전해 내려오는 수많은 전승과 민화를 정리해서 출간하는 일에 온 힘을 기울였다. 그 결

과 그들은 독일인의 민족정신을 일깨우는 데 큰 역할을 감당했다. 당시 그림 형제가 독일 사회에 미친 영향은 정치적으로 독일을 통일했던 비스마르크의 영향력을 능가한다고 평가되기도 한다. 비스마르크는 힘으로 독일을 통일했지만 그림 형제는 이미 독일어 문화권의 사람들에게 하나의 독일을 심어놓았기 때문이다.

선생님의 칠판 #이효선 선생님

하나님의 영광을 위해서

독일 기독교의 주류 종파는 루터교다. 앞서 살펴보았듯이 종교개혁을 일으킨 루터는 주로 귀족과 영주들의 지지를 받았다. 종교개혁의 과정에서 각 공국의 자치권이 유지된 독일에서 루터교가 든든하게 자리를 잡은 것은 당연한 현상이었다. 루터교의 그늘에서 뮌처로 대표되는 독일농민운동은 배척당할 수밖에 없었다. 독일의 하층민들은 1524년 독일농민전쟁에서 상처를 받았을 뿐 아니라 1555년 아우크스부르크 화의에서도 철저히 무시되었다.

이런 상황에서 칼뱅파도 독일에서는 별다른 반응을 이끌어낼 수 없었다. 원래 칼뱅파는 평민층의 지지를 받으면서 퍼져나갔다. 1530년대에 스위스에서 종교개혁을 일으킨 칼뱅이 "직업소명설"과 "예정설"을 주장하면서 평민들의 삶과 존재가 소중함을 일깨웠기 때문이었다. 하지만 30년간의 혹독한 전쟁 뒤에 성립된 1648년의 베스트팔렌 조약에 이르러서야 영주가 아닌 개인에게도 신앙을 선택할 자유가 주어졌다. 이런 역사로 인해 칼뱅파는 독일에서 소수 종파에 불과할 뿐이었다.

그런데 그림 형제는 칼뱅파의 신앙을 받아들인 가문에서 태어났다. 그들은 어려서부터 엄격하면서도 깊이 있는 신앙 교육을 받으며 자랐다. 그림 형제의 할아버지는 그들에게 항상 "하나님을 경외하는 것이 지혜의 근본이란다. 하나님을 잘 섬기거라" 하고 가르치셨다. 그 가르침에 따라 그림 형제는 아침마다 성경을 읽는 것으로 하루를 시작했다. 두 형제는 특히 예수님의 가르침을 무척 사랑했다고 한다.

그들의 신앙은 삶과 작품에 자연스럽게 녹아들었다. 부모님을 일찍 여읜 그림 형제는 원래 공무원이 되려고 했지만 공부하는 과정에서 민담의 매력을 발견하고 문헌학과 언어학을 배우면서 문학연구의 길을 걷게 되었다. 그들은 독일과 유럽의 수많은 민담을 수집하고 연구해서 책으로 출간했다. 그들은 평생을 성실하게 연구에 임함으로써 수많은 자료를 정리할 수 있었다. 그들의 연구 결과는 민담 수집의 모범이 되었고 민속학 발전에도 도움을 주었다.

그림 형제가 새겨진 1,000마르크 화폐

하지만 그림 형제의 영향력은 단순히 문학의 영역에만 머물지 않았다. 이는 그림 형제의 모습이 새겨진 독일의 화폐에서도 잘 드러난다. 그림 형제는 독일의 언어, 문화, 민족정신을 하나로 모으는 데 중요한 일익을 담당했다. 이는 독일이 근대 국가로 발돋움하기 위해서 꼭 필요한 것이었다.

독실한 신앙 교육을 받은 그림 형제가 하나님을 위해서 할 수 있는 일은 무엇이었을까? 믿음이 확실한 만큼 신학을 공부해서 신학자나 목회자가 되어야 했을까? 그렇지 않다. 그림 형제는 집안 형편에 따라 공무원이 되려고 했고 실제 공무원으로 일하기도 했다. 하지만 그들은 공부하면서 관심이 생긴 민담 연구를 소명으로 생각하고 최선을 다함으로써 사회에 큰 유익을 끼칠 수 있었다. 그림 형제는 "소명"에 충실한 사람들이었다. 하나님을 향한 그들의 신실함은 평생 성경을 사랑하며 매일 묵상에 힘쓰면서도 자신들의 관심사인 전문 분야에서 빈틈없는 실력을 갖추기 위해 기울인 노력으로 드러났다.

이것이 하나님의 뜻이 이 땅에 이루어지게 하는 구체적인 방법이다. 모든 사람이 하나님을 위해서 목사나 선교사가 될 필요는 없다. 하나님은 이 땅을 변화시키고 이 땅에 하나님의 뜻을 나타내기 위해서 영원 전부터 우리를 택하시고 부르셨다. 우리의 환경과 우리의 관심사가 이끄는 그 일이 바로 하나님이 우리에게 맡기신 일일 수도 있다. 우리는 "지금" 어떤 곳에서 부름을 받았는지 생각해보자. 학생으로 부르심을 받았다면 "하나님을 위해서" 누구보다도 열심히 공부해야 한다. 우리는 세상에서 성공하고 잘살기 위해서 공부하는 것이 아니라 하나님의 뜻을 나타내기 위해서 열심히 공부한다. 하나님의 영광을 위해서!

✎ 믿음 노트

1. 그림 형제로부터 배울 만한 교훈이 있다면 나누어봅시다.

2. 하나님의 뜻이 땅에서도 이루어지기를 바라는 마음으로 살아가는 삶은 어떤 것인지 이야기해봅시다.

제50과

네 번째 간구

괴테의 『파우스트』

제125문

🏷️ **그림으로 이해하기**　#렘브란트의 "설교하는 세례 요한"(베를린 국립회화관 소장)

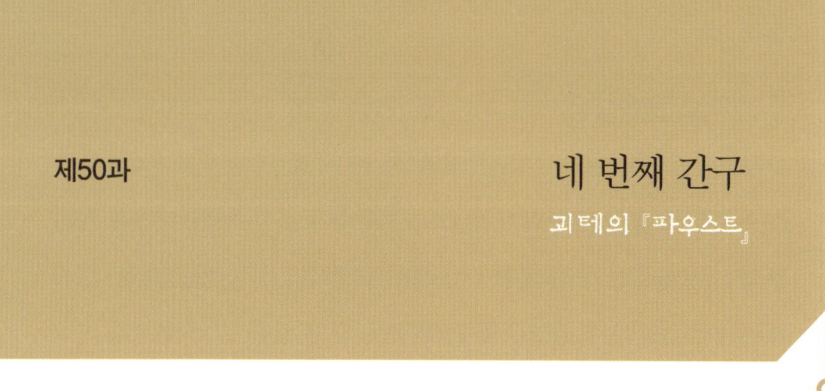

말씀과 현실

앞서도 살펴보았지만 "빛의 마술사" 렘브란트의 그림을 올바로 이해하려면 그림의 밝기 변화에 유의해야 한다. 앞의 그림을 살펴보자. 렘브란트는 우선 설교하는 세례 요한에게 강한 빛을 비춘다. 세례 요한은 오른손을 들고 왼손은 가슴에 대고 있다. 그가 얼마나 열심히 복음을 전하는지 알 수 있는 모습이다.

그러나 렘브란트는 더 밝은 빛을 세례 요한의 앞에 모인 사람들에게 비춘다. 세례 요한 앞에 앉아 있는 사람들을 자세히 들여다보자. 세례 요한의 설교를 지척에서 듣고 있으면서도 설교에 전혀 집중하지 못하는 모습이다. 도대체 이들은 무엇을 하는 것일까? 좀 더 시야를 넓혀 주변 사람들도 살펴보자. 열정적인 설교에도 아랑곳없이 자리를 떠나거나 삼삼오오 모여 떠드는 사람들이 보인다.

그렇다면 렘브란트가 우리에게 전하고자 하는 메시지는 무엇일까? 그는 이 그림을 통해 하나님의 말씀과 삶의 현실을 분리하는 신앙의 모습을 돌아보라고 요청하는 듯하다. 하나님의 말씀에는 우리의 삶을 뒤바꾸는 놀라운 능력이 있다. 하지만 많은 사람이 말씀보다 현실에 얽매여 살아간다. 하나님의 말씀이 현실을 이기는 방편이라고 믿기보다는 현실과 말씀을 분리하고 자신의 힘으로 삶을 이끌어가느라 분주한 것이다.

예수님은 우리에게 "일용할 양식을 주옵시고"라는 기도를 가르쳐 주셨다. 이 기도는 하나님이 우리 일상의 작은 부분까지도 책임지고 인도하시는 분이라는 것에 대한 믿음의 표현이다. 그런데 우리는 마치 세례 요한의 설교를 뒤로하고 살아갈 궁리로 분주한 사람들처럼 행동한다. 그러나 우리는 실제로 삶의 전 영역을 하나님께 맡겨야 한다. 단순히 지식에 머무는 신앙이 아니라 삶의 문제들을 하나님께 구하고 맡기는 믿음으로 나아가자.

🏷️ 성경 수업

> 🚪 **마음 열기**
>
> 1. 자신이 가장 좋아하는 음식과 싫어하는 음식이 무엇인지 이야기해 봅시다.
>
> 2. 자신에게 꼭 필요한 것이었는데 누군가가 그것을 선물해준 경험이 있다면 나누어봅시다.

일용할 양식

　이스라엘의 역사에서 하나님의 마음을 가장 아프게 했던 죄는 "우상숭배"라 할 수 있다. 여기서 우상숭배는 단순히 신상을 만들어놓고 절하며 섬기는 것을 말하지 않는다. 하나님은 십계명의 제2계명에서 "너를 위하여" 우상을 만들지 말라고 명하셨다. 즉 하나님을 섬긴다고 하면서 자신을 위한 신앙생활을 하는 데 몰두하는 사람도 우상을 섬기는 것과 다르지 않다.

　고대 근동의 문화 속에서 이런 자기중심적인 신앙 행태는 겉모습으로도 드러났다. 농경 문화를 가지고 있던 가나안 지역의 이방인들은 풍요와 다산을 상징하는 바알과 아세라를 섬겼다. 가나안에 정착한 이스라엘 백성은 곧 이들의 풍습을 받아들여 하나님과 우상을 "겸하여" 섬기기 시작했다. 절기에 맞춰서 야웨 하나님께 제사를 드리는 사람도 자기 집에 신상을 모셔놓고는 농사가 잘되기를 비는 식이었다.

이처럼 이스라엘 백성은 "잘 먹고 잘사는" 문제 앞에서 하나님을 신뢰하지 않았다. 하나님은 이스라엘 백성에게 하나님의 말씀을 지켜 행하면 경제적인 필요도 채워주시겠다고 분명히 약속하셨다. 하지만 그들은 각종 제약이 따르는 하나님의 말씀을 지키기 위해 애쓰기보다 바알이 원하는 제물을 바치고 열심히 기도함으로써 문제를 해결하려고 했다.

예수님 당시에도 마찬가지였다. 이제 유대인들은 드러내놓고 다른 신을 섬기지는 않았다. 하지만 그들은 "하나님과 재물을 겸하여"(마 6:24) 섬겼다. 상업과 경제가 발달한 로마 제국의 지배 아래서 많은 유대인이 돈의 중요성을 인식하고 있었다. 지배층은 탐욕 속에서, 피지배층은 착취 속에서 돈의 노예가 되어 살아갔다. 심지어 종교 지도층도 제사 제도를 이용해 사익을 추구하는 일을 부끄럽게 생각하지 않았다.

그런 상황 속에서 예수님은 무엇을 먹을까, 마실까, 입을까 염려하지 말라고 말씀하셨다. 더 나아가 하나님이 새들을 먹이시는 것처럼 당신의 백성이 먹고사

○ 관련 성구

25 그러므로 내가 너희에게 이르노니 목숨을 위하여 무엇을 먹을까, 무엇을 마실까, 몸을 위하여 무엇을 입을까 염려하지 말라. 목숨이 음식보다 중하지 아니하며 몸이 의복보다 중하지 아니하냐? 26 공중의 새를 보라. 심지도 않고 거두지도 않고 창고에 모아 들이지도 아니하되 너희 하늘 아버지께서 기르시나니 너희는 이것들보다 귀하지 아니하냐?(마 6:25-26).

너를 낮추시며 너를 주리게 하시며 또 너도 알지 못하며 네 조상들도 알지 못하던 만나를 네게 먹이신 것은 사람이 떡으로만 사는 것이 아니요, 여호와의 입에서 나오는 모든 말씀으로 사는 줄을 네가 알게 하려 하심이니라(신 8:3).

는 문제를 다 책임지실 것이라고 장담하셨다(마 6:25-26). 예수님은 새들을 기르시는 "너희 하늘 아버지께서" 새들보다 귀한 너희를 책임지시지 않겠느냐고 반문하신다.

하나님은 우리가 가나안 사람들이나 그리스-로마 사람들이 풍요를 추구하는 식으로 살아가기를 원치 않으신다. 우리의 기도도 그런 원초적인 욕망에 붙잡혀 있지 않기를 원하신다. 다만 우리는 "아버지"이신 하나님 앞에 나아가 일용할 양식을 달라고 기도해야 한다. 여기서 "양식"은 단순히 먹고 마실 음식을 말하지 않는다. 하나님은 우리에게 필요한 모든 것을 채워주기 원하신다.

그런데 여기서 하나님이 "일용할" 양식을 주신다는 사실이 중요하다. 왜 예수님은 겨우 "하루치" 양식을 달라는 기도를 하라고 하셨을까? 하나님은 우리가 1년이나 10년뿐 아니라 대대손손 잘 먹고 잘살기에 충분한 복을 주실 수 있는 분이신데도 말이다. 바로 이 지점에서 하나님은 믿음을 요구하신다. 우리는 매일매일의 도움과 공급을 통해 사람이 떡으로만 사는 것이 아니라 하나님의 입에서 나오는 모든 말씀으로 산다는 사실을 배워가야 한다(신 8:3).

○○ 하이델베르크 교리문답 살펴보기

제125문 주기도문의 네 번째 간구는 무엇입니까?

답 "오늘 우리에게 일용할 양식을 주시옵고"입니다. 이는 우리 육신에 필요한 모든 것을 공급해달라는 간구입니다. 그로 인해 우리가 하나님만이 모든 좋은 것의 원천이시고 그분의 축복 없이는 우리의 염려와 애씀, 하나님이 허락하신 은사까지 아무것도 아님을 알게 해달라는 것입니다.

> 또한 우리가 피조물이 아니라 오직 하나님만 신뢰할 수 있게 해달라는 간구입니다.

교실 밖 수업   #바이마르, 라이프치히

『파우스트』의 흔적을 찾아서

괴테는 세계 문학사에 큰 족적을 남긴 대문호다. 바이마르와 라이프치히에서 괴테의 발자취를 따라가 보자. 괴테가 『파우스트』를 집필했던 바이마르에는 국립 괴테 박물관이 있다. 라이프치히는 괴테가 대학생 생활을 했던 도시로서 『파우스트』를 기획하는 데 영감을 준 레스토랑인 아우어바흐 켈러(Auerbachs-keller)가 자리하고 있다.

방문지 주소
국립 괴테 박물관: Frauenplan 1, 99423, Weimar〈www.klassik-stiftung.de〉
아우어바흐 켈러: Mädler Passage, Grimmaische Straße 2-4, 04109 Leipzig

앞서도 언급했지만 바이마르는 괴테가 주로 활동했던 도시였다. 괴테는 바이마르에서 여러 작품을 남겼고 재상으로서 정치 활동에 몸담기도 했다. 괴테가 말년을 보내며 『파우스트』를 집필했던 집은 현재 박물관으로 꾸며져 있다. 괴테

국립 괴테 박물관의 외관

괴테 박물관의 전시물

아우어바흐 켈러 입구의 메피스토와 파우스트

하우스라고도 불리는 이곳에서는 괴테와 관련된 다양한 자료들을 살펴볼 수 있다.

앞서 제41과에서 다룬 『젊은 베르테르의 슬픔』은 괴테의 처녀작이었다. 그와 달리 『파우스트』는 괴테가 전 생애에 걸쳐 온 힘을 기울여 완성한 대작이다. 『파우스트』는 괴테가 그리스-로마 문화 및 성경에 얼마나 박식했는지를 잘 보여준다. 괴테의 역작인 『파우스트』는 독일 문학뿐 아니라 세계 문학에도 커다란 영향을 미쳤다.

아우어바흐 켈러는 괴테가 라이프치히 시절 자주 들렀던 술집이었다. 지금 이곳은 카페 겸 레스토랑으로 운영되고 있는데 매장 전체가 『파우스트』를 주제 삼아 꾸며져 있다. 이곳에서 음식을 즐기면서 벽에 그려진 『파우스트』의 장면들을 감상해보자. 아우어바흐 켈러는 큰 건물 지하에 있는데 1층 입구 근처에는 파우스트와 메피스토의 동상이 서 있다.

메피스토는 『파우스트』에 등장하는 마귀다. 욥기에서 욥을 두고 하나님과 내기를 하려고 했던 마귀처럼 메피스토는 신에게 파우스트를 유혹할 수 있다고 주장한다. 메피스토는 세속적인 복을 약속함으로써 파우스트를 유혹하는 데 성공한다. 『파우스트』의 제1부는 자신의 영혼을 메피스토에게 내어준 파우스트가 젊음을 되찾고 쾌락을 목적으로 여러 가지 악행을 저지르는 내용이다. 파우스트는 제2부에서도 용서받을 수 없는 죄들을 짓지만 나중에는 많은 사람이 행복하게 살아가는 데 도움을 주고 메피스토의 손에서 벗어나 천국으로 안내된다.

사실 『파우스트』의 내용은 기독교적 관점에서 그대로 수용하기 어렵다. 하지만 그렇다고 해서 우리가 배울 점이 없는 것은 아니다. 괴테가 파우스트의 고민과 구원을 통해 현대인에게 던져준 메시지는 무엇인지, 거기서 우리가 기억해야 할 점은 무엇인지 "선생님의 칠판"을 통해서 알아보자.

🏷️ 선생님의 칠판 #이효선 선생님

신앙의 눈으로 『파우스트』 읽기

메피스토라는 악마와 참된 것을 추구하는 파우스트 사이에 벌어지는 갈등 속에서 괴테는 인간의 실존적인 문제를 다루었다. 인간은 실존적 문제들 때문에 고통을 느끼며 하나님을 찾기도 하고 잘못된 방향으로 나아가 자신의 영혼을 메피스토 같은 악마에게 팔아넘기기도 한다. 다음은 인간 이성으로 진리를 찾으려고 하는 파우스트의 절망적인 고백이다.

나는 아침마다 눈을 뜨며 공포만을 느낀다.
오늘 해가 지기까지 한 가지 소원조차 이룰 수 없고,
모든 쾌락의 암시까지도 고집 센 세인(世人)들의 왈가왈부로 부서지고,
나는 발랄한 가슴의 창조 작업도

온갖 추악한 세상일로 방해받을 것을 생각하면
나는 씁쓰레한 눈물을 흘리며 울고 싶어진다.
그리고 밤이 내려 깔려도 나는 불안한 마음으로 자리에 누워야만 하며,
잠자리에서도 안식을 얻지 못하고 사나운 꿈에 놀라게 마련이다.
내 가슴 속에 살고 있는 신은
나의 가장 깊은 마음의 밑바닥까지 뒤흔들어놓을 수 있지만
나의 온갖 힘 위에 군림하는 신은
외부로 향해선 아무것도 움직일 수가 없다.
그리하여 나에겐 이 세상에서 산다는 것이 무거운 짐이 되고,
죽음만이 바람직하고 삶이란 그저 밉기만 하다(『파우스트』[누멘, 2010], 1549-1571행).

이처럼 신이 객관적인 세상에서는 아무런 힘도 없다고 믿는 파우스트는 인간의 실존을 억누르는 고통으로 절규한다. 마찬가지로 늘 진리에 대해 의심하는 현대인은 실존의 불안을 안고 살아간다. 실존의 불안은 수많은 죄를 낳는다. 세속적인 목표에 인생을 걸고 자신을 몰아붙이는 사람이나 자기 파괴적인 행동으로 삶을 망치는 사람이나 똑같이 죄인일 뿐이다. 그들의 영혼을 들여다보면 해결되지 않는 불안이 똬리를 틀고 있다.

하지만 믿음으로 하나님을 인정하고 예수님께 인생을 의탁한 사람은 실존의 문제와 씨름할 수 있는 능력을 부여받는다. 예수님은 우리의 실존적인 문제를 깊이 아시는 분이다. 예수님이 우리에게 일용할 양식을 구하라고 말씀하신 것은 우리의 실존적인 문제까지도 하나님께 맡기라는 의미를 포함한다.

『파우스트』를 읽으면 우리는 머리를 갸우뚱거리게 된다. 왜냐하면 결과적으로 파우스트가 구원을 얻는 모습이 우리의 기대와는 다르기 때문이다. 파우스트는 실존적인 문제로 고민하며 쾌락을 선사해주겠다는 악마에게 영혼을 팔고 수많은 악행을 저지르지만 나중에는 악마의 손에서 벗어나 천국으로 들어간다. 괴테는 이에 대해 파우스트가 "다른 사람을 위해 사는 것"이 인생의 가장 중요한 요소임을 발견했기 때문이라고 묘사한다.

서재에서 고뇌하는 파우스트(Georg Friedrich Kersting, 1829)

이러한 『파우스트』의 결론은 루터가 외쳤던 "구원은 믿음으로 얻는다"라는 교리와 상반된다. 실제로 괴테는 일평생 성경의 내용을 많이 접했어도 결국에는 무신론으로 기운 세계관을 가진 사람이었다. 그런 그가 최선을 다해 생각할 수 있는 구원이란 타인을 위한 삶의 가치를 발견하는 것 정도다. 이는 물론 성경이 말하는 총체적 구원에 미치지 못하는 결론이다.

그렇다면 『파우스트』의 내용이 "비성경적"이라는 이유로 읽지 않는 것이 좋을까? 『파우스트』는 그리스도인의 "금서"(禁書)로 지정되어야 할까? 그렇지 않다. 중요한 것은 분별력이다. 이런저런 이유를 들어 다른 사람들의 이야기를 듣지 않으려 한다면 우리는 이 세상에서 제대로 살아갈 수 없다. 우리는 "무균실"에서 살 수 없다. "면역력"을 키워 밖으로 나가야 한다. 즉 우리는 『파우스트』를 읽으면서도 성경적인 진리를 붙잡고 선과 악을 분별할 수 있어야 한다.

그렇다면 괴테는 왜 이 작품에서 타인을 위한 삶을 강조했을까? 앞서도 언급했지만 괴테의 젊은 시절에는 엄격하고 획일적인 가치가 독일 사회를 지배하고 있었다. 『젊은 베르테르의 슬픔』의 알베르트처럼 모든 것을 하나의 잣대로 평가하는 사회에서 숨이 막힌 사람들은 "질풍노도 문학"에 열광했다. 독일 사회는 종교개혁의 유산을 자랑했지만 사람들의 실제 삶에서는 성경적 가치가 드러나지 않았다.

교회가 지배하지만 예수님의 사랑이 실천되지 않는 사회! 이에 대해 괴테는 『파우스트』를 통해 "타인을 위한 삶"이 진정한 가치가 있다고 소리를 높인 것이다. 비록 그가 묘사한 구원의 방법이 잘못되었더라도 현실을 꿰뚫어 보고 진심을 담아 전해주는 이야기에는 귀를 기울여야 한다. 이는 타인에게 무관심한 현대의 그리스도인이 귀담아들어야 할 내용이 아닌가?

괴테가 파우스트를 통해 제시했던 실존의 문제는 현대인의 공감을 불러일으킨다. 아침에 눈을 뜨면 찾아오는 공포, 밤이 되면 잠자리에서도 안식을 몰아내고 엄습하는 불안감! 그래서 많은 사람이 쓸쓸한 눈물을 밤새 흘리기도 한다. 우리나라의 청소년들도 마찬가지다. 공포, 불안, 절망으로 인해 청소년들의 자존감은 심각하게 훼손된 지 오래다. 이런 사람들을 위해 괴테는 말한다.

절망을 멈추세요. 여러분은 아름답습니다!

사실 이런 위로의 궁극적 원천은 하나님이시다. 이사야는 다음과 같이 말한다.

…나는 여호와의 보시기에 존귀한 자라. 나의 하나님이 나의 힘이 되셨도다(사 49:5, 개역한글).

하나님은 우리를 존귀하고 아름답게 여기신다. 하나님은 우리의 일용할 양식의 문제뿐 아니라 실존의 문제를 모두 해결해주실 수 있는 분이시다. 이 사실을 기억하며 다음과 같이 다섯 번만 외쳐보자.
"그래, 나는 아름다운 사람이야!"

믿음 노트

1. 현대인의 절망과 두려움은 어디에서 오는 것인지 생각해보고 그에 비추어 자신의 내면을 성찰해봅시다.

2. 일용할 양식을 주시는 하나님이 내가 직면한 현실적인 문제와 고통을 해결해주실 수 있다는 사실을 기억하며 기도 제목을 정리해봅시다.

제51과

다섯 번째 간구
멘델스존의 삶과 음악

제126문

🏷️ **그림으로 이해하기** #루카스 단(團)의 "형제들에 의해 팔려간 요셉"(베를린 국립회화관 소장)

요셉의 용서

프리드리히 오버베크(Friedrich Overbeck, 1789-1869)는 독일의 독실한 개신교 가문에서 태어난 화가였다. 19세기 초반에 활동했던 그는 프랑스 혁명 이후 유럽의 예술이 성경적 주제를 다루지 않는 현상을 우려했다. 그 결과 그는 "루카스 단"이라는 미술가 단체를 구성했고 그들과 함께 기독교 신앙을 예술로 표현하기 위해 노력했다.

앞의 그림을 자세히 살펴보자. 형들에 의해 채색 옷을 빼앗기고 옷이 벗겨진 채 노예로 팔려가는 요셉의 모습을 보면 어떤 느낌이 드는가? 그림의 왼편에는 요셉을 대신해서 죽임을 당하는 염소가 보인다. 요셉의 형들은 요셉을 판 대가로 돈을 받는다. 속옷만 걸친 채 창을 쥔 사람에게 끌려가는 모습은 마치 예수님이 가룟 유다의 배신으로 대제사장에게 넘겨진 뒤 골고다로 끌려가는 모습과 흡사하다. 화가는 의도적으로 요셉의 생애를 통해 예수님을 드러내려 한 듯하다.

예수님은 십자가에서 죽임을 당하실 때 "아버지, 저들을 사하여주옵소서. 자기들이 하는 것을 알지 못함이니이다"(눅 23:34)라고 기도하셨다. 예수님은 불공정한 재판을 받고 억울하게 죽으면서도 증오나 복수심에 빠지지 않으시고 그것보다 더 큰 사랑으로 죄인들을 품으셨다.

요셉도 형들을 용서했다. 형들에게 배신당한 그는 이집트로 팔려간 후에 보디발의 아내로부터 모함을 받고 죄수가 되었다. 하지만 시련 속에서도 신실하게 하나님을 바라본 요셉은 결국 이집트를 다스리는 총리 자리에 오를 수 있었다. 그때 요셉은 자신을 팔아넘겼던 형들을 다시 만나게 된다. 요셉의 형들이 흉년 때문에 곡식을 구하러 이집트로 내려왔기 때문이었다. 요셉은 형들의 마음이 예전처럼 악하지 않다는 사실을 확인한 후 다음과 같이 말한다.

4…나는 당신들의 아우 요셉이니 당신들이 애굽에 판 자라. 5당신들이 나를 이곳에 팔았다고 해서 근심하지 마소서, 한탄하지 마소서. 하나님이 생명을 구원하시려고 나를 당신들보다 먼저 보내셨나이다. 6이 땅에 이 년 동안 흉년이 들었으나 아직 오 년은 밭갈이도 못 하고 추수도 못 할지라. 7하나님이 큰 구원으로 당신들의 생명을 보존하고 당신들의 후손을 세상에 두시려고 나를 당신들보다 먼저 보내셨나니 8그런즉 나를 이리로 보낸 이는 당신들이 아니요 하나님이시라(창 45:4-7).

요셉은 자신이 당한 시련이 하나님의 큰 계획 속에 있는 한 조각 퍼즐임을 깨달았다. 그래서 형들을 용서할 수 있었다.

주기도문의 다섯 번째 간구는 "용서"에 대한 것이다. 예수 그리스도의 사랑은 용서와 희생을 통해 가장 아름답게 드러난다. 우리는 예수님의 용서를 받은 사람들이다. 예수님은 우리가 스스로의 힘으로는 도저히 갚을 수 없는 엄청난 빚을 대신 갚아주셨다. 그리고 예수님은 우리에게 용서받은 자로서 다른 사람을 용서하는 삶을 살아가라고 요청하신다.

 성경 수업

📖 마음 열기

1. 누군가를 용서하는 일이 어려운 이유는 무엇일까요?

2. 자신이 지금까지 받아본 용서 중에서 가장 기억에 남는 경험은 언제였나요?

우리 죄를 사하여주시옵고

우리는 어떻게 구원을 받았을까? 곰곰이 생각하면 생각할수록 우리가 무언가를 해냈기 때문이 아니라는 사실은 분명해진다. 우리의 구원은 오직 그리스도의 죽으심 덕분에 우리에게 임한 하나님의 은혜 때문이다. 예수님이 우리를 위해 대신 형벌을 당하심으로써 우리에게 하나님의 놀라운 용서가 임했다. 인간의 어떤 죄도 하나님의 은혜를 가로막을 만큼 크지는 않다.

그렇다면 우리는 어떻게 살아야 할까? 거듭난 우리는 하나님의 영을 받아 하나님의 일에 힘쓰는 자들로 살아가야 한다. 이에 대해 바울은 하나님이 그리스도 안에서 우리를 용서하신 것처럼 우리도 서로 불쌍히 여기며 용서해야 한다고 말한다(엡 4:32). 바울이 쓴 빌레몬서는 도망 나온 노예의 주인인 빌레몬에게 그 노예가 그리스도인이 되었다는 사실을 알리고 그를 용서하라고 권한 편지다. 왜 바울은 이처럼 용서를 강조한 것일까?

고린도후서 2:8-11에 그 이유가 적혀 있다. 바울에 따르면 이웃에 대한 사랑은 우리가 얼마나 하나님의 말씀에 "순종"하는가를 보여주

○ 관련성구

서로 친절하게 하며 불쌍히 여기며 서로 용서하기를 하나님이 그리스도 안에서 너희를 용서하심과 같이 하라(엡 4:32).

8그러므로 너희를 권하노니 사랑을 그들에게 나타내라. 9너희가 범사에 순종하는지 그 증거를 알고자 하여 내가 이것을 썼노라. 10너희가 무슨 일에든지 누구를 용서하면 나도 그리하고 내가 만일 용서한 일이 있으면 용서한 그것은 너희를 위하여 그리스도 앞에서 한 것이니 11이는 우리로 사탄에게 속지 않게 하려 함이라. 우리는 그 계책을 알지 못하는 바가 아니로라(고후 2:8-11).

는 척도다. 그리고 이웃 사랑은 구체적으로 "용서"를 통해 표현된다. 우리가 누군가를 용서하면 그 사람은 우리를 통해 하나님의 사랑을 경험한다. 그러므로 우리가 남을 용서하는 것은 단순히 선을 행하느냐, 행하지 않느냐의 문제가 아니라 누군가의 영혼을 하나님께로 인도하느냐, 인도하지 못하느냐의 문제다.

사탄은 용서 문제로 우리를 걸고넘어진다. 자기 마음이 편하자고 상대를 용서하는 것은 상담 심리학에서는 권장할 만한 일이기는 해도 그리스도인의 용서와는 결이 다르다. 또 윤리적인 당위성을 앞세워 용서를 미루는 태도는 도덕적이기는 해도 기독교적이지는 않다. 사탄은 이런 속임수로 우리의 용서가 그리스도와 상관없는 일이 되도록 부추긴다. 사탄의 계책에 맞서는 우리의 용서는 그리스도 앞에서 하나님의 사랑을 드러내는 믿음의 행위가 되어야 한다.

우리 앞에는 늘 선택지가 있기 마련이다. 우리는 사람들을 용서할 수도 있고 용서하지 않을 수도 있다. 그리고 우리가 용서를 결심할 때도 나 자신이 중심이 되거나 하나님이 중심이 되실 수 있다. 그중 하나님이 중심이 되시는 용서, 하나님의 사랑을 드러내는 용서만이 그리스도의 용서를 제대로 반영한다.

왜 오늘날 많은 사람이 하나님을 알지 못하고 복음을 오해하며 하나님 앞으로 나아오지 못할까? 하나님이 문제이신가? 그렇지 않다. 그 이유는 그리스도인인 우리가 하나님의 용서를 제대로 알지 못하고 그에 걸맞은 용서를 주변 사람들에게 베풀지 못하기 때문이다. 우리가 구원의 은혜를 충만하게 누리며 참된 용서를 베풀지 않으면 다른 사람들도 하나님을 만나기가 어려워질 수밖에 없다.

⌐⊙⊙ 하이델베르크 교리문답 살펴보기

제126문 다섯 번째 간구는 무엇입니까?

답 "우리가 우리에게 죄 지은 자를 사하여준 것 같이 우리 죄를 사하여주시옵고"입니다. 이는 그리스도의 피로 말미암아, 비참한 죄인인 우리가 짓는 죄와 우리에게 만연한 악으로 인해 우리가 받아야 할 형벌을 우리에게 돌리지 말아달라는 간구입니다. 또한 우리가 우리 이웃을 마음 다해 용서하기로 작정하는 것이 우리 안에 임한 은혜의 증거로 드러나게 해달라는 간구입니다.

🏷️ 교실 밖 수업 #베를린, 라이프치히

멘델스존의 흔적을 찾아서

결혼식이 끝나면 힘차게 연주되는 "축혼행진곡"을 못 들어본 사람은 없을 것이다. 이 곡은 원래 셰익스피어의 연극 "한여름 밤의 꿈"을 위해 만들어진 극음악의 일부다. 이 극음악을 작곡한 사람은 19세기 독일의 초기 낭만주의 음악을 주도한 멘델스존이다.

멘델스존은 우아하고 세련된 음악으로 정평이 난 천재 음악가이자 교육가였다. 하지만 그가 독실한 신앙인이었다는 사실을 아는 사람은 그리 많지 않다. 독일 함부르크에서 태어난

멘델스존 가족의 묘비

멘델스존하우스 외관과 현관에 걸린 명판

방문지 주소

멘델스존의 무덤:
Dreifaltigkeitsfriedhof I,
Mehringdamm 22, Berlin

멘델스존하우스: Goldschmidtstraße 12, 04103 Leipzig

멘델스존은 주로 라이프치히에서 활동했고 지금은 베를린의 가족 묘지에 잠들어 있다. 이 가족 묘지는 찾아가기가 쉽지 않아서 번지수(Mehringdamm 22)를 잘 기억해야 한다. 멘델스존의 묘비 앞에서 루터와 바흐를 누구보다 사랑했던 그의 신앙과 음악을 생각해보자.

멘델스존은 어린 시절에 유대인이라는 이유로 친구들의 놀림을 받곤 했다. 친구들의 따돌림 때문에 눈물을 흘리며 집으로 온 적도 여러 번이었다. 그러나 멘델스존은 가족들과 함께 루터교로 개종하면서 독실한 신앙을 갖게 되었고 항상 성경을 가까이하며 성경에 대한 건전한 해석을 자신의 음악에 접목하기 위해 노력했다.

그 결과 멘델스존은 성경에서 영감을 얻은 수많은 걸작을 남길 수 있었다. 그가 20세 때 작곡한 교향곡 5번 "종교개혁"은 루터의 "내 주는 강한 성이요"에서 모티브를 얻은 대작이었다. 종교개혁 300주년을 기념하기 위해 만들어진 이 교향곡의 제4악장에서 우리는 "내 주는 강한 성이요"의 장엄한 변주를 감상할 수 있다.

어떤 사람들은 멘델스존이 사회적으로 성공하기 위해서 전략적으로 개신교를 선택했다고 주장한다. 사실 은행가였던 그의 아버지는 자녀들의 장래를 생각해서 유대교를 떠난 것으로 알려져 있기도 하다. 하지만 멘델스존이 사회적 성공을 위해서 개신교를 선택한 것 같지는 않다. 왜냐하면 멘델스존이 28세 때 맞이한 배우자 세실(Cecile)이 프랑스에서 망명한 칼뱅파 목사의 딸이었기 때문이다.

멘델스존하우스에 있는 멘델스존과 아내 세실의 모형

앞서도 여러 차례 살펴보았지만 독일 기독교의 주류는 루터파였다. 만일 멘델스존이 종교를 성공의 수단으로 보았다면 비주류인 칼뱅파가 아니라 사회의 주류인 루터파 집안에서 배우자감을 찾았을 것이다. 이에 관해 멘델스존은 종교를 성공의 수단으로 삼을 필요가 없었다고 보는 편이 더 설득력이 있다. 왜냐하면 매우 유력한 집안의 자제였던 그는 20세에 이미 작곡가로서 이름을 널리 알렸고 26세에는 유명한 오케스트라의 지휘자가 될 정도로 실력이 뛰어났기 때문이다.

멘델스존의 흔적이 고스란히 남아 있는 라이프치히에 가면 멘델스존하우스에 방문해보자. 멘델스존하우스의 여러 전시실도 인상적이지만 교향악단의 다양한 악기부를 각각의 스피커로 들려주는 음악 감상실은 최고의 감동을 안겨준다. 음악 감상실은 그다지 크지 않은 규모다. 하지만 각양각색의 악기 소리를 따로따로 들려주는 스피커들이 재현해주는 입체감은 교향악단을 마주한 것과 같은 느낌을 안겨주기에 충분하다. 게다가 지휘자 위치에 있는 모니터를 통해 악보의 흐름을 확인하거나 특정 악기 소리만 따로 구분해서 들어보는 재미도 느낄 수 있다.

멘델스존하우스의 중심부인 음악 감상실

멘델스존의 작품 중 "바이올린 협주곡"은 불후의 명작 중 하나다. 이 곡은 베토벤, 브람스의 작품들과 더불어 3대 바이올린 협주곡으로 꼽힌다. 멘델스존은 작곡을 할 때 항상 성경을 묵상하면서 "하나님 도와주세요"라고 기도했다고 한다. "바이올린 협주곡"을 작곡할 때도 시편 51편의 말씀을 묵상하면서 자신의 마음속에 정결한 마음을 달라고 기도했다는 이야기는 널리 알려졌다. 시간을 내서 멘델스존의 "바이올린 협주곡"을 들어보기 바란다. 음악 평론가들이 이 협주곡은 마치 바람에 나부끼는 코스모스처럼 하나님을 갈망하는 영혼의 소리인 듯하다고 극찬하는 이유를 알 수 있을 것이다.

38세의 젊은 나이로 세상을 떠난 음악가 멘델스존이 "바이올린 협주곡"을 세상에 알린 것은 35세 때였다. 천성적으로 섬세한 감성을 타고난 그는 늘 하나님 앞에서 정결한 마음을 구하며 살아갔고 "무언가", "엘리야", "바울" 같은 아름다운 곡들을 남길 수 있었다. 하나님의 자녀로서 하나님의 거룩함을 닮아가려고 애쓴 멘델스존에 대한 당대의 평가 중 하나는 다음과 같다.

멘델스존은 음악가답지 않게 너무 친절하여 사람들로부터 사랑과 존경을 받는 인물이다. 마음과 인격이 강하여 결코 신앙 훈련을 회피하지 않으며 겸손의 마음이 흐트러지거나 책임감이 결여된 적이 없다.

유대인이었던 멘델스존은 어린 시절 여러 가지 굴욕적인 사건들을 경험했지만 그것을 이유로 사람들을 미워하지 않았다. 오히려 신앙심이 두터워지면서 사람들에게 친절을 베풀었다. 그의 인격에 대한 평가에서 그의 명성만큼이나 위대한 그의 신앙을 엿볼 수 있는 것 같다.

🏷️ 선생님의 칠판 #김성민 선생님

은혜와 용서

멘델스존은 훌륭한 작곡가로서 이름을 널리 알렸지만 바흐의 가치를 재평가하고 그의 음악들을 발굴한 것으로도 유명하다. 바흐는 라이프치히에서 활동한 신실한 교회 음악가로서 수많은 작품을 남겼다. 하지만 철저하게 기억과 악보로만 음악이 전수되던 그때, 죽은 지 100년이 지난 바흐의 음악에 관심을 두는 사람은 아무도 없었다. 심지어 바흐의 악보로 치즈를 싼 것을 보고 멘델스존이 깜짝 놀라는 일이 있을 정도였다.

그런데 20세의 멘델스존은 바흐의 "마태수난곡"이 가진 진가를 알아보았다. "마태수난곡"은 교향악단과 합창단이 장장 3시간에 걸쳐 공연해야 하는 대작이었다. 그 때문에 멘델스존의 주변인들도 그 곡을 연주하는 것에 부정적이었다. 하지만 멘델스존은 자신의 명성에

멘델스존과 세실

흠집이 생길지도 모르는 위험을 감수하고 공연을 감행했다. 그리고 그 공연은 사람들의 엄청난 호응을 이끌어냈다. 이후 "마태수난곡"은 교회 음악 중 최고의 걸작으로 추앙받기에 이르렀다.

어떻게 성공 가도를 달리던 젊은 음악가가 사람들의 기억 속에서 잊힌 다른 사람의 작품에 자신의 명예를 걸 수 있었을까? 젊은 멘델스존에게 먼지가 쌓인 바흐의 악보들을 연구하고 사람들의 회의적인 시각을 극복하는 일은 쉬운 일이 아니었을 것이다. 그런데도 그가 위험을 감수할 수 있었던 이유는 신앙으로 다듬어진 멘델스존의 개방적이고 겸손한 성품 때문이었다. 멘델스존은 위대한 작품에 빛을 비추기 위해 겸손하게 조연의 자리로 내려갈 수 있는 사람이었다.

대개 예술적 재능이 뛰어난 사람들은 신경이 예민해서 주변 사람들에게 까다롭게 대하기 쉽다. 하지만 멘델스존은 풍부한 감수성을 타고났음에도 특이할 정도로 겸손하고 온순했다. 음악 평론가들은 그 이유를 그의 깊은 신앙심에서 찾는다. 앞서 살펴보았듯이 곡을 쓰면서도 말씀을 묵상하며 마음을 성찰한 멘델스존은 그의 성품과 삶에서도 그리스도의 향기를 드러내며 살아간 참된 신앙인이었다.

멘델스존과 마찬가지로 자신의 죄에 대해 민감하고 그것을 하나님으로부터 용서받은 사람만이 남에게 친절을 베풀 수 있다. 우리는 자신의 죄가 용서받았다는 사실을 깊이 깨달을수록 우리에게 죄지은 자에 대해 관용을 베풀 힘과 용기를 얻는다. 누군가를 용서하느냐 마느냐보다 더 우선시되어야 하는 문제는 내가 정말 하나님의 용서를 경험했는가의 문제다.

우리는 우리의 본성대로라면 누군가를 용서하기 힘든 지독한 죄인들이다. 죄가 있는 누군가를 진심으로 포용한다는 것은 결코 쉬운 일이 아니다. 그러나 그에 앞서 우리가 하나님께 받은 은혜와 용서를 생각하자. 거기서 우리의 용서가 시작된다. 진정 죄 용서의 은혜를 경험한 사람만이 누군가의 죄를 사할 수 있으며 친절과 관용을 베풀 수 있다.

믿음 노트

1. 멘델스존으로부터 배울 수 있는 신앙적 교훈은 무엇인가요?

2. 우리가 누군가의 죄를 용서해주는 것과 예수님으로부터 죄를 용서받는 것에는 어떤 관계가 있나요?

제52과

여섯 번째 간구
헨델의 생애와 음악

제127-129문

🏷 **그림으로 이해하기** #틴토레토의 "마리아와 마르다"(뮌헨 알테 피나코테크 소장)

마리아처럼

어느덧 하이델베르크 교리문답의 마지막 부분에 이르렀다. 1년의 마지막 주인 제52주차에 해당하는 하이델베르크 교리문답은 주기도문의 "여섯 번째 간구"와 "맺는말"을 다룬다.

주기도문의 맺는말은 "나라와 권세와 영광이 아버지께 영원히 있사옵나이다"라는 고백이다. 하나님 나라는 눈에 보이지 않는다. 하나님의 권세도 피부로 느껴지지 않을 때가 많다. 하나님의 영광 역시 우리의 감각을 벗어나는 개념이다. 하지만 우리는 믿음으로 "나라와 권세와 영광이 아버지" 하나님께 있다는 사실을 고백한다.

죄와 허물이 많은 우리는 하나님과 상관없는 존재였다. 하지만 우리를 구원하신 예수님은 주기도문을 통해 우리에게 하나님의 이름이 거룩히 여김을 받고 하나님 나라가 임하며 그분의 뜻이 이루어지기를 기도하면서 그것을 위해 살아가라고 명령하셨다. 우리는 어떻게 해야 예수님의 명령을 받아안을 수 있을까?

틴토레토(Tintoretto, 1518-1594)의 "마리아와 마르다"는 이 질문에 대해 생각할 거리를 던져준다. 그림을 자세히 살펴보자. 예수님과 마리아가 마주 앉아 있는데, 마르다가 동생인 마리아에게 와서 무언가 이야기를 건넨다. 하지만 마리아는 여전히 시선을 예수님께 고정하고 있다. 서로 시선을 마주치지 않는 두 자매의 모습은 묘한 긴장감을 불러일으킨다.

이 장면은 누가복음 10:38-42의 기록을 바탕으로 한다. 예수님이 마리아와 마르다가 사는 마을에 가셨을 때 마르다는 기쁜 마음으로 예수님을 집으로 모셨다. 마르다는 예수님을 잘 대접하고 싶은 마음에 몹시 분주하게 움직였다. 그런데 동생인 마리아는 손가락 하나 까

딱하지 않고 예수님의 말씀만 열심히 듣고 있었다. 이 모습을 보다 못한 마르다는 예수님께 나아와 마리아가 일을 좀 거들었으면 좋겠다고 말한다. 하지만 예수님의 대답은 의외였다. 예수님은 마르다에게 너무 많은 것에 신경을 쓰지 않는 것이 좋다고 말씀하시며 마리아의 선택을 두둔하셨다(눅 10:41-42).

틴토레토는 이 사건을 좀 더 극적으로 묘사한다. 그림에는 꽤 많은 사람이 등장하지만 마리아 외에는 아무도 예수님께 관심을 두지 않는다. 문밖의 사람들, 벽난로 앞에서 일하는 여인, 서로 이야기하는 사람들, 심지어 마르다까지 예수님을 바라보지 않는다. 이쯤 되면 예수님의 시선도 마리아에게 고정될 만하지 않은가?

우리가 어떻게 해야 하나님을 영화롭게 하고 그분의 뜻을 이루며 하나님 나라가 이 땅에 임하게 할 수 있을까? 어쩌면 우리는 하나님을 위해 살겠다고 말하면서도 그림 속 사람들처럼 자기 일에 함몰되어 있는지 모른다. 자신이 마르다처럼 예수님을 바라보기보다 예수님께 필요한 듯한 일에 시선을 빼앗긴 채 화를 내고 있지는 않은지 생각해보자.

정말 하나님을 위해 살아가고 싶다면 우선 마리아처럼 예수님께 시선을 고정하고 예수님의 말씀에 귀를 기울여야 한다. 전지전능하신 하나님을 대신해서 무언가를 이루려고 하는 교만한 마음으로는 하나님의 일을 할 수 없다. 그런 마음으로는 기계적인 신앙생활을 하게 될 뿐이다. 그보다 하나님이 오늘 우리에게 무엇을 원하시는지, 어떤 은혜를 누리게 하시는지, 어떤 길로 이끄시는지에 초점을 맞추어야 한다. 하나님의 말씀을 믿고 순종하는 것이야말로 하나님을 높여드리는 것이 아닐까?

🏷️ 성경 수업

> 📖 **마음 열기**
>
> 1. 지금까지 이 책을 공부한 소감이 어떤지 이야기해봅시다.
>
> 2. 자신의 마음에서 벌어지는 싸움이 있나요? 그 싸움에서 승리하려면 어떻게 해야 할까요?

| 깨어라

우리는 지금까지 하이델베르크 교리문답을 공부하면서 교리적 "지식"만이 아니라 성경을 통한 "삶의 변화"에도 초점을 맞추어왔다. 제1권에서는 사도신경을 통해 삼위 하나님이 어떤 분이신지, 또 우리가 어떻게 구원을 얻는지 알아보았다. 제2권에서는 십계명과 주기도문을 통해 하나님이 우리에게 어떤 삶을 원하시는지 구체적으로 살펴보았다. 이제 마지막으로 우리의 다짐을 새롭게 해야 할 때다.

마귀가 가장 싫어하는 것은 무엇일까? 그것은 우리가 예수님을 통해 "구원"을 얻는 일이다. 또한 마귀는 구원의 은혜를 받은 사람이 그리스도를 닮지 못하도록 수단과 방법을 가리지 않고 방해한다. 그래야 또 다른 사람들이 구원 얻는 일을 가로막을 수 있기 때문이다.

이 세상의 권세를 잡은 마귀는 핍박과 회유를 통해 하나님 나라의 백성들을 하나님께로부터 멀어지게 함으로써 하나님을 대적한다. 일례로 초기 교회의 그리스도인들은 로마 제국의 가혹한 핍박 속에서 순교의 피를 흘려야 했다. 중세 시대에는 교회의 타락이 만연하여 많은 사람이 참된 구원의 길을 찾을 수 없었다. 근대에 들어서는 인간의 이성이 신앙과 반목하는 분위기가 형성되면서 신앙에 회의감을 느끼는 사람이 많아졌다.

이처럼 마귀는 수단과 방법을 가리지 않고 우리를 삼키려 한다(벧전 5:8). 그렇다면 오늘날 우리 사회에서 마귀가 주로 사용하는 방법은 무엇일까? 마귀는 쾌락, 성공, 물질이라는 뻔한 미끼는 물론이고 행복, 만족, 치유 같은 교묘한 미끼들까지 동원해 하나님께 대한 우리의 순종을 가로채 간다. 아직 성화가 완성되지 않은 우리의 죄된 본성은 마귀의 유혹과 공격 앞에 그대로 노출되어 있다. 그래서 우리의 내면에서는 성령의 소욕과 육체의 소욕이 맞부딪치면서 전투가 벌어진다(갈 5:17).

그렇다면 우리는 죄악에 빠지지 않기 위해 무엇을 할 수 있을까? 우리 자신의 힘으로 마귀를 이길 수 있을까? 우리가 아무리 똑똑해도 세상의 모든 거짓말을 동원해 겁박하고 회유하는 마귀를 물리칠 가능성은 전혀 없다. 이 싸움에서 누가 우리를 건져낼 수 있을까?

다행히도 성경은 우리가 마귀를 이길 방법을 알려준다. 우리가 직접 마귀와 싸울 것이 아니라 마귀의 권세를 멸하신 예수님을 의지하면 된다. 물론 그렇다고 해서 우리가 아무것도 하지 않아도 된다는 말은 아니다. 우리는 마음을 새롭게 하고 우리의 사랑이 더 온전해지도록 최선을 다해 살아가야 한다.

여기서 우리의 최선은 믿음 안에서

○ 관련 성구

근신하라. 깨어라. 너희 대적 마귀가 우는 사자 같이 두루 다니며 삼킬 자를 찾나니(벧전 5:8).

내 지체 속에서 한 다른 법이 내 마음의 법과 싸워 내 지체 속에 있는 죄의 법으로 나를 사로잡는 것을 보는도다(롬 7:23).

나는 포도나무요 너희는 가지라. 그가 내 안에, 내가 그 안에 거하면 사람이 열매를 많이 맺나니 나를 떠나서는 너희가 아무것도 할 수 없음이라(요 15:5).

의 최선이어야 하는데 예수님은 이것을 포도나무와 가지의 비유로 설명해주셨다. 포도나무 가지는 포도나무에 붙어 있어야 한다. 꼭 붙어서 줄기로부터 영양을 공급받고 잎을 내 광합성을 하며 열매를 맺어야 한다. 그래서 하나님의 말씀에 집중하고 그리스도의 몸된 교회에 붙어 있는 것이 중요하다. 교회의 머리이신 예수님이 지금도 우리를 위해 기도하고 계신다는 사실을 잊지 말자.

14내가 아버지의 말씀을 그들에게 주었사오매 세상이 그들을 미워하였사오니 이는 내가 세상에 속하지 아니함 같이 그들도 세상에 속하지 아니함으로 인함이니이다. 15내가 비옵는 것은 그들을 세상에서 데려가시기를 위함이 아니요, 다만 악에 빠지지 않게 보전하시기를 위함이니이다(요 17:14-15).

◯◯ 하이델베르크 교리문답 살펴보기

제127문 여섯 번째 간구는 무엇입니까?

답 "우리를 시험에 들게 하지 마시옵고 다만 악에서 구하시옵소서"입니다. 우리는 너무 연약해서 스스로는 한순간도 온전히 설 수 없습니다. 더욱이 우리의 원수들인 마귀와 세상과 우리 육체는 끊임없이 우리를 공격합니다. 그러므로 우리는 하나님이 이런 영적인 전쟁에서 우리가 굴복하거나 패배하지 않고 성령의 능력으로 항상 견고하게 원수들을 대적하여 최후에 완전한 승리를 얻게 하시기를 간구합니다.

제128문 이 기도의 마무리는 어떻게 합니까?

답 "나라와 권세와 영광이 아버지께 영원히 있사옵나이다"라고 기도합니다. 이는 하나님이 우리의 왕으로서 모든 만물을 다스리는 권세를 가지셨을 뿐 아니라 우리에게 모든 선한 것을 주기 원하시며 주실 수 있는 분이시기에 우리가 이 기도를 드린다는 고백입니다. 또한 우리는 우리가 아니라 하나님의 거룩하신 이름이 영원히 영광을 받아야 하기에 이 기도를 올려드립니다.

제129문 "아멘"이란 말은 무엇을 뜻합니까?
답 "그것은 진실되고 확실하다"는 뜻입니다. 하나님은 내가 기도할 때 나 자신이 갖는 바람 이상으로 나의 기도를 확실히 들으십니다.

교실 밖 수업 #할레

할렐루야

"할렐루야, 할렐루야!" 하고 장엄하게 울려 퍼지는 헨델의 "메시아"는 교회 음악에서 불후의 명작 중 하나로 꼽힌다. 헨델은 주로 영국 런던에서 음악 활동을 펼쳤지만 태어난 곳은 독일의 할레(Halle)다. 할레는 슈페너의 제자였던 프랑케(August Hermann Francke, 1663-1727)가 경건주의 운동을 사회 변혁 운동으로 끌어올린 도시로 유명하다. 이번 "교실 밖 수업"은 경건주의의 중심지이자 "메시아"의 작곡가 헨델이 태어난 할레로 떠나보자.

라이프치히에서 멀지 않은

방문지 주소
헨델하우스: Große Nikolaistraße 5, 06108 Halle(Saale)

할레의 중심가에는 마르크트 교회(Marktkirche)가 있다. 재래시장이 들어선 교회 앞 광장에는 꽤 많은 사람이 오간다. 시장을 구경하며 돌아다니다 보면 광장 한쪽에 세워진 헨델의 동상을 볼 수 있다.

헨델의 동상과 마주 보고 있는 마르크트 교회는 종교개혁가 루터가 임종했을 때 그의 시신을 잠시 안치했던 교회다. 이 교회에 들어가면 그때 본떠놓았던 루터의 얼굴과 손 모양을 볼 수 있다. 또한 교회 꼭대기에 마련된 전망대에서는 온 도시를 내려다볼 수 있으니 꼭 한 번 찾아가 보기 바란다.

광장에서 멀지 않은 곳에 헨델이 17세까지 머문 생가가 있다. 이곳은 현재 박물관(헨델하우스)으로 개조되어 헨델과 관련한 다양한 악보와 유품 등을 전시하고 있다. 또한 바로크 시대부터 변천되어온 여러 가지 악기도 잘 정리되어 있다. 헨델하우스 한쪽에는 15명 정도의 인원이 함께 앉아서 음악을 들을 수 있는 감상실도 마련되어 있는데, 모니터에서 버튼을 누르면 홀로그램이 지원되는 다양한 음악이 흘러나온다.

헨델의 아버지는 성공한 외과 의사였다. 그는 헨델이 음악에 소질이 있다는 것을 발견하고 풀심

헨델이 태어난 헨델하우스

헨델하우스에 있는 헨델의 자필 악보

할레 광장에 서 있는 헨델의 동상

양면으로 도움을 주었다. 헨델은 처음에 법학도가 되어 할레 대학교에 입학했다. 하지만 생활비 일부를 충당하기 위해 교회에서 오르간 연주자로 활동했고 곧 함부르크로 옮겨 오페라 관현악단의 바이올린 연주자가 되었다.

함부르크에서 헨델은 승승장구했다. 몇 년 뒤 그가 만든 오페라가 인기를 끌면서 이름을 알리기 시작했기 때문이었다. 헨델은 음악가로 성공하기 위해 이탈리아로 대장정을 떠났다. 당시 이탈리아는 유럽 음악의 중심지였다. 헨델은 그곳에서도 오페라 전문가가 되어 국제적인 명성을 얻었다. 그리고 그 명성을 바탕으로 독일 하노버 공국의 궁정 악장이 될 수 있었다.

하지만 헨델은 궁정 악장직에 집중하지 못했다. 하노버 공국의 배려도 있었지만 한창 주가를 올리기 시작한 헨델은 다양한 활동을 원하는 젊은이였기 때문이다. 헨델은 궁정 악장 자리는 거의 비워둔 채 영국으로 넘어가 정열적으로 음악 활동을 펼쳤다. 그는 영국에서도 귀족들과 지식인들의 인정을 받았고 여왕 앤(Anne, 1665-1714)의 총애를 얻기도 했다.

그런데 운명의 장난이었을까? 앤 여왕이 자식이 없이 죽자 왕위 계승법에 따라 왕족 중 서열이 제일 높은 사람이 영국 왕으로 추대되었다. 그가 바로 하노버의 왕 게오르크(Georg Ludwig)였다. 그는 영국 왕 조지 1세(George I, 1660-1727)가 됨으로써 "하노버 왕가"의 문을 열었다.

하노버 공국의 궁정 악장이었지만 자리를 지키지 않고 남의 나라에 와서 활동을 펼치던 헨델은 당황스러울 수밖에 없었다. 게오르크를 배신하고 런던에 머물렀는데 게오르크가 조지 1세가 되어 영국으로 왔으니 헨델의 운명이 얼마나 얄궂은가? 하지만 헨델은 조지 1세가 템스강에 유람을 나왔을 때 배 위에서 그를 칭송하는 음악을 바침으로써 문제를 해결할 수 있었다고 한다. 조지 1세가 만족스럽게 생각한 이 음악이 바로 그 유명한 "수상음악"이다.

그 뒤로 헨델은 영국에서 자리를 잡고 왕성한 활동을 펼쳤으며 영국 국적을 얻기까지 했다. 특히 헨델의 오페라는 런던에서 큰 성공을 거두었다. 그의 공연을 보기 위해 사람들이 몰려드는 바람에 런던 최초의 교통체증이 생길 정도였다. "리날도", "수난곡", "왕궁의 불꽃놀이" 역시 헨델이 런던에서 작곡한 음악이었다.

그러나 인생의 오르막이 있으면 내리막도 있는 법이다. 헨델의 음악 활동은 한계에 부딪혔다. 이제 사람들은 헨델이 생각하는 만큼 오페라에 큰 관심을 두지 않았다. 그는 전력을 다해 맡은 일을 감당했으나 53세였던 1737년에는 발작을 일으키며 쓰러지기도 했다. 왼쪽 눈의 시력도 급격히 나빠졌다. 화려한 인생을 살아온 그도 초라한 중노인이 되어 생의 마지막 문턱에 다다라 있었다. 이때 헨델에게 무슨 일이 일어났을까?

이국땅에서 늙고 병든 헨델. 그는 생의 마지막 순간에 하나님께 매달렸다. 지금까지는 살면서 자신의 성공과 출세를 위해 음악을 사용했다면 인생의 마지막에는 하나님을 찬양하는 곡을 만들고 싶다고 기도했다. 그때 그는 이사야서를 읽던 중 영감을 얻었고 1740년 8월 22일부터 9월 14일까지 런던의 자택에 머물며 "메시아"의 초고를 완성했다. 그는 완성된 악보를 들고 눈물을 흘렸다고 한다. 그리고 그 뒤로 건강을 회복해 16년이나 더 살면서 사람들의 공감을 불러일으키는 많은 작품을 남겼다.

"메시아"를 들어보았는가? 이 오라토리오가 감동적인 이유는 오직 하나님께만 영광을 돌리는 순수한 신앙이 온전하게 표현되었기 때문이다. 특히 제2부의 마지막 합창 "할렐루야"가 힘차게 울려 퍼지는 감격스러운 순간은 우리에게 잊지 못할 전율을 안겨준다. 이 곡이 만들어진 지 무려 270여 년이나 흘렀지만 하나님을 찬양한다는 사실 하나로 우리는 헨델과 깊이 교감하게 된다.

헨델의 생애와 음악은 우리에게 많은 교훈을 준다. 영원할 것 같은 인간의 젊음, 재능, 권력, 명예, 부는 언젠가 종말을 맞이하게 되어 있다. 그러나 하나님은 영원하시다. 하나님의 나라와 권세와 영광이 자신의 시야에서 사라지지 않게 하라! 우리의 마음과 생각이, 우리의 의지와 행동이, 우리의 삶 전체가 오직 하나님을 섬기는 도구가 되기를 바란다.

🏷️ 선생님의 칠판 #김성민 선생님

│ 하나님께 영광을

하이델베르크 교리문답 공부가 여기서 마무리된다. 이 중요한 시점에 우리가 다루는 "나라와 권세와 영광이 아버지께 영원히 있사옵나이다. 아멘"이라는 고백은 매우 의미심장하다. 이 고백이 없다면 우리는 헨델처럼 자신의 능력만 믿고 성공을 위해 이리저리 뛰어다닐 수밖에 없다.

좋은 대학이나 좀 더 나은 직장, 성공이나 행복에 목말라하는 인간의 본능은 어디서 비롯되는 것일까? 스스로 하나님을 떠난 죄인인 인간은 헨델처럼 하나님이 아닌 다른 것에 집착하며 삶을 개척해나가기 위해 동분서주한다. 하지만 헨델이 그렇게 얻은 성공이 영원하지 않았듯이 세상적인 성공과 부, 명예는 우리에게 끊임없는 갈증만 일으킬 뿐이다.

오히려 하나님이 헨델의 "메시아"를 통해 영광을 받으신 것은 지독히 초라해진 헨델이 전심으로 하나님을 바라보았기 때문이었다. 헨델은 어려운 시간을 보내면서 진정으로 하나님을 찾게 되었다. 시련이 없었다면 그는 아마도 그저 그런 세속 음악가로 생을 마감했을 것이다.

삶을 살아가다 보면 우리에게도 어려운 순간들이 찾아온다. 이 책 전체를 통해 살펴보았듯이 그런 순간은 하나님이 우리의 목표를 하나님 나라와 영광을 위해 재조정하게 하시는 "은혜의 때"다. 지금까지 공부한 대로 그런 때가 찾아올수록 겸손하게 하나님을 바라보며 소망을 잃지 말자. 우리의 삶을 온전하게 하실 하나님을 신뢰함으로!

믿음 노트

1. 헨델의 생애를 통해 깨닫게 된 교훈이 있다면 나누어봅시다.

2. 하나님 나라와 하나님의 영광을 위해 자신이 힘써야 할 일이 무엇인지 생각해봅시다.

에필로그

왼쪽부터 박양규, 이현래, 백병환, 김성민, 정승민, 이효선, 강오성, 신병준, 박광제

박양규(삼일교회 교육 디렉터)

기독교의 역사에는 늘 위기 상황이 존재해왔습니다. 그런데 위기는 반대로 부흥과 변화를 가져다준 기회가 되기도 했습니다. 많은 사람이 지금 한국교회가 위기라고 말합니다. 그러나 그 위기는 이 책에서 보여주듯이 교회와 학교의 협력을 가능하게 만들었습니다. 또한 그 위기는 성경을 더 정확하고 지혜롭게 가르치기 위해 인문 고전이라는 매개체를 모색하게 했습니다. 이제 더 많은 교회와 학교가 다음 세대를 위해 머리를 맞대고 교회 교육의 변혁을 위해 발버둥 치며 다음

세대를 살리는 일에 뛰어들어야 합니다. 이 책이 그 일의 시작을 알리는 하나의 씨앗이 되기를 진심으로 소망합니다.

신병준(소명중고등학교장, 좋은교사운동 이사장)

2016년 10월 31일, 종교개혁 499주년을 맞은 날 우리 학교는 공교롭게도 가을 방학이 시작되었습니다. 하지만 저는 평소처럼 아침에 학교에 갔습니다. 첫째는 기도하기 위해서였고, 둘째는 종교개혁 기념일을 맞아 저 자신과 학교를 되돌아보기 위해서였습니다. 평소에는 분주함 속에 묻혀 지내니 이 기회에 조용한 "나"만의 시간을 가지려 한 것입니다. 그런데 묵상도 잠시, 한 통의 전화가 걸려왔습니다. "선생님, 소명중고등학교가 기독교 학교인가요?" 하고 묻는 전화였습니다.

아마도 하나님이 그 전화를 받게 하시려고 그날 제 발걸음을 학교로 인도하셨던 것 같습니다. 수개월이 지난 지금, 이 글을 쓰고 있는 시간에도 그 질문은 계속 저의 마음을 울립니다. "우리 학교가 기독교 학교인가? 기독교 학교가 맞나?" 이는 루터가 1517년 10월 31일에 목숨을 걸고 외쳤던 소리와 비슷합니다. "로마 가톨릭이 참된 기독교인가?" 저 자신에 대해서도 또 다른 목소리가 들려옵니다. "너, 예수 믿는 사람 맞아? 맞니?"

우리 학교가 "예수 믿는 학교"라는 걸 무엇으로 증명하며, 저 자신이 "예수 믿는 사람"이라는 걸 무엇으로 증명할 수 있을까요? 또 진짜 "예수 믿는 교회"는 무엇으로 알 수 있을까요? 단순히 그렇다고 논리적으로 "주장"하는 것은 무엇인가 허전하고 공허한 메아리처럼 느껴질 뿐입니다.

교리 공부도 마찬가지입니다. 각종 교리문답이나 신앙고백을 공부해보면 이론적으로는 그럴듯하다는 느낌이 듭니다. 그러나 "성품"과 "삶"으로 열매 맺지 못하는 교리 공부는 결국에 "공허"할 수밖에 없습니다. 우리는 그래서 하나님의 말씀을 붙잡고 살아간 사람들의 역사와 그들이 전해주는 생생한 신앙의 이야기를 구체적으로 살펴보아야 합니다. 그런 이야기를 담아내려고 애쓴 이 책이, 많은 사람의 치열한 영적 전투에 큰 힘이 되면 좋겠습니다.

정승민(소명중고등학교 역사 교사)

"제4차 산업혁명"의 시대가 다가왔습니다. 제4차 산업혁명의 핵심은 빅데이터와 인공지능 및 모바일 기술의 활용입니다. 사람이 아무리 기억력이 좋아도 컴퓨터만큼 많은 정보를 정확하게 기억할 수는 없습니다. 그래서 이제 단순히 지식을 전달하는 교육 방식은 학교에서 자리매김하기 어렵습니다. 이는 최근 교육 현장에서 창의적이고 통합적인 교육이 주목받는 이유입니다.

이런 현상은 비단 학교에서만 있는 것이 아닙니다. 빠르게 변화하는 시대 속에서 변하지 않는 성경의 진리를 어떻게 가르쳐야 할지 고민하는 교회도 많습니다. 이제 성경의 내용만을 전달하는 교육에서 한 걸음 더 나아가야 합니다. 성경이 가르치는 신앙의 변하지 않는 핵심을 창의적이고 통합적인 방법으로 전수할 수 있어야 합니다.

이 책에는 변화하는 시대를 읽어내고 이를 교회 교육에 적용하기 위해 노력한 여러 선생님의 열정이 녹아 있습니다. 우리가 살아가는 세상은 분절되지 않고 통합되어 흐르고 있습니다. 제가 가르치는 역사라는 과목 역시 홀로 존재하지 않습니다. 그렇기에 동시대의 공간과 사회, 문화를 염두에 두고 역사에 접근해야 편협한 오류에 빠지지 않을 수 있습니다. 성경도 마찬가지라고 생각합니다. 청소년들이 신앙인으로 살아갈 때 꼭 알아야 할 내용을 통합적으로 이해할 수 있도록 돕는 이 책이 교회 학교 선생님들에게 유용한 자료로 활용되길 소망해봅니다. 이 책을 만드는 데 참여할 수 있어서 기쁘고 감사했습니다!

이효선(소명중고등학교 국어 교사)

한 여자가 아이를 낳아 기르는 것과 하나님은 어떤 관계가 있을까요? 한 남자가 세상에 갓 태어난 작은 생명의 아빠가 되는 것과 하나님은 어떤 관계가 있을까요?

저는 우리의 모든 것, 이 땅의 모든 것이 하나님께 속해 있다는 확신으로 이 책을 만드는 일에 뛰어들었습니다. 원고 작성이 한창일 때 임신 중이었던 저는 지금 태어난 지 7개월이 훌쩍 지난 아이, 새봄이를 키우고 있습니다. 10년이 넘는 시간 동안 교사로 활동하다가 육아휴직에 들어가 온전히 한 아이의 엄마로 살아가는 요즘, 출산과 육아의 현장에도 충만히 거하시는 하나님을 생생하게 느끼게 됩니다.

하나님의 은혜는 임신, 출산, 육아의 과정에도 임합니다. 저는 작은 씨앗과 같던 태아가 10개월 동안 배 속에서 자라나는 것을 보며 창조주 하나님을 더 깊이 알게 되었습니다. 또 예상과 다르게 진행된 출산 과정을 겪으며 주권자 하나님을 더 깊이 신뢰하게 되었습니다. 어리바리한 "왕초보" 엄마로 사는 요즘은 매 순간 도우시는 하나님을 진하게 느낍니다. 이 모든 과정을 통해 하나님의 은혜가 아니면 그 무엇도 제대로 유지될 수 없음을 절절히 깨닫게 됩니다.

이 책은 교회만이 아니라 학교나 학문의 영역에서도 하나님을 만날 수 있다는 통합적 관점에서 시작되었습니다. 그런 관점은 일상의 작은 부분에서도 하나님의 숨결을 느낄 수 있다는 확신으로 이어집니다. 로렌스 형제의 『하나님의 임재 연습』이라는 책에서도 말하듯이 우리는 삶의 모든 부분에서 하나님의 임재를 경험할 수 있습니다.

여러분이 이 책을 통해 인문 고전 속에서도 말씀하시는 하나님을 알아가기 바랍니다. 또한 예배를 드릴 때뿐만 아니라 학교에서 공부할 때, 밥을 먹을 때, 친구들과 놀 때, 홀로 길을 걸을 때도 우리와 함께 하시며 이야기하기 원하시는 하나님의 음성을 더 자주 들으면 좋겠습니다. 이 책이 하나님과 여러분의 만남을 조금이나마 도울 수 있다면 얼마나 행복할까요?

그동안 박양규 목사님을 비롯해 여러 선생님과 함께 작업하면서 다양한 학문 속에 담긴 하나님을 발견하는 기쁨을 누렸습니다. 앞으로도 다양한 시도를 통해 온 땅에 충만한 하나님을 함께 발견하고 교회와 학교를 단단히 연결하는 일에 이바지하기를 기대하며 기도합니다.

박광제(소명중고등학교 기독교 세계관 교사)

지난 몇 개월간 학교에서 이 책의 제1권을 가지고 고등 1학년 과정 학생들과 독서 나눔을 했습니다. 학생들이 "믿음 노트"에 적은 내용을 보며 교리뿐 아니라 예술 및 역사를 포함한 인문 고전을 통해서도 신앙에 대해 고민하며 하나님을 발견할 수 있다는 사실을 확인했습니다. 그중 한 학생은 다음과 같이 적었습니다.

> 헤르만 헤세의 부모님은 신실한 기독교인이었지만 그들로부터 헤세가 배운 것은 성경 속의 하나님이 아니라 사람들의 삶에 비친 하나님의 모습뿐이었다. 그들의 부족한 모습으로 인해 헤세가 하나님의 사랑을

보지 못하게 되었다.

이 학생이 간파한 대로 교리에 관한 지식은 풍성해도 인격적으로 하나님의 사랑을 경험하지 못하는 사람은 또 다른 헤르만 헤세가 되기 쉽습니다. 물론 어떤 "교육"이든지 강제성을 완전히 배제할 수는 없기에 교리 교육도 일면 강제성을 띠는 것이 당연합니다. 하지만 기독교 교리를 기계적으로 습득하게 하는 것은 하나님의 은혜를 가로막는 역효과를 불러올 수 있습니다. 우리의 미래인 언약의 자녀들이 다양한 분야의 실제적 이야기들을 통해서 귀납적으로 기독교 교리를 깨달을 수 있도록, 그 교리가 자신의 진실한 신앙고백이 될 수 있도록 이 책을 활용해주시기 바랍니다.

강오성(소명중고등학교 국어 교사)

저는 어린 시절 주일에도 학교에 갔습니다. 일주일에 5일은 보통 학교에 갔지만 주일에 나간 학교는 "교회 학교"였습니다. 교회 학교에서는 일반 학교와는 다른 공부를 했습니다. 국어, 영어, 수학이 아닌 창조, 죄, 십자가, 부활, 영생과 같은 본질적이고 중요해 보이는 주제들을 배웠습니다.

일주일에 한 번 가는 교회 학교에서 아마 저는 우등생(?)이었던 것 같습니다. 교회 학교 우등생의 지표인 달란트를 많이 모으는 학생 중 하나였기 때문입니다. 그때부터 저는 인생의 목적이 하나님께 영광을 돌리는 것이라고 자연스레 믿어왔습니다. 생각해보면 저의 인생에서 교회 학교는 꽤 중요한 역할을 한 것 같습니다. 거기서 신앙의 기초가 세워졌기 때문입니다.

기초가 없는 건물이 있을까요? 건물을 세우려면 먼저 기초를 튼튼히 해야 합니다. 기초에 따라 건물의 규모와 내구성이 결정됩니다. 기초가 흔들리면 건물이 제대로 설 수 없습니다. 애써 지은 집이 잘못하면 한순간에 와르르 무너지기도 합니다.

저도 성인이 되어서는 한때 이런저런 회의와 혼란 속에서 진통을 겪었습니다. 그런 회의와 혼란의 원인은 어쭙잖게 습득한 지식, 나와는 다른 생각을 하는 사람들과의 만남, 하나님을 대적하는 이 시대의 문화와 세계관 등이었습니다. 거세게 밀려드는 회의와 혼란은 가장 근본적인 신앙의 기초까지 위협하는 듯했습니다.

교회 학교 학생 수가 급감하고 다양한 정보와 학습의 기회가 넘쳐나는 지금, 우리 아이들은 어디서 인생의 기초를 닦고 있을까요? 우리 아이들이 바람에 나는 겨와 같은 인생이 되지 않으면 좋겠습니다. 이런 때에 아이들을 진심으로 위하는 마음 따뜻한 박양규 목사님을 만나 의미 있는 작업에 함께 할 수 있어서 감사했습니다. 이 책을 통해 많은 청소년이 신앙의 기초를 든든히 하게 되기를 바랍니다.

김성민(소명중고등학교 음악 교사)

인간의 심오한 영역과 연결된 음악의 역사는 매우 길고 그에 대한 해석과 접근 역시 아주 다양합니다. 따라서 기독교 교육에서 음악을 좀 더 실질적으로 다루기 위해서는 기독교 세계관에 입각한 심층 연구가 선행되어야 합니다. 이와 관련해 음악뿐만 아니라 문학, 역사, 과학 등을 통해 하이델베르크 교리문답을 다룬 이 책은 의미가 큽니다. 저는 이 책을 통해 음악이 기독교 교육에서 어떻게 활용될 수 있는지를 확인할 수 있었습니다.

오늘날 기독교 교육은 많은 한계를 경험하고 있습니다. 특히 교회학교는 심각한 위기를 만났다고 평가됩니다. 기독교 교육에 대한 교회 안팎의 도전이 세차게 밀려오는 이런 상황 속에서 우리는 어떤 대안을 찾을 수 있을까요? 음악의 바탕이 되는 심미성이 사람들의 삶에서 일상적으로 경험되고 그 경험이 아름다우신 하나님을 알아가는 기회가 되도록 이끄는 시도가 하나의 대안이 될 수 있지 않을까요? 그와 더불어 하나님을 사랑하고 신앙심이 깊었던 음악가들의 삶과 작품들을 통해 그들의 인생을 선한 길로 인도하셨던 하나님을 소개하는 일도 중요합니다. 이를 통해 비슷한 고통과 어려움을 겪는 사람들이 인생에 대한 통찰을 얻고 자신의 신앙을 돌아볼 수 있기 때문입니다. 여기서 먼저 한 걸음 뗀 이 책이 이런 시도들을 더 많이 이끌어내는 역할을 할 수 있기를 기대합니다.

백병환(소명중고등학교 미술 교사)

저는 미술 교사로서 오랜 시간 미술 분야를 공부하고 가르쳐왔는데 이 책을 함께 만들면서 새삼스레 느낀 것이 있습니다. 그것은 "그림"이 또 다른 "설교"의 방편이 될 수 있다는 사실입니다. 지금 저는 그에 대해 분명하게 확신하고 있습니다. 그림은 단순히 색깔의 조합이 아니라 세상을 향한 그리스도인의 외침이 될 수 있습니다. 이 책에서 살펴본 것처럼 이미 수많은 믿음의 화가가 그림을 통해 역사를 변화시켰습니다. 이 책을 읽는 미래의 그리스도인 예술가들도 자신이 역사를 바꾸어갈 수 있다는 사실을 꼭 기억하기 바랍니다.

독일의 인문 고전으로 이해하는
청소년을 위한
하이델베르크 교리문답 2

Copyright ⓒ 박양규 2017

1쇄 발행   2017년 7월 17일
3쇄 발행   2024년 10월 21일

지은이   박양규
펴낸이   김요한
펴낸곳   새물결플러스

편 집   왕희광 정인철 노재현 이형일 나유영 노동래
디자인   황진주 김은경
마케팅   박성민
총 무   김명화 이성순
영 상   최정호
아카데미 차상희

홈페이지 www.holywaveplus.com
이메일   hwpbooks@hwpbooks.com
출판등록 2008년 8월 21일 제2008-24호
주 소   (우) 04114 서울시 마포구 신촌로28가길 29
전 화   02) 2652-3161
팩 스   02) 2652-3191

ISBN   979-11-6129-024-9 04230
         979-11-86409-77-0 04230 (세트)

책값은 뒤표지에 있습니다.